ULF HENNING

Dicker Mann auf dünnen Reifen

Mein neues Leben als Rennradfahrer

Ulf Henning:
Dicker Mann auf dünnen Reifen
Mein neues Leben als Rennradfahrer
© Ulf Henning – Covadonga Verlag, 2010

Coverillustration: Marc Locatelli
Autorenfoto auf dem Umschlag: Anne Wandlang

Covadonga Verlag, Bielefeld – 2010
ISBN 978-3-936973-58-7

Alle Rechte vorbehalten. Wiedergabe, auch auszugsweise,
nur mit ausdrücklicher Genehmigung des Verlags.

Covadonga ist der Verlag für Radsportliteratur.
Besuchen Sie uns im Internet: *www.covadonga.de*

INHALT

STATT EINES VORWORTS:
EIN WARNHINWEIS 5

Teil 1

KAPITEL 1: EINROLLEN 12
Ines ist schuld! – Ein unbedachtes Wort – Wie man nicht sein erstes Rennrad kaufen sollte – Der heiße Atem der Fahrradnazis – EdHot geht ins Netz

KAPITEL 2: WARMWERDEN 22
Trolle, Trinker, Terroristen – Hügel üben – Ah! Lüdinghausen! – Havixbecker Kantsteinmeile – Trau keinem unter 30 km/h – Die Leetzenritter – Bin ich Fahrradnazi? – Der Murx, die Eiche und die Speiche

KAPITEL 3: HUNGERAST AUF HALBER STRECKE 52
Mach mich fertig, Leopold! – Arbeit essen Training auf – Im Frühtau zu Berge – Och, Lüdinghausen! – Unterwegs mit den Nicks

KAPITEL 4: DER GIRO, ALTER! 67
Zwei Eiskugeln für ein Halleluja! – Der unvergessliche Turnbeutel – Der Tunnel am Ende des Lichts

Teil 2

Kapitel 5: AN DEN HAAREN AUS DEM SUMPF 82
Lauf, EdHot, lauf! – Back in the Saddle – The Horror! The Horror!

Kapitel 6: WIEDER FAHRT AUFNEHMEN 89
Der gläserne Sportler – Alle Wetter! – Planlos durch die Pampa – Radsport, Hypochondersport – Orr nähhh, Lüdinghausen!

Kapitel 7: AUF ACHSE 106
Ich muss weg! – Flachetappe – Bergetappe – Montage ist die schlimmsten Tage

Kapitel 8: GIRO? WELCHER GIRO? 122
Tempomat are go! – Märchen vom Fliesenheini – Allein, allein – Der legendäre Lohmann – Here comes Trouble! – Jagdszenen im Münsterland – Runterkommen

Teil 3

Kapitel 9: AUF ABWEGEN 148
SM in MS – Nicht leicht, aber Cross – Jauchzet, frohlocket! – Kein Sturz. Nirgends – Von den Schrecken des Einzelhandels

Kapitel 10: EDDIE'S ON THE ROAD AGAIN 168
Vom Fressen und von der Moral – Infiziert – Aufs Maul von Mutti – Mann, sehen wir gut aus!

Kapitel 11: VIVA COLONIA! 182
Einsatz in vier Wänden – Horch, von fern ein leiser Speichenton! – Bensberg, mon Amour!

Kapitel 12: ZIELSPRINT 193
Plaudern statt Posen – Frühling lässt sein blaues Band usw. – Der Tag der reitenden Leichen – 24 Hour Party People – No Sleep 'til Nienstedt

Statt eines Nachworts: DANKE! DANKE! DANKE! 211
GLOSSAR 215

Statt eines Vorworts

EIN WARNHINWEIS

Die Nutzung dieses Produkts ist folgenden Personengruppen nur eingeschränkt zu empfehlen:

Deutschlehrer
Sind Sie ein Wächter und Bewahrer unserer geliebten Muttersprache? Graust es Ihnen, wenn Sie an die Verwahrlosung der Schriftsprache in *Online-Foren* und *Chats* denken? All die *lols*, *rofls*, *hdgdls*? Die ganzen albernen *Smileys*? Wenn Sie nicht außerordentlich hartgesotten sind, empfehle ich Ihnen, dieses Buch sofort zuzuklappen und weit weg zu legen. Jetzt.

Denn als ich im August 2008 begann, im Internet ein öffentliches Trainingstagebuch mit dem Titel »Dicker Mann auf dünnen Reifen« zu führen, hätte ich mir weder träumen lassen, dass einmal ein Buch daraus entstehen könnte, noch hatte ich eine Ahnung davon, welchen Umfang mein kleines *Blog* erreichen sollte. Zum jetzigen Zeitpunkt ist es mehr als einhunderttausend Mal aufgerufen worden und enthält fast 1.000 Einträge, mehr als 300 davon von mir, unter meinem *Nick EdHot* verfasst. Nun habe ich vor allem dann *gepostet*, wenn mir etwas unter den Nägeln brannte, und meine durchaus vorhandenen, auf dem Wege eines abgebrochenen Germanistik-Studiums erweiterten und gefestigten Kenntnisse der deutschen Sprache gelegentlich auf dem Altar der Spontaneität geopfert. Es sind zum Beispiel manche Einträge in der Vergangenheits-, andere in der Gegenwartsform verfasst.

Für dieses Buch habe ich dennoch die ursprünglichen Tagebucheinträge, ohne die es nicht zustande gekommen wäre, nur behutsam redigiert, was Rechtschreibung und Zeichensetzung betrifft, aber im Wesentlichen so belassen, wie sie online zu lesen waren. Sie grundlegend zu verändern, erschien mir falsch, weil ich sie sonst ihrer Unmittelbarkeit beraubt hätte.

Konservativen Sprachästheten empfehle ich, die zitierten Tagebucheinträge mit Milde oder nach der Einnahme beruhigender Präparate wie – je nach Schwere der zu befürchtenden Symptome – Baldrian oder Valium zu betrachten.

Was die allseits beliebte *Rechtschreibreform* und speziell die Groß- und Kleinschreibung der Anreden betrifft: Ich bin da altmodisch und empfinde es als ausgesprochen albern, dass man nur das »Sie« und seine Verwandten noch großschreiben soll. Nennen Sie es eine altmodische Marotte, aber ich lasse denen, die ich mit »Du« anrede, gerne die gleiche Ehrerbietung zukommen und weigere mich, die Großschreibung nur als schnödes Mittel der besseren Verständlichkeit zu begreifen.

Ähnlich störrisch bin ich bei einigen neuerdings anders zu schreibenden Wörtern und Worten. Ein Adjektiv namens »aufwändig«? Nicht mit mir! Und – zum Beispiel zum Zwecke des gemeinschaftlichen Radfahrens – zusammenzukommen, ist eine feine Sache, kann aber zusammen zu kommen nicht schlagen.

Campajünger, Sturzhelm-Ultras, Rasurfetischisten etc.

Apropos Lehrer: Stellen Sie sich einen Schulhof, ca. 1985, während der großen Pause vor. Überall stehen Grüppchen von jungen Men-

Ein Warnhinweis

schen mit bizarrem Modegeschmack beisammen und debattieren hitzig über existenzielle Themen. Michael Jackson oder Prince, Kiss oder AC/DC, Nike oder Adidas, Miami Vice oder Magnum, Bayern München oder der HSV? Das sind Fragen, auf die es nur eine Antwort zu geben hat. Sollte die sich nicht auf dem verbalen Weg finden lassen, werden die Argumente durch Lautstärke, Mutmaßungen über die sexuelle Orientierung des Andersdenkenden, das Androhen und schließlich die Anwendung physischer Gewalt ersetzt, bis das Aufsichtspersonal dazwischengeht.

Haben Sie das Bild vor Augen? Dann wissen Sie ziemlich genau, wie es in Radsport-Internetforen zugeht. Nur die Themen sind andere. Sie heißen beispielsweise *Shimano* oder *Campagnolo*, mit Helm oder ohne, Beinrasur oder Naturpelz, weiße oder bunte Socken (im Ernst!). Und wenn sich, angeheizt von den Diskussionsbeiträgen eines *Trolls*, alle die virtuellen Köpfe einschlagen, kommt der *Mod* und schließt den *Thread*. Vorhang zu, Fragen offen.

Trotzdem habe ich mich, der Not meiner Ahnungslosigkeit in radsportlichen Dingen gehorchend, schließlich hilfesuchend im Forum *rennrad-news.de* angemeldet, weil ich den Eindruck hatte, auf diesem Schulhof wäre die Gruppe der großen Jungs, denen Turnschuhmarken egal sind, die von einer Aura gelassener Weisheit umweht in der Raucherecke stehen, über Bukowskis Lyrik, *Borussia Dortmund* und Biersorten fachsimpeln und Prince, Kiss *und* AC/DC mögen, etwas weniger klein als auf den anderen.

Gehören Sie zu denen, die glauben, man dürfe sich nur mit weißen Socken und enthaarten Beinen auf einem Pinanchi-Renner mit italienischer Schaltgruppe als Radsportler bezeichnen? Dann lesen Sie bloß nicht dieses Buch! Sie würden sich nur aufregen, sich womöglich gezwungen sehen, einen erbosten Leserbrief zu schreiben und wertvolle Zeit zulasten einer Beinrasur oder des Katalogstudiums verschwenden. Und am Ende würden Sie mir uneinsichtigem Pragmatiker vermutlich Prügel androhen.

Oder sind Sie einer von den großen Jungs? Dann herzlich willkommen! Und das gilt auch für die Mädchen.

Damit wären wir bei den...

GleichstellungsbeauftragtInnen

Lachen Sie nicht! Ich hatte die *Einführungsveranstaltung* Germanistik gerade hinter mir, als mir beim ersten Mensabesuch ein AStA-Flugblatt aufs Tablett gelegt wurde. Die Begrüßung lautete: »Liebe ErstsemesterInnen!«

Also ehrlich, Mädels! Habt Ihr es nötig, immer und überall darauf hinzuweisen, dass es Euch gibt? Obwohl: Wenn es immer und überall geschähe, könnte man das konsequent finden und höchstens bemängeln, dass es erstens sprachlich Unfug und zweitens der Gleichstellung nicht förderlich ist, ständig die Gedanken darauf zu richten, dass es Männlein und Weiblein gibt.

Dass diese lästige Genderisierung aber ohnehin meist nur da Verwendung findet, wo mit aufgeklärten, gebildeten Menschen kommuniziert wird, macht das Ganze vollends absurd. Da werden dann die Sensiblen sensibilisiert.

Ich habe jedenfalls damit nichts am Hut. Wenn in diesem Buch heldenhafte Radsportler, verbrecherische *Autofahrer* oder schlafmützige Fahrradhändler Erwähnung finden, dürfen Sie, verehrte Leserinnen, so Sie denn Radsport treiben, Auto fahren oder mit Fahrrädern handeln, sich als genauso heldenhaft, verbrecherisch oder schlafmützig angesprochen fühlen wie der männliche Rest.

Das gilt nicht für...

Ingenieure und Terminatoren

Oder heißt es Terminologen? Gemeint sind die 110-Prozent-Bescheidwisser und Schlaumeier, die jederzeit für alles die alleinseligmachende Verfahrensweise und den korrekten Fachbegriff parat haben. Die, wenn beispielsweise ein 16-jähriger Anfänger eine schüchterne Frage zum »hinteren Umwerfer« hat, den kompletten

Ein Warnhinweis

Thread terminieren, indem sie sich gegenseitig mit Wissenshuberei dergestalt überbieten, dass es eigentlich »Umwerfer« (vorne) und »Schaltwerk« (hinten) heiße. Die so etwas tun, sind nämlich aus irgendwelchen Gründen immer und ausschließlich nur Männer.

Dabei weiß doch jeder, dass es im Englischen »front« bzw. »rear derailleur« heißt und somit »vorderer und hinterer Umwerfer« eigentlich ganz richtige Übersetzungen wären. Andererseits werden in deutschen Fachbüchern oft die Bezeichnungen »vorderes und hinteres Schaltwerk« verwendet. Und deutsche Fachbücher werden ganz sicher fast immer von Terminator-Ingenieuren geschrieben.

Wenn Sie einer sind: Nicht weiterlesen! Es sei denn, Sie wären einer mit *Humor*. Falls es Sie geben sollte, melden Sie sich doch bitte, wenn es geht mit Foto. Ich würde Sie dann gerne in der nächsten Auflage namentlich als Ausnahmeexemplar Ihrer Gattung würdigen.

Sinnsuchende

Haben Sie's bemerkt? Da habe ich mich im einen Satz über vermeintliche Fachidioten mokiert, um im nächsten nahtlos selbst zum fachidiotischen Klugscheißen überzugehen. Stört Sie das? Wollen Sie von einem lesen, der konsequent zu Ende führt, was er beginnt? Der strebend ein Ziel verfolgt, bis er es erreicht hat? Der keine Irrwege beschreitet, Zufälle ausschließt und selten Fehler zulässt?

Sie müssen jetzt ganz tapfer sein: Auch Sie halten das falsche Buch in Händen.

Denn dies ist die Geschichte von einem, der im reifen Alter von 38 Jahren vollkommen ahnungslos und eher zufällig als freiwillig zum Radsport kommt und knapp zwei Jahre lang diese fremde Welt erkundet. Es ist ein Bericht über Fortschritte und Rückschläge, Geistesblitze und Irrtümer. Und es ist nicht zuletzt die Geschichte einer, jawohl: Entwicklung, unter anderem hin zu einem Ehrgeiz, den die, die mich kennen, aber auch ich selbst mir nie zugetraut hätten. Die altbekannte Trägheit ist dabei noch nicht ganz besiegt, aber die zu erwähnen, wäre nicht konsequent.

Verdammt, ich hab's schon wieder getan! Aber immerhin wissen Sie jetzt, was ich meine. Wenn es in diesem Buch etwas zu lernen gibt, dann vielleicht dies: Suche nie einen Sinn in dem, was ein Sinnsuchender treibt. Oder, um es mit Mr. Myiagi, dem Lehrer von Karate Kid, zu sagen: »Du nix vertrauen geistige Führer, was nix kann tanzen!«

Habe ich schon erwähnt, dass Sie hier falsch sind, wenn plötzliche Albernheitsattacken Sie irritieren?

Für alle verbliebenen Leser noch ein formaler Hinweis: Sie dürfen sich einer typografischen Finesse erfreuen. Im Glossar finden Sie eine Erklärung der meisten *kursiv* gesetzten Wörter.

Ulf Henning
Nottuln, im August 2010

TEIL 1

Kapitel 1

EINROLLEN
April 1983 bis August 2008

Ines ist schuld!
Friesland, 19. April 1983

Es ist der erste Tag nach den Osterferien, und es ist ein guter Tag. Normalerweise sind erste Schultage nach den Ferien die Hölle, aber dieser ist anders. Die Sonne scheint, die Vöglein singen, und am liebsten würde ich dasselbe tun, aber ich kann nicht. Denn erstens bin ich nach drei Kilometern Schulweg mit *Gegenwind* – in Friesland kommt der Wind grundsätzlich von vorn! – und einer beherzten Sprinteinlage völlig außer Atem, und zweitens: Wenn ich jetzt singe, bemerkt mich Ines aus der Neunten. Die ist immerhin der Grund für meinen Spurt und damit meine Atemlosigkeit. Jetzt rolle ich unbemerkt hinter ihr her. Die Anstrengung von vorhin ist schon vergessen, und im Moment scheine ich dahinzuschweben.

Es ist wichtig, kurz vor dem Ziel das richtige Hinterrad zu haben. Aus taktischen Gründen. Windschatten ist superwichtig – spart mindestens 20 Prozent Energie. Doch davon habe ich nicht den blassesten Schimmer. Schließlich bin ich erst dreizehn Jahre alt, schwer verliebt und bilde mir ein, dass es Ines' Rückansicht ist, die mich beflügelt. Sie trägt eine rot-schwarz gestreifte Stretch-Jeans, genau wie Nena bei *Ronny's Pop-Show*. Und sie fährt ein Rennrad.

Kapitel 1: Einrollen

Ich möchte auch ein Rennrad haben. Dann würde ich mich bestimmt trauen, wieder zu atmen, Ines aus der Neunten vielleicht sogar überholen, und wir könnten gemeinsam, nebeneinander (vielleicht sogar Hand in Hand – ich muss aufpassen, dass ich nicht von meinem Kettler Alu-Rad 2600 kippe!) aufs Schulgelände einbiegen. Ich muss ein Rennrad haben!

Ein unbedachtes Wort
Münster, Grevener Straße, 3. Oktober 2007

Ich habe einen dicken Kapuzenpulli an und eine gefütterte Jeansjacke darüber, und die Sonne scheint vom blauen Himmel. Trotzdem fröstele ich, denn es ist kühl an diesem frühen Morgen.

Ich stehe am Start des Münsterland-Giros über 110 Kilometer. Als Zuschauer wohlgemerkt, denn ein Rennrad habe ich immer noch nicht. Mein Freund Ingo auch nicht, aber der sitzt jenseits des Absperrgitters, mitten im Startblock C, auf seinem stollenbereiften Mountainbike und lächelt etwas angespannt.

Irgendwo weiter vorne im Starterfeld dieses *Jedermannrennens* stehen Norbert und Tom und machen vermutlich gerade in Zweckoptimismus. Die haben zwar Rennräder unterm Hintern, aber dreistellige *Höhenmeter*zahlen kennen auch sie allenfalls vom Hörensagen. Dasselbe gilt für die Streckenlänge. Ihre weiteste Trainingsrunde führte über gerade mal die Hälfte.

Eigentlich hatten meine Kumpels bei ihrem ersten Radrennen gemeinsam starten wollen, aber dann hat bei der Anmeldung irgendetwas nicht geklappt, ein Kommunikationsproblem oder so, jedenfalls muss Ingo jetzt gleich mal drei Minuten gutmachen, wenn die drei die Bergriesen des Teutoburger Walds, die ab Kilometer 50 warten, gemeinsam bezwingen wollen. Um ihn herum stehen lauter Wochenend-Virenques, die sich um den Anschein langjähriger Routine bemühen. Ingo dagegen hat's nicht so mit

Pfeifen-im-dunklen-Wald und sagt's, wie es ist: »Ich hab'n bisschen Bammel.«

Ich beschließe, dass ihm mit Ehrlichkeit meinerseits nicht gedient ist und sage nicht: »Solltest Du auch!« und auch nicht: »Ihr schafft das sowieso nicht. Ich sammel' Euch dann in Tecklenburg ein und bring' Euch mit dem Auto nach Hause.« Aber genau das ist es, was ich denke.

Zum Glück geht es dann auch bald los, und ich muss nur noch ein paar fachkundige Kommentare wie »Wird schon!« und »Kein Thema!« abgeben, bevor sich der wogende, bunte Pulk in Bewegung setzt, Ingo mitreißt und verschluckt.

Kurz darauf verteilt sich das Bodenpersonal, bestehend aus Familien, Freunden und -innen, auf zwei Transporter, und los geht's Richtung Tecklenburg, dem höchsten Punkt der Runde, wo der knackigste Anstieg direkt in die Ortsmitte führt. Und kaum haben wir uns da hinaufgequält, Parkplätze gefunden und uns an der Strecke postiert, passiert das Unfassbare: Mit einem fröhlichen »Moin!« wedelt Norbert an uns vorbei, dicht gefolgt von Ingo und Tom.

Bald darauf sitzen wir bei Herbstsonne und Weizenbier vorm *Kruse Baimken* am Ufer des Aasees, und die Helden der Landstraße lassen das Renngeschehen Revue passieren. Als nach einer Weile ein Moment zufriedenen Schweigens entsteht, höre ich mich zu meinem Erstaunen sagen: »Nächstes Jahr bin ich dabei!«

Ich erschrecke, bin erleichtert, dass niemand antwortet, und nehme an, dass meine Ankündigung entweder keiner gehört hat, oder – noch wahrscheinlicher – keiner ernstnimmt.

Wie man nicht sein erstes Rennrad kaufen sollte
Oldenburg-Bürgerfelde, 26. Dezember 2007

Norbert und ich stehen, jeder mit einem schönen Glas Rotwein bewaffnet, auf dem Flur. Im Wohnzimmer geht gerade das

Kapitel 1: Einrollen

Schrottwichteln in die letzte Runde, als Norbert mir zuraunt: »Komm doch mal mit in den Keller.«

Ich stelle mein Glas ab, um die Hände für die zu transportierenden Weinkisten frei zu haben und folge ihm treppabwärts. Als wir vor der Kellertür stehen, fällt mir ein, dass Norbert seinen Wein in der Wohnung lagert. Außerdem kommt mir ein erfolgreich verdrängtes Telefonat wieder in den Sinn. Ich denke an Flucht, aber da geht schon die Tür auf und das Licht an. Vor uns steht ein schwarzes Rennrad. Auf dem Rahmen steht »2danger« und »Crossroad Comp«.

Das sagt mir wenig, die einzigen Fahrradmarken, die ich kenne, heißen Kettler, Union, Gazelle, Raleigh, Motobécane und Peugeot. Und »*Crossroad*« erinnert mich höchstens an einen seltsamen Film aus den Achtzigern, in dem Karate Kid gegen Steve Vai um die Wette (und um sein Seelenheil) Gitarre spielt. So weit, so gut, aber am Ende gewinnt Karate Kid. Da wird es dann ein bisschen unrealistisch.

Genauso wenig kann ich mit dem anfangen, was Norbert gerade mit Stolz in der Stimme verkündet. Es klingt wie »Neuer Eleres Weha-Erfünffuffzig, Vittoriarubinopro, Efesäiparts, neues zweiundfünfziger Kabeh, Shimanohundertfünfzwomalneunfach.«

Ha! Shimano kenne ich schon mal. Ich setze ein wissendes Gesicht auf und kann gerade noch widerstehen, mit der Fußspitze gegen die unfassbar schmalen Reifenflanken zu treten, wie man es aus irgendwelchen Gründen bei der Inaugenscheinnahme von Gebrauchtfahrzeugen so macht.

»Topgepflegt!«, sagt Norbert jetzt, aber das sehe ich auch so. Hätte ich von ihm auch nicht anders erwartet. »Kannste haben.«

Ich bin ein bisschen überrumpelt und sage deswegen nichts. Norbert interpretiert das wohl als Verhandlungsgeschick und legt nach: »Den alten Eleres mit den zweiunddreißiger Crossschlappen und das kleine Kabeh kriegst Du natürlich auch.« Natürlich.

Etwas in mir sagt unhörbar: »Wie viel auch immer er haben will, du sagst nein!«, aber etwas anderes in mir öffnet meine Lippen und fragt hörbar: »Wie viel?« Damit ist mein Schicksal besiegelt. Auf dem Weg zurück in die Wohnung überlege ich, wie ich K. erklären werde, dass ich gerade eben 400 Euro ausgegeben habe, die wir nicht besitzen.

Der heiße Atem der Fahrradnazis
Oldenburg, Dobbenviertel, 2. August 2008

Ich stehe auf einem überfüllten Balkon. Es ist windig und hat gerade noch geregnet, doch ich schwitze. Vor mir stehen drei Grills, auf denen unglaubliche Mengen an Holzfällersteaks und Würstchen vor sich hin schmurgeln. Hinter mir stehen meine radsportbegeisterten Freunde und diskutieren den letzten *Ortsschildsprint*. Ich gebe mich keinen Moment der Hoffnung hin, dass die Jungs in absehbarer Zeit über irgendetwas anderes als das geliebte Rennradeln sprechen werden. Immerhin bezeichnen sie sich inzwischen selbst gelegentlich grimmig als Fahrradnazis.

Ich ahne, dass sie jetzt bald auf ein wichtiges Ereignis zu sprechen kommen werden: Den jährlichen Saisonhöhepunkt. Den Münsterland-Giro, der in acht Wochen wieder stattfinden wird. Das Rennen, für das ich meine Teilnahme zugesagt, aber noch nicht einen *Trainingskilometer* zurückgelegt habe. Um genau zu sein: Ich habe außer einem Rennrad nichts, was dazu nötig wäre. Keinen Helm, keine Schuhe, kein schickes Trikot, keine Brille, keine Handschuhe, keine Ahnung.

Was ich habe, ist ein verhängnisvoller Hang zu gutem Essen, gutem Wein, süßem Nichtstun, Bier und Zigaretten. Dem habe ich eine miese Kondition und ungefähr 110 Kilogramm Körpermasse zu verdanken.

Hinter mir entsteht eine kurze Gesprächspause. Offenbar ist die Manöverkritik zur letzten Trainingseinheit abgeschlossen. Jetzt bin ich fällig.

Kapitel 1: Einrollen

»Und, wie weit bist Du?«, fragt Tom über meine Schulter.
»Die Würstchen müssten fast fertig sein«, verstehe ich ihn absichtlich falsch und überlege fieberhaft, wie groß meine Chancen sind, mit einer beherzten Hockwende Grill und Balkongeländer zu überwinden, ein Stockwerk tiefer zu landen, ohne mir die Beine zu brechen, und mich dann in die Büsche zu schlagen. Glücklicherweise fällt mir etwas noch Schlaueres ein.

»Essen ist fertig!«, rufe ich, und in Sekundenbruchteilen sind wir von hungrigen Partygästen eingekeilt, was eine Fortsetzung des Gesprächs unmöglich macht und mir Gelegenheit gibt, einen Plan für den Rest des Abends auszutüfteln: Ich gehe einem Gespräch über meine Trainingsfortschritte so lange aus dem Weg, bis ich mir genug Mut angetrunken habe, um einen Rückzieher zu machen. Raffiniert, oder?

Kaum haben alle gegessen, stehe ich auch schon wieder inmitten der Radsportler auf dem Balkon, der sich zusehends füllt, weil die Sonne herausgekommen ist. Ich habe, wie fast alle, ein Pils auf der Faust. Wer mag, bedient sich am Büffelgraswodka, der die Runde macht. Ich mag, ich habe ja einen Plan. Noch stehen zwei unserer nicht radelnden Freunde dabei, als ich beschließe, den nächsten Vorstoß abzuschmettern, indem ich in die Offensive gehe.

»Sachtma, rasiert Ihr Euch eigentlich die Beine?«, versuche ich das Gespräch in eine Richtung weg von meiner Giro-Teilnahme zu lenken. Ein voller Erfolg! Sofort reden alle durcheinander, und ich erfahre haarklein (!), wer sich die Beine und wer noch ganz andere Stellen rasiert, und dass auch gestandene Mannsbilder im Besitz einer Bikinizone sind. Ich bin baff. Darauf einen Wodka. Nein, besser zwei.

Die Freude über meine gelungene Finte erfährt allerdings einen kleinen Dämpfer, als mir auffällt, dass einer der Nichtradler sich eine Spur zu eilig von uns wegbewegt und zu einem Grüppchen weiblicher Partygäste gesellt hat. Was er dort erzählt, kann ich nicht hören, aber Blicke können ja auch vielsagend sein. Vor allem solche mit gerümpfter Nase und gerunzelter Stirn. Ich schicke ein schiefes Grinsen zurück, das sagen soll: »Eigentlich kenne ich die Jungs gar nicht!« Die Frauen antworten mit hochgezogenen Augenbrauen: »Ja nee, ist klar«, und wenden sich angewidert erfreulicheren Themen zu, während die Fahrradnazis unbeirrt die nächste Strophe im Hohelied von den Freuden der *Körperenthaarung* anstimmen. Ich versuche mit mäßigem Erfolg, meine roten Ohren vermittels neuen Biers und Wodkas abzukühlen.

Ein paar Stunden und Erfrischungsgetränke später sitze ich auf dem Sofa, eingekeilt zwischen Thomas und Ingo.

»Ich mache morgen die Giro-Anmeldung«, sagt Thomas. »Du fährst ja mit, oder?«

»Natürlich!« War ich das? Ich fürchte, ja.

»Na dann Prost!«

Wir stoßen an.

Es ist doch immer gut, wenn man einen Plan hat.

EdHot geht ins Netz
Nottuln, 8. August 2008

Okay, mir geht schon ein bisschen die Düse, aber wirklich bereut habe ich meine Zusage noch nicht. Allerdings drängt die Zeit, und ich habe für die nötigen Anschaffungen kein Geld übrig. Dankenswerterweise erklärt sich meine Mutter bereit, mir zu helfen. So habe ich in den vergangenen Tagen mehrere hundert Euro von ihrem Geld für Radsportbedarf ausgegeben und mit dem Training begonnen. Allerdings habe ich schnell gemerkt, dass ich Unterstützung bei der Trainingsgestaltung brauche. Zwar bin ich vor Jahren schon mal regelmäßig gelaufen, aber Radfahren ist doch ein bisschen was anderes, musste ich feststellen. Weil ich weder Zeit noch Lust habe, mich einem Verein anzuschließen, will ich mein Heil im Internet suchen.

Kapitel 1: Einrollen

Und da in meinem kleinen Weinladen gerade nicht viel los ist, habe ich Gelegenheit, die einschlägigen Internetforen zu durchforsten in der Hoffnung, eins zu finden, in dem ein übergewichtiger, untrainierter Genussmensch, der sich aus Gründen, die er selbst nicht so ganz versteht, zu einem Radrennen angemeldet hat, nicht sofort ausgelacht oder beschimpft wird. Doch Radsportler scheinen noch sonderbarer zu sein, als ich befürchtet habe. Ich meine: Hallo? Was soll man schließlich von Leuten halten, die sich freiwillig in zu enge, zu bunte Klamotten zwängen, um in orthopädisch bedenklicher Körperhaltung ihre Zeit auf der Straße zu verbringen? Jedenfalls wird mir klar, dass in diesen Kreisen Dinge als Provokation empfunden werden, die im wahren Leben ganz normal wären. Und so gut kenne ich mich dann doch: Auf lange Sicht könnte ich es sowieso nicht lassen, also fange ich direkt mit dem Provozieren an.

18.08.2008 14:04

EdHot *Trainingstagebuch: Dicker Mann auf dünnen Reifen*

Moin,
ich stelle mich am besten einfach mal vor. Erst mal meine technischen Daten:
Bj. 1969
192 cm
~ 108 kg
< 250 km Rennrad-Erfahrung
Raucher
Trinker
Zuseltensporttreiber (wenn, dann Joggen)
fauler Sack

Mein gebraucht gekauftes, bisher nur für die 10 km zur Arbeit und zurück genutztes, seit einem halben Jahr auf seinen sportlichen Einsatz wartendes Fahrrad ist ein ca. 2 Jahre altes, sehr gut gepflegtes 2danger Crossroad Comp (Alu, 60 cm RH) mit Shimano 105 Komponenten (Schaltung, Bremsen, LRS). Das wiegt zwar ca. eine

Dicker Mann auf dünnen Reifen

Tonne, aber in Anbetracht der Tatsachen, dass ich nicht gerade leicht bin, auch mal abseits der Hauptstraßen unterwegs sein will und gerade erst mit dem Radsport anfange, eine ganz okaye, weil stabile Wahl, glaube ich.

Sonst bin ich meistens mit meinem Trekkingrad unterwegs, mit Tochter im Kindersitz hinten drauf.

Am letzten Wochenende haben meine Kumpels und ich beschlossen, mich für den Münsterland-Giro am 3.10. fitzumachen. Vor ein paar Tagen hat *Rose* meine Fahrradklamotten geliefert. Alles passt, und wir haben vor, mein Equipment auf einer kleinen, landschaftlich reizvollen, mit unzähligen *Hors-Catégorie-Bergwertungen* gespickten 40km-Tour einzuweihen. Da die Gefahr besteht, dass ich schon nach der ersten mörderischen Steigung, dem Zippenberg (200m Anstieg, 10 Höhenmeter!), aus dem letzten Loch pfeife (wenn überhaupt noch), bin ich natürlich froh, mehrere erfahrene *Edelhelfer* dabeizuhaben, die mich entweder mitschleppen, Erste Hilfe leisten oder den Notarzt rufen können.

Um mich noch ein bisschen mehr unter Druck zu setzen und vielleicht den einen oder anderen Tipp abzustauben, habe ich mir überlegt, Euch per Trainingstagebuch auf dem Laufenden zu halten. Hier also mal die letzten Tage:

Sa., 2.8. – 108,0 kg
Beim Grillen den Oldenburger Fahrradnazis zugesagt, beim Münsterland-Giro mitzumachen. Noch 2 Monate Zeit! Sofort Muffensausen.
Unmengen Bier, Wodka u. Zigaretten.

So., 3.8.
Bereue wider Erwarten meine Zusage nicht. Leichte Erkältung. Groben *Ernährungs- u. Trainingsplan* gemacht. Ab sofort: 3 kleinere Mahlzeiten statt nur Abendessen, Obst ad libitum, Kaffeekonsum runterfahren, so viel Wasser und Schorle wie reingeht. 4 Trainingstage/Woche, zuerst nur GA1+2 (ca. 75:25 %).
0 Zigaretten, 0,5 l Rotwein.

Mo., 4.8.
Tagsüber ausgesucht, abends bestellt: Helm (weiß, Übergröße wg. Dickschädel), Trägerhose, Trikot, Handschuhe, Socken, Schuhe (knallrot), Brille – alles

Kapitel 1: Einrollen

Sonderangebote, Auslaufmodelle, Restposten etc. Gesamtkosten unter 200 EUR.
20 Zigaretten, 0,3 l Rotwein.

Di., 5.8.
Morgens bei Rose angerufen u. gefragt, ob alles lieferbar ist. Antwort positiv. Nachmittags gleich noch ein Kontrollanruf: Paket schon unterwegs. Immer noch leicht erkältet. Strecke für Wochenendtour ausbaldowert und Fahrradnazis per E-Mail eingeladen.
25 Zigaretten, 0,75 l Rotwein.

Mi., 6.8.
Paket ist angekommen. Vormittags 3-Weg-*Cleats* gekauft. Nach Feierabend neue Klamotten getestet. Sehe aus wie Michelinmännchen, das als Rose-Werksfahrer verpflichtet wurde. Egal, wer leiden will, muss nicht schön sein. Keine Probleme bei erster Fahrt mit *Klickpedalen*, aber mit der Kondition. Selbst schuld – hungrig und kalt 15%-Steigung gefahren, Bergtechnik mangelhaft bis nicht vorhanden. Ergebnis: Gesichtsfarbe passend zu den schicken neuen Schuhen, Gehörverlust wg. Blutrauschen in den Ohren und eingeschränkte Sicht wg. bunter Punkte, die vor meinen Augen tanzen. Brauche ca. 5 km, bis ich wieder daran glaube, das zu überleben.
Antwort der Fahrradnazis: Sind Samstag zu viert, können aber erst ab 18 Uhr fahren.
25 Zigaretten, 0,5 l Rotwein.

Do., 7.8. – Ruhepuls 62 bpm, 107,0 kg
K. behauptet, die Wampe wäre straffer geworden. Muss Liebe sein! Erkältung vorbei. Abends erste GA1-Fahrt über flache 27 km: 1h10m, 23er Schnitt, Puls 133. Muss mich noch gewöhnen, Schmerzen v.a. in Händen, Rücken und Gesäß. Aber sonst: Überraschend gut, ziemlich euphorisiert! Wie konnte ich nur vergessen, wie gut man sich durch ein bisschen Sport fühlen kann? Kann schlecht einschlafen, fahre im Bett immer weiter.
20 Zig., 0,4 l Weiß-, 0,3 l Rotwein.

Kapitel 2

WARMWERDEN
August 2008

Trolle, Trinker, Terroristen
Darup, 8. August 2008

Nachdem ich meine kleine Vorstellung an mehreren Stellen im Forum von *rennrad-news.de* veröffentlicht habe, kümmere ich mich ums Geschäft. Erst nach Feierabend werfe ich wieder einen Blick in mein neues Trainingstagebuch, allerdings ohne zu erwarten, dass die Radsportgemeinde davon großartig Notiz genommen haben könnte.

Ich werde rasch eines Besseren belehrt. Es sind keine sieben Minuten vergangen, bis ich die erste Antwort bekommen habe: User *anazi* will wissen, ob es Fotos von mir gibt und bezeichnet mich – vermutlich für den Fall, dass es keine gibt – vorsorglich schon mal als Troll. Später soll ich herausfinden, dass *anazi* selbst so etwas wie ein Meta-Troll ist, nämlich einer, der nichts anderes tut, als andere des Trollseins zu bezichtigen.

Außerdem melden sich, zum Teil auch per E-Mail oder persönlicher, nichtöffentlicher Nachricht, eine Menge »ernsthafter« Sportler zu Wort, deren Reaktionen von »Blödsinn, aber nicht zu verhindern«, verbunden mit ein paar wohlgemeinten Tipps zur Vorbereitung, bis zu unverhohlen feindseligen Kommentaren reichen.

Kapitel 2: Warmwerden

Vor allem ein User tut sich dadurch hervor, dass er offen zugibt, gerne »Neulinge anzupupen« und das auch gleich in die Tat umsetzt: Leute wie ich, die mit ihren Saufkumpanen beschlössen, ohne jedes Training ein Rennen zu fahren, gefährdeten sich und andere, indem sie ständig schwerste Massenstürze verursachten, und überhaupt packe ihn beim Lesen das nackte Grauen.

Das packt mich allerdings genauso, als er seine Renntaktik beschreibt: Er wolle sich ganz vorne in den ersten Startblock stellen und gleich lossprinten, um vor den lästigen Anfängern zu fliehen, die unfähig sind, in ihre Klickpedale zu kommen, sich dann einer schnellen Gruppe anschließen, dort aber nicht führen, denn schließlich gebe es genug Deppen, die mal vorne fahren wollen. Auf der Zielgeraden brauche er nämlich noch Reserven, um zurückzurempeln oder auch zuzuschlagen, wenn es gelte, die Position im Feld zu verteidigen oder zu verbessern. Der Sprint gehöre ihm, und wenn es mit Hilfe der zum Schlagstock umfunktionierten Luftpumpe sein sollte!

Von anderen bekomme ich noch zu lesen, ich solle mich ja nicht für die Zukunft des deutschen Radsports halten und sei eine Gefahrenquelle für alle. Der Münsterland-Giro sei schließlich keine *muckelige Pättkestour* und beim Wort »Jedermannrennen« läge die Betonung auf »Rennen«.

Jungejunge, habe ich da ein paar völlig durchgeknallte Straßenkrieger aus der Deckung gelockt, oder sind alle Rennradler so? Ich versuche mich mit dem Gedanken zu beruhigen, dass »Sportler« dieses Kalibers wohl kaum in den Regionen des Pelotons unterwegs sind, in denen ich mich aufhalten werde.

Zu meiner Erleichterung verzieht sich der Pulverdampf bald, und friedliebendere Charaktere teilen mir ihre Meinung mit. Allerdings beschränken sich die Trainingstipps vor allem darauf, dass ich weniger – oder besser noch: gar nicht mehr – trinken und rauchen soll. Ein User weiß Erschütterndes zu berichten: Als kleines Kind habe er miterlebt, wie ein naher Verwandter am Alkohol zugrundegegangen sei, weswegen er selbst seit Kurzem nichts mehr trinke. Offenbar eine im Lauf vieler Jahre gründlichst gereifte Entscheidung.

Einige machen sich Gedanken über die ganzen *Kalorien*, die es wieder abzutrainieren gelte, und eine Ärztin teilt mir besorgt mit, dass ich mit nur einer allabendlich genossenen Flasche Bier schon Alkoholiker sei.

(Das erinnert mich daran, dass mein Vater mir dasselbe vor Jahrzehnten auch schon einmal erzählt hat. Wenn ich mich recht entsinne, schaute er, während er so sprach, versonnen auf sein Weinglas.)

Jedenfalls sei mein zügelloser Lebenswandel der reinste Raubbau an meinem Körper und vernünftiges Training ein Ding der Unmöglichkeit.

Das macht mich schon ein bisschen nachdenklich. Eigentlich hatte ich erwartet, für das Rauchen ausgeschimpft zu werden, aber das spielt gegenüber dem Thema Alkohol nur eine untergeordnete Rolle. Ähnliches gilt leider auch für konkrete Trainingstipps, wo mir doch vor allem die Berge Sorgen machen. Und dabei sind die Erhebungen rund um mich herum in Radsportleraugen nicht mal richtige Berge, sondern mit knapp 200 Metern Höhe allenfalls Hügel, oder, wie die alten Häsinnen und Hasen sagen: Teerblasen. Andererseits weisen meine beiden »Hausberge« Anstiege von bis zu 15 Prozent auf, und momentan muss ich da noch 108 Kilo heraufwuchten. Aus den Kommentaren lese ich bisher nur heraus, dass man das Bergauffahren am besten trainiert, in dem man oft und viel bergauffährt. Naja, es war ja auch kaum zu erwarten, dass es mit Bergabfahren zum Einstieg getan sein würde. Trotzdem: Ein paar Hinweise technischer Natur, zum Beispiel zu *Übersetzung* oder *Trittfrequenz*, hätte ich mir schon gewünscht.

Ich beschließe, ab morgen weniger zu trinken. Auf diesen guten Vorsatz stoße ich erst mal mit einem hervorragenden Kaiserstuhler Riesling und mir selbst an und widme mich dann bei einer

Kapitel 2: Warmwerden

Zigarette den jetzt immer häufiger eintreffenden Kommentaren derjenigen, die sich sowohl zu meinem Vorhaben als auch zu meiner Offenheit wohlwollend äußern. Viele scheinen erleichtert zu sein, dass ich die Sache ein bisschen lockerer angehe, und drücken mir die virtuellen Daumen, dass ich das mit dem Giro in den verbleibenden acht Wochen schaffe. Und am Ende meines ersten Tages als öffentlicher Nachwuchsradler erhalte ich eine Nachricht von Rob aus Münster: Er lädt mich ein, demnächst mit ihm und seinen »*Leetzenrittern*« ein paar Runden in den Baumbergen zu drehen. Das freut mich sehr, aber ich muss das Angebot vorerst ablehnen, weil ich an den vorgeschlagenen Terminen keine Zeit habe. Das ist nicht mal gelogen, kommt mir als Ausrede aber auch nicht ganz ungelegen, denn wer weiß schon, wie so ein Leetzenritter tickt? Nachher bekomme ich noch als Strafe dafür, dass am Berg alle auf mich warten mussten, beim ersten Ortsschildsprint einen mit der Luftpumpe verplättet. Bevor ich mich auf die erste Fahrt mit Fremden einlasse, möchte ich doch lieber noch ein paar Kilometer alleine oder mit meinen Freunden radeln. Und dazu ist ja immerhin schon übermorgen, nein, morgen Gelegenheit.

Na, so was – schon nach Mitternacht! Kurz vor dem Zubettgehen befällt mich ein seltsam leeres Gefühl, das ich zunächst nicht einordnen kann. Kurz darauf finde ich mich statt im Schlafzimmer im Gartenhäuschen wieder, wo ich bei einem letzten Glas Wein in stiller, leicht sehnsüchtiger Kontemplation mein Rad betrachte. Nachdem ich mich mühsam losgerissen habe, setze ich mich noch ein letztes Mal für heute an den Computer.

Fr., 8.8.
Verdammte Hacke, ich will fahren! Ruhetag sucks. Aber so was von! Ich glaub, ich werd Fahrradnazi... Hat mich schon genervt, dass ich wg. Straßennnässe mit dem Trekker zur Arbeit fahren musste. Memo an mich: Schutzbleche für Renner und Regenjacke kaufen. Freue mich auf morgen u. die Nazis. Dr. Nob kommt auch mit. 24 Zigaretten, 0,5 l Weißwein.

Hügel üben
Baumberge, 9. - 13. August 2008

Ingo, Norbert und Thomas sind am späten Samstagnachmittag aus *Oldenburg* angereist, wir haben die Räder auf der Terrasse noch einmal kurz durchgecheckt, die Reifen aufgepumpt, uns in Schale geschmissen und stehen jetzt in der strahlenden Abendsonne auf dem Wendehammer vor dem Haus. Ingo kaut noch, weil er den ganzen Tag nichts gegessen und das gerade erst nachgeholt hat, beziehungsweise im Moment noch nachholt. Um uns herum wuseln seine und meine Kinder, während unsere Frauen in respektvoller Entfernung stehen und uns unerschrockene Sportsmänner fotografieren. Vermutlich keine schlechte Idee, das jetzt zu tun und nicht direkt nach unserer Rückkehr, denn die Strecke, die ich ausgeklügelt habe, führt über ein paar dieser »Teerblasen«, die, als ich sie mit dem Auto abgefahren habe, halb so wild wirkten, mir jetzt aber den Angstschweiß auf die Stirn treiben. Wäre es eventuell klug gewesen, die Route auch schon mal mit dem Fahrrad probezufahren? Wahrscheinlich ja, aber der Gedanke ist jetzt auch müßig, denn es ist schon halb sieben, und wir rollen los. Meine erste Gruppenfahrt auf dem Rennrad hat begonnen.

Die ersten Minuten verbringe ich damit, die Gänge zu sortieren, nervös auf dem Sattel herumzurutschen, Thomas, der vorn fährt, die Fahrtrichtung zuzurufen und Norberts Anweisungen umzusetzen, für dessen Geschmack ich nicht dicht genug auffahre.

»Komma ran hier!«, ruft er, mehr zu mir nach hinten als nach vorn schauend, wo sein vorderes beinahe Ingos hinteres Rad zu berühren scheint, und: »Da darf gerade mal ein Blatt Papier dazwischenpassen!«

Ich verkneife mir die Frage, ob quer oder längs. Einerseits befürchte ich, Norbert brüllt dann: »Flach, du Dödel!«, andererseits habe ich auch kaum die Luft, etwas zu sagen. Geschweige denn gegen den Fahrtwind zu rufen, denn die Jungs legen ein Tempo vor,

Kapitel 2: Warmwerden

dass mir angst und bange wird. Ich schimpfe mich schon bald einen dummen Hund, dass ich die Zigaretten am Vormittag nicht weggelassen habe, wie ich es mir eigentlich vorgenommen hatte.

Ich war naiv genug zu glauben, wir würden halbwegs gemütlich – womöglich plaudernd – in Zweierreihe fahren, so wie anscheinend all die anderen Rennradler, über die ich mich als Autofahrer bisher immer geärgert habe, muss jedoch jetzt erkennen, dass ich Teil einer Zeitfahrmannschaft bin: Alle zwei Kilometer geht der Führende links raus, lässt sich nach hinten fallen, und der Nächste ist dran. Nach sechs Kilometern bin ich das. Wir haben gerade den Ortsausgang von Nottuln passiert, als mir die Kette abspringt. Zum Glück, denn vorher waren wir knappe 35 Sachen gefahren, und ich hatte Sorge, das Tempo nicht halten zu können, aber nach einer kurzen Reparaturpause bin ich wieder einigermaßen bei Atem und kann unauffällig mit 30 Stundenkilometern meine Führungsarbeit leisten. Dann kommen auch schon die ersten Hügel, und ich lerne, dass im Anstieg jeder sich selbst der Nächste ist und oben auf den Langsamsten – also mich – gewartet wird.

So kann ich ganz gut mit den anderen mithalten und muss mir nicht die Blöße geben, hinten zu bleiben oder gar »Kürzer!« zu rufen. Glaube ich. Noch.

Nach einer guten Stunde Fahrtzeit absolvieren wir Kilometer Nummer 30 von 45, und bis gerade eben gab es zwei Dinge, die mir immer wieder gesagt wurden, die man ständig hört, die aber auch wirklich jeder weiß, die ich dennoch nie wirklich glauben mochte.

Erstens: Im Radsport ist Windschatten ziemlich wichtig.

Zweitens: Jeder Radsportler stellt sich relativ oft die Frage nach dem Warum.

In diesem Moment – ich quäle mich gerade auf den Coesfelder Berg hinauf – möchte ich diese Aussagen präzisieren.

Erstens: Beim Radfahren ist Windschatten verdammt noch mal alles. Scheiß aufs Material, den Trainingsstand, die Tagesform und was auch immer, all das ist wertlos, wenn du keinen Windschatten hast! Der Windschatten entscheidet darüber, ob du das Rennen gewinnst oder ob du kilometerweit hinterherfährst. Und bist du einmal abgehängt, ohne Chance, wieder in den Windschatten zu fahren, wird dein Abstand mit jeder Kurbelumdrehung größer. Oh Windschatten! Gelobt seist Du und gepriesen! Amen.

Zweitens: Ich weiß nicht, ob es jeder Radsportler tut. Ich habe auch keine Ahnung, wie oft. Ist mir auch egal. Ich selbst werde mich das alles jedenfalls nur dieses eine einzige Mal fragen, weil meine Radsportkarriere mit dem heutigen Tage endet: Was tue ich hier? Was ist los mit mir, dass ich freiwillig stundenlang Norberts Hintern anstarre? Wie konnte ich jemals glauben, dass die Jungs da vorne, die bergauf diese mörderische Geschwindigkeit fahren, meine Freunde sind? Wo ist zu Hause, Mama? Wer hat eigentlich die Idee zu diesem Irrsinn gehabt? Und vor allem: WARUM???

Wider Erwarten komme ich ohne Heulkrampf oben an, und in der Abfahrt erhole ich mich auch körperlich und seelisch soweit ganz gut. Allerdings weiß ich, was die anderen nicht wissen: Gleich erwartet uns noch die Billerbecker Straße, die der wahnsinnige Streckenplaner als Schlussanstieg vorgesehen hat.

Wir fahren in den Ort, biegen an der Volksbank links ab und kommen nach ein paar harmlosen Schlenkern viel zu bald zum Beginn der Steigung, bei der ich mich jedes Mal wieder frage, wer denn da die Straße an die Wand gemalt hat. Das ist heute die Stelle, an der der wahnsinnige Streckenplaner absteigt, den anderen noch eine schnelle Wegbeschreibung hinterherruft und sich gedemütigt auf den Heimweg macht.

Als ich mehr oder weniger entspannt dahinrolle, greife ich nach der Trinkflasche und stelle fest, dass die noch voll ist. Das erklärt natürlich so einiges. Wenn ich nicht völlig dehydriert wäre, hätte ich bestimmt gerade alle stehengelassen.

Als wir kurz darauf auf der Terrasse sitzen, wo K. schon den Grill anheizt, und bei kaltem Bier Manöverkritik halten, stellt sich zu mei-

Kapitel 2: Warmwerden

ner Erleichterung heraus, dass ich gar keine Ausrede brauche. Meine Kumpels sind zufrieden bis erstaunt, dass ich einigermaßen mithalten konnte, und ich fühle mich auch plötzlich wieder ziemlich gut, euphorisch geradezu. Das Gefühl ist von Dauer, zumal es bei dem ersten Bier nicht bleiben soll. Als ich gegen zwei Uhr morgens halb ohnmächtig in die Federn sinke, habe ich zwei Liter Gerstensaft, anderthalb Liter Wein und eine Schachtel Zigaretten vernichtet.

Am nächsten Morgen gießt es wie aus Eimern, und wir beschließen, die Regenerationsrunde zu canceln, die wir für heute vorgesehen hatten. Stattdessen frühstücken wir ausgiebig, plaudern über alles außer Radsport, bespaßen die Kinder, und gegen Mittag treten die Oldenburger die Heimreise an. Ich habe zwar nicht den erwarteten Muskelkater, lege mich aber trotzdem in die *Badewanne* und versuche mich zu entspannen, was mir nicht gelingt. Ungläubig nehme ich zur Kenntnis, dass es mich in den Füßen juckt, dass ich raus und aufs Rad will. Zu allem Überfluss hat es auch noch aufgehört zu regnen.

K. guckt mich etwas erstaunt an, sagt aber nichts, als ich aus dem Badezimmer komme und mir direkt wieder die Fahrradklamotten anziehe. Als ich ihr erkläre, dass ich ganz dringend noch eine einstündige *ReKom*-Einheit fahren muss, sagt sie immer noch nichts, aber ihr Blick genügt.

Na und? Dann bin ich eben bekloppt. Als ich im Sattel sitze und locker mit etwas mehr als 25 Stundenkilometern dahinrolle, macht mich das dennoch nicht wirklich zufrieden. Immer wieder muss ich mich selbst bremsen, zwinge mich zum Runterschalten, versuche streng nach der Pulsuhr zu trainieren, bis ich nach einer halben Stunde genug davon habe. Ich fahre allerdings nicht nach Hause, sondern nehme Kurs auf die Billerbecker Straße, lege einen kleinen Gang ein und fahre mit hoher Trittfrequenz in den Anstieg, der mich gestern zur Aufgabe gezwungen hat. Schneller als gedacht erreiche ich die Stelle, an der ich umkehren musste. Ich fliege nicht gerade hinauf, atme und trete schwer, aber es geht. Ich kann im letzten Viertel sogar ein paar Gänge hochschalten und komme im *Wiegetritt* oben an. In meinen Ohren rauscht das Blut und flutet jede Zelle meines Körpers mit Adrenalin. Ich habe den Scheißberg geschafft! Jippie-ka-Yeah, Motherfucker! Unter wildem Triumphgeheul stürze ich mich ins Tal, gönne mir nach dem Abendessen fünf Zigaretten und zwei Gläser Rotwein, und dann folgt nur noch bleischwerer, äußerst erholsamer Nachtschlaf.

Die Waage zeigt 109 Kilo an. Ein Tag, der so beginnt, muss ein Montag sein. Liegt's am Training oder am Gelage vom Samstagabend? Während der Arbeit bin ich heute irgendwie nicht so ganz bei der Sache, mache mir ständig Gedanken, welche Routen ich demnächst befahren werde, wie ich mein Hügeltraining gestalten soll, was ich in mein Trainingstagebuch schreiben soll. Nachmittags erwische ich mich dabei, dass ich einen Stammkunden, der nur zwei Fläschchen für den Abend haben möchte, in ein halbstündiges Gespräch über den Radsport im Allgemeinen und meine Aktivitäten im Besonderen verwickle.

Am Ende kriege ich doch noch die Kurve zurück zum Wein, und mein Kunde verlässt zu meiner und vermutlich auch seiner eigenen Überraschung den Laden mit vier Kartons meiner besten Tropfen. Nicht gerade ein lehrbuchmäßiger Verkauf. Ich bin mir noch nicht ganz sicher, aber alles deutet darauf hin, dass ich soeben auf ein ganz innovatives Konzept gestoßen bin.

In den nächsten zwei Tagen fahre ich nach Feierabend eineinhalbstündige Runden, in die ich zwei bis drei moderate Anstiege einbaue. Das Wetter spielt einigermaßen mit, und als ich am Mittwochabend, dem Ende meiner ersten Trainingswoche, nach Hause komme, habe ich wohl einen derart verträumten Gesichtsausdruck, dass K. mich misstrauisch ansieht und schließlich fragt: »Hast du jemanden kennengelernt?«

Nah dran.

Kapitel 2: Warmwerden

Mi., 13.8.
Den ganzen Tag Regenschauer, pünktlich zum Feierabend trocken u. teilweise blauer Himmel. Abfahrt 19.20, erst Gegenwind Richtung Rorup, dann vorm Wind nach Nottuln. Fahre mit dem Wind und meinem Schatten um die Wette. Kurz vor Nottuln erster Sturz. Tiefstehende Sonne, geblendet trotz Brille, rechts auf den Grünstreifen gefahren. Zum Glück rechtzeitig aus dem Pedal gekommen und nur mit dem rechten Bein im Graben (Brennnesseln!) gelandet, linkes Bein mit Fahrrad dran ist oben geblieben. Wusste gar nicht, dass ich Spagat kann.
Von Nottuln Schlenker Richtung Appelhülsen. Abendsonne, Regenbogen. Wie in Trance nach Billerbeck, dann bis kurz vor Gerleve, langsam wird's dunkel. Halte, ohne drauf zu achten, ca. 25 km/h im Schnitt. Verzichte wegen einbrechender Dunkelheit auf zwei Steigungen, trotzdem immerhin 250 hm. Längste, weiteste und schönste Fahrt bisher!
15 Zigaretten, 0,4 l Rotwein.

Zusammenfassung erste Trainingswoche:
5 Einheiten
Fahrzeit: 8:02 h
193 km
1.150 hm
ca. 24 km/h

Bin zufrieden.

Ah! Lüdinghausen!
Dülmen, Lüdinghausen etc., 16. August 2008

Im Online-Tagebuch hat sich die Aufregung über meine Trinkgewohnheiten weitestgehend gelegt. Nur gelegentlich meldet sich noch ein sendungsbewusster Asket zu Wort, muss aber bald einsehen, es mit einem hoffnungslosen Fall zu tun zu haben. Stattdessen schreiben mir immer mehr User, die froh sind, dass da einer ist, der bei allem erwachenden Ehrgeiz versucht, das Leben weiterhin zu genießen, und mir mitteilen, wie sie trotz des Feierabendbiers und guten Essens Spaß und Erfolg im Rennradeln finden. Vertreter meiner Gewichtsklasse bieten mir die Mitgliedschaft in einem noch zu gründenden bundesweiten »Doppelzentnerclub« an, ich bekomme Lektüre- und Ernährungstipps und jetzt auch konkrete Vorschläge zur Trainingsgestaltung.

Einer lautet, ich solle eine »Referenzrunde« austüfteln, die ich dann zwei, drei Mal pro Saison in der Art eines Zeitfahrens absolvieren müsse, um zu üben, wie ich mir meine Kräfte einzuteilen habe, und meine Trainingsfortschritte zu kontrollieren. Das liest sich wie eine gute Idee, und ich mache mich daran, mit Radwanderkarte und Internet-Radroutenplaner einen 60-Kilometer-Törn in flachem Gelände zusammenzustellen. Nach einer Viertelstunde steht der Kurs fest. Er führt über Dülmen und Lüdinghausen. Das soll ein ganz hübsches Städtchen sein, habe ich gehört. Nennenswerte Steigungen gibt es laut Karte auf der Runde nicht.

Laut Karte, wohlgemerkt. Aber grau ist bekanntlich alle Theorie, wie ich fluchend kurz vor Dülmen feststellen muss. Zum bögen Gegenwind gesellen sich unzählige lange Wellen, die mir rasch die Kraft aus den Beinen zu saugen drohen, derweil ich versuche, 30 Stundenkilometer nicht zu unterschreiten. Hinzu kommen die folgenden Erkenntnisse:

Erstens ist Lüdinghausen doof. Ganz miese Radwege, rücksichtslose, hupwütige Autofahrer, blinde, mit meterbreiten Rollatoren ausgerüstete Omas. Zweitens sind Touristen doof. Stehen bräsig auf dem Radweg, auf dem sie ihre vollgefederten Trekkingräder quer zur Fahrtrichtung geparkt haben, schmökern im Reiseführer und rätseln, warum sie so ein komisches Klingeln im Ohr haben, um dann dessen Urheber mit hochrotem Kopf hinterherzubölken, dass die feinen Herren Rennradfahrer wohl dächten, der Radweg gehöre ihnen alleine, und man müsse dem schwulen Gesocks mal mit dem Regenschirm blablabla... Zum Glück bin ich schnell genug

Kapitel 2: Warmwerden

weg, um mir nicht anhören zu müssen, was genau mit dem Regenschirm und mir geschehen soll, aber ich ahne das Schlimmste.

Drittens ist richtiges Radfahren ja so was von super, dass das Geseier bald wieder in Vergessenheit gerät und das Ergebnis der Runde in ausschließlich angenehmer Erinnerung bleibt: 28 Stundenkilometer im Schnitt bei einem Puls von zirka 145 Schlägen, wobei ich das Gefühl habe, dass noch reichlich Luft nach oben bleibt.

Nach dem abendlichen Verfassen des aktuellen Tagebucheintrags surfe ich noch ein bisschen durch die Weiten des Internets und stelle fest, dass die Leetzenritter unter dem außerordentlich sympathischen Motto »Mittendrin statt vorneweg« ein eigenes Blog führen. Da wird gerade die Teilnahme an einer demnächst stattfindenden Radsportveranstaltung namens *»Havixbecker Sandsteinmeile«* diskutiert. Offenbar ein Rund-um-den-Kirchturm-Rennen für Jedermänner über läppische 20 Kilometer und eine Mordsgaudi mit *Bierstand* und Bratwurstbude. Ehe ich mich versehe, habe ich auch schon vollmundig meine Teilnahme angekündigt und beschließe, mir morgen mal die Strecke anzusehen.

Havixbecker Kantsteinmeile
Havixbeck, Darup, 17. - 20. August 2008

Nach fünf Trainingsrunden steige ich mit zitternden Knien vom Rad. Wenn viereinhalb Kilometer, alleine und ohne Zeitdruck gefahren, jetzt schon so anstrengend und furchteinflößend waren, wie soll das erst unter Rennbedingungen werden? Wenn Horden von knallharten, luftpumpenschwingenden Landeiern in diesen engen Altstadtgassen das inoffizielle Baumberge-Championat ausfahren? Und ich blutiger Anfänger mittendrin? Ich sehe mich schon anfangs mittendrin fahren und nach der ersten Runde blutig im Straßenstaub liegen.

Nachdenklich mache ich mich auf den Rückweg. Offenbar beflügelt mich die Angst, denn ich fliege den langen Anstieg nach Schapdetten, der mir bisher immer eher schwergefallen ist, mit einem ziemlich großen Gang nur so hinauf. *Asthmatisches Röcheln* von rechts reißt mich aus meinen Gedanken. Ich bin doch tatsächlich zum allerersten Mal gerade dabei, einen anderen Rennradler zu überholen! Und er ist keine 30 Jahre älter als ich! Na gut, vielleicht schon, aber nicht sehr viel mehr.

Bei der Rückkehr nach Hause bin ich, obwohl ich gerade mal 30 Kilometer gefahren bin, erschöpft, trotzdem zufrieden, doch immer noch unschlüssig, ob ich mich traue oder nicht. Aber ich habe ja noch zwei Tage Zeit.

Ablenkung verschafft mir eine E-Mail von Thomas aus Oldenburg. Wir stehen auf der offiziellen Startliste für den Münsterland-Giro. Teamname: Turbine Nadorst. Und Ingo will meine Kleidergröße wissen, weil er uns einheitliche Trikots mit Sponsorenaufdruck besorgt. Nicht schlecht, Herr Specht!

Der Sonntag beginnt mit dem Entschluss, nicht an der Sandsteinmeile teilzunehmen. Erstens passt das nicht in meinen Trainingsplan und zweitens habe ich noch nicht genug Hornhaut an den Ellbogen für ein hügeliges *Keirin*-Rennen auf Kopfsteinpflaster. Es wäre auch nicht gerade klug, Gesundheits- und Materialschäden zu riskieren, wo doch nur noch ein paar Wochen Zeit sind bis zum Giro. Bin ich vernünftig!

Wer hat da »Feigling!« gerufen?

Meinen Renndress streife ich mir trotzdem über und schwinge mich, während K. die Kinder im Auto verstaut, aufs Rad, um als Zuschauer nach Havixbeck zu fahren. Aus irgendwelchen Gründen bin ich trotzdem nervös und fahre flotter als geplant. So stehe ich schon mit einem Kaffee an der Bude, als die Familie eintrifft. Das Wetter ist herrlich, und wir suchen uns ein schattiges Plätzchen, verspeisen Kaffee, Kuchen, Bratwurst und alkoholfreies Bier und genießen das bunte Treiben. Die Veranstalter vom SV Schwarz-Weiß

Kapitel 2: Warmwerden

Havixbeck lassen sich nicht lumpen. Vor den Radrennen finden auf der aufwendig abgesperrten und gesicherten Strecke zahllose Laufwettbewerbe für Teilnehmer aller Alters- und Verbissenheitsgrade statt; von kostümierten, fröhlich johlenden Familienstaffeln bis zu sonnengegerbten, verkniffenen Marathonstörchen darf jeder mal ran. Die Organisation scheint jedenfalls professionellsten Ansprüchen zu genügen: Die Beschallungsanlage ist potent, der Bus des Zeitnahmeunternehmens riesig, und die Wartezeiten an Bratwurst- und Bierbude sind kurz.

Trotzdem fangen die *Blagen* gegen Mittag an zu quengeln, weswegen K. sie ins Auto verfrachtet, um nach Hause zu fahren. Ich will die Familie gerade verabschieden, da sehe ich zwei Rennradler ankommen, die ich als die Leetzenritter Rob und David identifiziere. K. sagt noch anerkennend: »Hmm, süß!«, bevor sie sich auf den Weg macht. Während ich überlege, welchen von beiden K. gemeint hat, spreche ich sie an und stelle bald fest, dass das anscheinend ganz nette Typen sind, mit denen ich mir auf Anhieb etwas zu erzählen habe. Allerdings sind sie auch ein kleines bisschen angespannt, denn der Start rückt jetzt immer näher, und sie müssen noch ihre *Transponder* für die Zeitnahme abholen und am Rad befestigen, einen Schluck trinken, noch mal wohin, und was man sonst noch so alles zu erledigen hat, bevor man in die Startaufstellung rollt.

Dann ist es auch schon so weit. An der Start- und Ziellinie stehen viel weniger Teilnehmer, als ich vermutet hatte: weniger als zwanzig, davon die Hälfte Jugendliche. Ich bedaure jetzt doch etwas, nicht auch da zu stehen, aber jetzt ist es auch zu spät, denn es geht los.

Das Tempo ist von Anfang an so flott, dass mein Bedauern sich ganz schnell in Luft auflöst. Meine neuen Bekannten scheinen ganz gut dabei zu sein, andererseits ist das auch schwer zu beurteilen, weil wegen der kurzen Strecke und der großen Geschwindigkeitsunterschiede im Feld bald unmöglich auszumachen ist, wer wo im Rennen liegt. Die schwungvoll und lautstark vorgetragenen, aber wenig aufschlussreichen Durchsagen helfen da auch nicht weiter.

Aber das tut der Stimmung keinen Abbruch. Ich schieße einige Fotos im Start- und Zielbereich und setze mich dann auf mein Rad, um noch ein paar Bilder an der steilen Rampe am anderen Ende der Strecke zu machen. In der Kurve kurz davor hat sich eine größere Zuschauermenge versammelt, vor der ich jetzt einen zeitlosen Radsport-Slapstick-Klassiker aufführe: Ich löse den rechten Schuh aus der Pedalbindung und verlagere gleichzeitig mein Gewicht nach links. Noch während ich in Zeitlupe zu Boden sinke, geht ein Raunen durch die Menge, das noch deutlich anschwillt, als mein Ellbogen hart auf die Bordsteinkante prallt. Einige Jüngere im Publikum versuchen vergeblich, sich das Lachen zu verkneifen, und ein freundlicher älterer Herr eilt auf mich zu. Als er mir aufhilft, bemerkt er wohl meine feuerroten Ohren und raunt mir zu: »Machen Sie sich nichts draus, das ist uns allen schon mal passiert.«

Das bezweifle ich allerdings, aber ich sage nichts. Ich könnte jetzt auch nur wenig mehr als »Aua« sagen, weil ich ziemlich starke Schmerzen habe. Für ein gepresstes »Danke« reicht es noch, dann sehe ich zu, dass ich mich möglichst erhobenen Hauptes davonmache.

Hinter der nächsten Ecke inspiziere ich meinen Arm und muss feststellen, dass ich ziemlich stark blute und eine Menge Havixbecker Straßenschmutz in der *Schürfwunde* aufgesammelt habe. Ich meine mich allerdings zu erinnern, ganz in der Nähe einen Sanitäter auf einem Klappstuhl sitzen gesehen zu haben. In diesem Moment höre ich hinter mir ein Räuspern. Als ich mich umdrehe, steht der Sani vor mir. Neben ihm der hilfsbereite ältere Herr von vorhin, der mir offensichtlich gefolgt ist und direkt das medizinische Personal alarmiert hat. Ich habe Tränen in den Augen. Ist es wegen der Scham? Der Schmerzen? Aus lauter Dankbarkeit?

Kurz darauf frage ich mich, was eigentlich aus der guten alten Sitte geworden ist, dem verwundeten Patienten vor und während

Kapitel 2: *Warmwerden*

der Operation eine Flasche starken Rum zur Verfügung zu stellen, derweil der Sani das Geröll aus meiner Wunde prokelt und diese anschließend desinfiziert und verbindet. Wenige schmerzerfüllte Minuten später klopft mir der Alte tröstend auf die Schulter und sagt: »Wir hatten ja früher nur Riemenpedale.« Dann zwinkert er mir zu und geht seiner Wege. Jetzt schäme ich mich erst recht. Das bekommt sogleich der Sanitäter zu spüren, dem ich überschwenglich danke und seine Wickeltechnik in den höchsten Tönen lobpreise.

Nachdem auch er in die Flucht geschlagen ist, rolle ich – sehr vorsichtig – wieder zum Ziel des Rennens, das allerdings inzwischen lange gelaufen ist. Auch die Siegerehrung ist vorbei, die Leetzenritter sind weg, also werfe ich nur einen kurzen Blick in die Ergebnislisten, erfahre, dass Rob Fünfter geworden ist, gönne mir noch ein schnelles Bier, sehe den Lizenzfahrern bei ihren ersten Runden zu und mache mich dann auf den Heimweg.

Wieder zu Hause stelle ich fest, dass ich heute mit einem 31er Schnitt unterwegs war. Da habe ich es mir wohl verdient, mich angemessen bedauern zu lassen, dem Blutverlust mit ein paar Gläsern Rotwein entgegenzuwirken und früh ins Bett zu gehen. War ja auch ereignisreich genug heute. Die nächsten beiden Tage sind trainingsfrei, und darauf freue ich mich. Für Mittwoch habe ich mir dann eine erste Ausfahrt mit den Leetzenrittern oder alternativ den Anstieg zur *Leopoldshöhe* vorgenommen, der mit ihren 16 Steigungsprozenten ein Ruf wie Donnerhall vorauseilt. Mancher behauptet gar, sie sei nach *Leopold von Sacher-Masoch* benannt!

Di., 19.8.
Gemütlich mit dem Trekker die Große zum Kindergarten, dann mich zur Arbeit und zurück gebracht. Es juckt schon wieder in den Füßen. Im Arm auch: Wundheilung schreitet offenbar gut voran. Freue mich auf morgen, dann geht's mit den Leetzenrittern in die Baumberge.
25 Zigaretten, 0,5 l Rotwein.

Dicker Mann auf dünnen Reifen

Mi., 20.8.
Leetzenritter bleiben wegen Regens in Münster, Rüstungen sind vermutlich nicht rostfrei. Fahre eine kleine Runde zum Warmwerden, dann Leopoldshöhe gerade hoch. Muss mit rutschendem Hinterrad und 186er Puls kurz vor oben aufgeben u. die letzten Meter schieben. Schwammige Knie, Sodbrennen, Schmach und Schande! Vorsichtige Abfahrt nach Schapdetten, dann Heimreise mit hoher Trittfrequenz. 35 km, 28 km/h. Eingesaut von oben bis unten, fühle mich sehr zünftig! Pünktlich zum nächsten Wolkenbruch zu Hause, abends Feier bei den Nachbarn.
25 Zigaretten, ca. 2 hl Pils.

Zusammenfassung 2. Trainingswoche:
5 Einheiten
7:19 h
200 km
910 hm
ca. 27,5 km/h

Trau keinem unter 30 km/h
Darup, Schöppingen, 21. - 25. August 2008

Herrje, sind Radsportler empfindlich! Rob jedenfalls will meine Unterstellung, er und die Leetzenritter seien etwas wasserscheu, nicht auf sich sitzen lassen und droht im Trainingstagebuch schon mal eine gemeinsame Tour im Lauf der nächsten Woche an, egal bei welchem Wetter. Er sei in diesem Jahr schließlich schon zigtausend Kilometer gefahren, alle bergauf und zwar bei Hagel, Sturm und Wolkenbruch! Und überhaupt sei das Ganze ja wohl eine Unverschämtheit, ich solle mich schon mal warm anziehen und er müsse jetzt erst mal was trinken, um diesen Tiefschlag zu verdauen.

Ich bin zuversichtlich, dass sein heiliger Zorn sich in den nächsten zwei Tagen legt, und gespannt, ob es endlich mal klappt mit

Kapitel 2: Warmwerden

einer gemeinsamen Runde. Denn inzwischen fühle ich mich trotz meiner Schwierigkeiten mit sehr steilen Anstiegen schon ganz wohl und sicher auf dem Renner und möchte gerne mal mit einer geübten Gruppe fahren.

Zwei andere Leser weisen mich trocken darauf hin, dass mein Genussmittelkonsum der letzten Tage für das Training suboptimal sei: Das Nikotin besetze irgendwelche Dinger namens Acetylcholinrezeptoren, daher solle ich doch mal versuchen, beim Fahren nicht zu rauchen, und zwei Hektoliter Bier seien schlecht für die Regeneration und hätten ungefähr 82.000 Kalorien.

Je näher das Wochenende rückt, umso aufgeregter werde ich, weil ich geplant habe, einen großen Teil der offiziellen Giro-Rennstrecke unter die Räder zu nehmen. 90 Kilometer habe ich mir vorgenommen, das wäre mit Abstand der weiteste Weg, den ich jemals auf dem Fahrrad zurückgelegt hätte. Zum Glück kommt Tom mit, der war mal Rettungssanitäter und weiß hoffentlich noch, was zu tun ist, wenn ich ohnmächtig vom Bock falle.

Vorher steht aber noch eine Solorunde auf dem Programm. Pünktlich, als ich den Laden abschließe, fängt es an zu regnen, aber Trainingsplan ist Trainingsplan, also fahre ich trotzdem, Hügel üben. Ich nehme Kurs auf die Leopoldshöhe, biege aber feige vor dem steilen Schlussstück ab und fahre lieber »halbsteil« zum *Longinusturm* hoch. Als ich vollständig durchnässt ankomme und kurz absteige, zittere ich vor Kälte am ganzen Körper, weil es hier wie immer sehr windig ist. Also gleich weiter nach Billerbeck, aber einmal bis auf die Knochen durchgefroren, wird mir nicht wieder warm, egal wie schnell ich fahre.

Ich kann mich nicht erinnern, jemals im August derart gefroren zu haben. In meinem Hinterkopf scheint ein jetzt noch winzig kleines »Warum?« mit jedem Regentropfen zu wachsen, und bevor es sich lautstark zu Wort melden kann (und bevor ich mir einen *Infekt* einfange), beschließe ich, dass ich für heute genug Härte bewiesen habe, und fahre nach Hause. Dort begrüßt mich meine Familie etwas muffelig mit dem Hinweis, dass noch ein Stück Kuchen für mich da ist. Um genau zu sein, ist es mein Geburtstagskuchen.

Am Sonntagmorgen haben sich die Regenwolken verzogen, es geht ein leichter Wind, und die Giro-Strecke wartet auf den ersten Test. Gegen Mittag trifft Tom ein, und wir machen uns auf den Weg zum Schöppinger Berg, der einzigen ernstzunehmenden Erhebung im Streckenprofil. Rob hatte mir vorher schon geraten, dort ein paar Mal hochzufahren, um zu sehen, wie ich damit klarkomme.

Leider wird aus dem Test unter Rennbedingungen nichts, weil ich an der ersten Kreuzung die Radwanderkarte falschherum halte und wir uns verfahren. Als wir dann schließlich wieder auf der offiziellen Strecke sind, müssen wir feststellen, dass irgendein Vollhorst sich einen Spaß daraus gemacht hat, die gelben Giro-Wegweiser am Schöppinger Berg zu verdrehen, sodass wir schließlich von der falschen Seite hinauffahren. Das finden wir aber nicht weiter schlimm, denn der Rest der Tour entschädigt uns reichlich: Die Stimmung ist genauso gut wie die Tagesform, es herrscht allerfeinstes Radfahrwetter, ein Trecker gibt uns ein paar kurvige Kilometer weit Windschatten, und auf dem langweiligen Streckenabschnitt in Richtung Münster begleitet uns ein weiterer Rennradler. Ich habe heute anscheinend wirklich gute Beine, denn ich schaffe es, die kleine Gruppe für eine ganze Weile mit 38 Stundenkilometern anzuführen.

Nach 80 Kilometern ist dann allerdings die Luft so ziemlich raus. Speziell die Kuppe bei Schapdetten, an der ich vor ein paar Tagen noch leicht und locker mein erstes Opfer überholt habe, scheint heute steiler als je zuvor zu sein und frisst unsere letzten *Körner*. Ich tippe auf eine bislang unentdeckte *tektonische Anomalie*.

Als auch diese Klippe überwunden ist, rollen wir im kleinen Gang entspannt zu mir nach Hause. Thomas jammert abwechselnd über seine schweren Beine und darüber, dass bei dem Getrödel unser Schnitt zum Teufel geht, aber dennoch ist der am Ende gar nicht mal

Kapitel 2: Warmwerden

so schlecht. Mit einem Schnitt von 30 Sachen auf 93 Kilometer mit 500 Höhenmetern kann ich nach zweieinhalb Wochen Training gut leben.

Nein, stimmt nicht. Ich bin stolz wie Oskar!

Mo., 25.8.
Bis nachmittags dicke Beine, sonstige Verfassung prächtig. Heute Ruhetag, Pläne schmieden fürs Wochenende: 100-140 km rund um Oldenburg mit den Fahrradnazis. Zweiter Ruhetag morgen gestrichen, Ausritt mit den Leetzenrittern (klopf klopf). 20 Zigaretten, 0,5 l Rotwein.

Die Leetzenritter
Baumberge, 26. August 2008

Radler, kommst Du nach Münster, verkündige dorten, Du habest mich hier liegen gesehen, wie die Leetzenritter es befahlen!

Wir wollten »ein wenig herumfahren«, etwas »roulieren« und vor allem »keine Pace machen«, hatte Rob angekündigt. Doch bekanntlich ist ja alles relativ.

Aber der Reihe nach. Endlich hat es nämlich geklappt, und ich habe mich mit den Leetzenrittern zu einer gemeinsamen Bergrunde bei Sonnenschein verabredet. Ich komme etwas zu früh am vereinbarten Treffpunkt an, also fahre ich ein paar Mal die Straße auf und ab, zum Aufwärmen, um mir die Zeit zu vertreiben, aber auch, um meiner leichten Nervosität Herr zu werden. Nach ein paar Minuten sehe ich einen drei Mann starken Konvoi um die Kurve biegen. Rob stellt mich den anderen beiden vor, und selbstverständlich kann ich mir keinen einzigen Namen merken. Einer weist mich zur Begrüßung gleich mal darauf hin, dass mein Fahrrad ja gar kein richtiges Straßen-, sondern nur ein Querfeldeinrennrad ist, und möchte wissen, warum ich denn Straßenreifen montiert hätte.

Ich antworte verwirrt: »Weil ich zur Zeit auf der Straße fahre?«, und während ich noch überlege, ob das eine Fangfrage war, geht's auch schon los in Richtung Baumberge. Ich halte mich vornehm zurück, einerseits um mein knappes Pulver nicht zu früh zu verschießen, andererseits, um unauffällig die Trikottaschen meiner Mitfahrer zu mustern. Ich will schließlich wissen, wer eine Luftpumpe griffbereit mit sich führt.

Offenbar keiner. Ich bin ein wenig beruhigt.

Mitradeln kann ich im Flachen noch ganz gut, empfinde das Tempo sogar als ein bisschen bummelig, was sich aber am ersten Anstieg erwartungsgemäß relativiert: Alles wartet, locker plaudernd, einer keucht noch mit hervorquellenden Augen die letzten Meter hinauf, und das bin ich.

Oben angekommen, bleibt wenig Zeit, wieder zu Atem zu kommen, denn es geht gleich auf der anderen Seite des Hügels wieder bergab. Wir stürzen uns todesverachtend einen steilen Waldweg hinunter, um unten sofort wieder den nächsten Anstieg in Angriff zu nehmen. So geht es auf und ab, bis ich nach einer halben Stunde froh bin, dass die Münsteraner wegen des schwindenden Tageslichts die Heimfahrt antreten müssen. Zu diesem Zeitpunkt bin ich schweißüberströmt und kaum noch in der Lage, die Abschiedsworte zu artikulieren. Trotzdem nehme ich nicht den leichtesten Heimweg, sondern erklimme noch einmal den Anstieg zum Longinusturm.

Als ich nach Abendbrot, Familienprogramm und Buchhaltung nachts den fälligen Tagebucheintrag schreibe, stelle ich fest, dass Rob schon einen kurzen Bericht über unsere Tour verfasst hat, in dem er mir attestiert, dass meine Leistung schon ganz ordentlich sei, und mich gar als »Senkrechtstarter« tituliert. Das beschert mir ein Paar rote Ohren, und ich begebe mich erschöpft, aber zufrieden in die Waagerechte.

Kapitel 2: Warmwerden

Bin ich Fahrradnazi?
Darup, Baumberge, 27. - 29. August 2008

Mi., 27.8.
Heute kein Sport, daher schon mal die Zusammenfassung von Trainingswoche 3:
5 Einheiten
6:47 h
186 km
1.020 hm
27,4 km/h
105 kg
Bisherige Gewichtsabnahme: 3kg, also 1kg/Woche
Subjektives Leistungsempfinden u. Körpergefühl: drastisch verbessert
Besorgnis wg. beginnendem Fanatismus/Fahrradnazitum

Bisher habe ich mich erfolgreich davor gedrückt zu erklären, was denn nun ein Fahrradnazi genau ist, aber jetzt werden die Fragen danach immer zahlreicher, sodass ich mich bemühe, der Gemeinde eine allgemeinverständliche Begriffserklärung zu liefern:

Der Terminus »Fahrradnazi« setzt sich aus zwei Wortbestandteilen zusammen: 1.) Fahrrad – Die Bedeutung dieses Begriffs wird im Folgenden als bekannt vorausgesetzt. Und 2.) Nazi – Ursprünglich eine Koseform bzw. Verballhornung des v.a. im bayerischen Sprachraum gebräuchlichen Vornamens Ignaz, später als Bezeichnung für einen tölpelhaften, unbeholfenen Knaben oder Mann, noch später als abwertende Bezeichnung für Nationalsozialisten gebraucht. In neuerer Zeit auch, dem angloamerikanischen Sprachgebrauch entsprechend: »Slang oder Umgangssprache: Beleidigung (o. ironisch-sarkastische Bezeichnung (Anm. d. Autors)) gegen jemanden, der die eigenen Verhaltensnormen absolut stellt und anderen aufzwängt.« (Wiktionary). Im behandelten Zusammenhang ist die letztere Bedeutung gemeint.
Beginnendes Fahrradnazitum kann folgendermaßen nachgewiesen werden: Benötigt werden zwei geschlechtsreife Versuchspersonen, die sich in langjähriger,

auch sexueller Partnerschaft miteinander befinden, im konkreten Fall die Eheleute K. (weibl.) und E. (männl.). Dem Probanden E. wurde ein sportliches Fahrrad zur Verfügung gestellt und er wurde ermutigt, dieses zur physischen Ertüchtigung zu verwenden. Nach einer Versuchsdauer von 14 Tagen konnte beobachtet werden, dass E. seine, nach früher getätigten eigenen Angaben extrem knapp bemessene Freizeit annähernd ausschließlich auf die Beschäftigung mit dem Sportgerät verwandte und seine sozialen und familiären Kontakte stark einschränkte. Die von E. gewählten Gesprächsinhalte wurden zunehmend monothematisch und bezogen sich bald zu über 80% auf den Radsport, auch in der Konversation mit der dreijährigen Tochter A. und, als diese sich den Gesprächen immer häufiger durch Weglaufen entzog, der zweiten, sechs Monate alten Tochter C., wobei es E. nicht zu stören schien, wenn seine Gesprächspartnerinnen wenig bis kein Interesse an seinen z.T. sehr detaillierten Ausführungen zeigten.

In der Nacht vom 20. auf den 21. Tag des Experiments näherte sich E. seiner Partnerin K. mit dem Ziel des Ehevollzugs, was K. mit Hinweis auf die haptischen Unzulänglichkeiten der am Vortag rasierten Beine des E. zurückwies und diesen aufforderte, sich die Beine erneut zu rasieren oder zu warten, bis der Bewuchs seine ursprüngliche Länge zurückerlangt hätte. E. begab sich daraufhin statt ins Badezimmer der gemeinsamen Wohnung zu seinem Computer und bestellte ein Paar Beinlinge.

Mein kleiner interdisziplinärer Streifzug durch Soziologie, Semantik und Etymologie findet großen Anklang. Mehrere User gestehen, dass sie schon seit Jahren Teilnehmer vergleichbarer soziologischer Versuche sind und können von ähnlichen Begebenheiten berichten.

Ohnehin wird mein Tagebuch von erfreulich vielen goutiert. Mein lieber Freund und Fahrradnazi Ingo macht mich darauf aufmerksam, dass mein Thread schon über 8.400 Mal aufgerufen wurde und teilt mir mit, dass ich bei der Google-Suche nach »dicker mann dünne« auf dem ersten Platz liege. Nicht schlecht! Es ist mir allerdings etwas schleierhaft, warum jemand diese Kombination von Suchbegriffen jemals eingeben sollte.

Kapitel 2: Warmwerden

Davon abgesehen mache ich mir hin und wieder schon Gedanken darüber, ob meine Familie durch mein neues Hobby nicht über Gebühr belastet wird, aber K. sagt, es sei noch alles im Rahmen. Da frage ich lieber nicht weiter nach und plane die nächsten Touren. Bevor es am nächsten Wochenende nach Oldenburg geht, um da das Gruppenfahren zu üben und ordentlich Flachlandkilometer zu sammeln, gönne ich mir noch ein paar Steigungsprozente.

Do., 28.8.
Habe meinen kleinen Bergtest bestanden: 4 knackige Anstiege ohne abzusetzen hintereinander hochgefahren, den letzten mit brennenden Oberschenkeln im Wiegetritt. Nächstes Mal freihändig! 42 km, 25,5 km/h, 580 hm, 144 bpm, 178 HF max. Morgen Ruhetag, Sa u. So Oldenburg.
20 Zigaretten, 1 l Pils.

Fr., 29.8.
Selbst heute kein Muskelkater, eher Lust zu fahren, weil endlich wieder Sonne. Stattdessen trainingsfrei u. Geschäft bis 23.00 Uhr. Bestellte Regenjacke u. Beinlinge von fahrrad.de endlich angekommen (6 statt »1-3 Tage«). Brauch ich ja nun vorerst nicht. Freue mich schneeköniglich auf die friesische Heimat und ausgedehntes wochenendliches Flachstlandgruppenfahren mit den anderen Fahrradnazis bei bestem Wetter.
20 Zigaretten, 0,08 l Single Malt, 0,66 l Pils.

Der Murx, die Eiche und die Speiche
Oldenburg, Darup, 30. August - 5. September 2008

K., die Gute, hat mich für das Wochenende von allen familiären Pflichten entbunden, und so kann ich direkt nach Ladenschluss mein Rennrad ins Auto laden und mich auf den Weg in heimische Gefilde nach Oldenburg machen. Da erwarten mich schon die Fahrradnazis und unsere Freunde Peter und Hartmut, genannt Murx, der zwar in

Münster lebt, aber ein paar Tage bei Muttern im Ammerland zu Besuch ist. Thomas hat ihm ein Crossrad geliehen, und Hartmut ist zuversichtlich, mit diesem und ohne Radtraining eine 60-Kilometer-Runde unter selbsternannten Fahrradnazis bestreiten zu können.

Norbert nicht so ganz, also versucht er, Hartmut noch ein paar Instruktionen mit auf den Weg zu geben.

»Du bleibst am besten hinten im Windschatten, während wir vorne wechseln.«

»Sitzt der Helm gerade?«, murmelt Murx, am Kinnriemen nestelnd.

»Ja. Hast Du gehört, was ich gesagt habe?«

»Klar.«

»Und was habe ich gesagt?«

»Dass der Helm gerade sitzt.«

»Mann, Hartmut!«

»Ist ja gut, ich bleibe hinten.«

»Und wenn's zu schnell wird, sagst Du Bescheid.«

»Ja, Scheff.«

»Das ist wichtig!«

»Ja doch! Sachtma, die Schuhe passen irgendwie nicht zu der Hose, oder?«

Inzwischen zeigt die Uhr schon halb sechs, und wir machen uns bei strahlendem Sonnenschein und leichtem Wind auf den Weg. Nachdem wir die Stadt durchquert haben, fahren wir westwärts. Kurven sind selten, und wenn doch mal eine kommt, argwöhne ich jedes Mal, dass sich dahinter vielleicht urplötzlich ein Hügel auftürmen könnte, aber seit ich zum letzten Mal hier war, hat keiner einen aufgeschüttet. So nimmt die Tour einen ruhigen Verlauf, alle zwei Kilometer ist Führungswechsel, und nur gelegentlich erschreckt uns ein Autofahrer, der trotz breiter, freier Straße meint, uns anhupen zu müssen. Ansonsten bleibt reichlich Gelegenheit, ein bisschen zu plaudern oder einfach zu genießen, wie die Parklandschaft des Ammerlands vorüberzieht.

Kapitel 2: Warmwerden

Als ich mich nach meinem zweiten Führungsjob wieder vor Hartmut einreihen will, merke ich, dass er gut 20 Meter hinterherfährt. Ich gebe ein »*Kürzer!*« nach vorne durch, lasse mich zu Hartmut zurückfallen, und bald haben wir wieder Anschluss. Doch kurze Zeit später höre ich, dass er wohl abreißen lassen musste und umgekehrt ist. So ganz sicher ist sich allerdings keiner über seinen Verbleib, doch wir bekräftigen uns gegenseitig in dem Glauben, dass er schon wohlbehalten wieder in Oldenburg ankommen wird.

Also sind wir nur noch zu fünft, was dem Spaß keinen Abbruch tut. Nach 40 Kilometern kommen wir an die einzige Steigung, eine Autobahnbrücke, die mit ihren knapp zehn Höhenmetern als *Bergwertung* herhalten muss, und kurz vor Schluss dient uns das Oldenburger Ortsschild als Sprintziel. Beide Male gebe ich mein Bestes, bin chancenlos, werde andererseits aber auch nicht Letzter.

Nach der Runde sitzen wir noch bei einem bis drei Bierchen in Ingos Garten und stoßen darauf an, dass Murx sich inzwischen per SMS gemeldet hat und wir inklusive Innenstadtgegurke einen 32er Schnitt geschafft haben.

Am Sonntagmittag treffen wir uns wieder in gleicher Besetzung. Auch Hartmut ist wieder mit am Start und wird von allen eindringlich gebeten, heute mal lieber etwas eher Bescheid zu geben, wenn er nicht mehr mitkommt. Auf gar keinen Fall solle er sich aus falschem Ehrgeiz wortlos vom Acker machen, allein, damit wir uns nicht sorgen müssen.

Nachdem das geklärt ist, fahren wir los. Heute soll es nach Süden gehen, wo tatsächlich irgendwo so etwas wie ein Berg sein soll. 80 Kilometer stehen auf dem Plan. Das Wetter ist sogar noch besser als gestern, und es sind kaum Autos unterwegs, sodass wir schnell die Stadtgrenze hinter uns lassen und auf ewig langen, geraden Straßen Richtung Dötlingen rollen.

Nach 28 Kilometern bin ich wieder mal an der Reihe, vorne zu fahren, was ich heute gerne tue. Ich fühle mich auf dem Rad pudelwohl, zum ersten Mal auch beim Griff in den Unterlenker. Meine zwei Kilometer sind auf schnurgerader und beinahe autofreier Straße bald absolviert, aber ich beschließe, noch ein bisschen im Wind zu bleiben. Vor mir liegen noch mindestens zwei weitere Kilometer, bevor die nächste Kurve kommt. Dort, sage ich mir, gebe ich die Führung wieder ab, als ich aus Richtung meines Hinterrads ein krachendes Geräusch höre und einen Schlag spüre. Im ersten Moment denke ich an einen kleinen Zweig, der mir in die Speichen geraten sein muss, aber nach wenigen Metern ist klar, dass etwas kaputtgegangen ist. Ich hebe die Hand, rufe »*Defekt!*« und rolle auf den Radweg.

Eine Speiche ist gerissen, die Felge hat einen starken Seitenschlag und schleift an der Bremse. Während ich mich gerade anschicke, die Bremse auszuhängen, damit ich wenigstens zurückfahren kann, fällt den anderen auf, dass einer fehlt: Hartmut.

Wir sehen uns suchend um, aber weit und breit ist vom Vermissten nichts zu sehen. Also ist er entweder liegengeblieben oder verunglückt. Oder doch wieder desertiert? Aber das kann ja wohl nach allem, was wir besprochen haben, kaum sein. Wie dem auch sei, Peter erklärt sich bereit zurückzufahren, um nachzusehen, ob Murx irgendwo im Straßengraben liegt oder ob etwas Schlimmeres passiert ist.

Wir blicken Peter nach, und ich will mich gerade wieder meinem krummen Hinterrad widmen, als wir erstaunt sehen, dass er nach vielleicht zweihundert Metern in die Einfahrt eines Bauernhofs einbiegt, die von mehreren mächtigen Eichen gesäumt ist. Hinter denen verschwindet Peter, taucht aber sofort wieder auf. In seinem Schlepptau: Hartmut, mit weithin sichtbar roten Ohren, der sich offensichtlich doch von der Truppe entfernt hatte und es für eine gute Idee hielt, sich hinter einem Baum zu verstecken, bis wir außer Sicht gewesen wären.

Während die anderen Peter und Murx kopfschüttelnd entgegensehen, muss ich feststellen, dass ich nicht weiterfahren kann, da sich so ein modernes *Systemlaufrad* nicht mit Bordmitteln reparie-

Kapitel 2: Warmwerden

ren lässt. Der Schlag ist so stark, dass das Rad auch bei vollständig entspannter Bremse schleift, und mir bleibt nichts anderes übrig, als mich abholen zu lassen. Nicole, Ingos Frau, erklärt sich netterweise dazu bereit, und den Kollegen Hartmut nimmt sie auch gleich mit zurück nach Oldenburg.

Abends sitzen wir wieder alle beisammen, die Dötlingenfahrer k.o., aber zufrieden, Hartmut etwas bedröppelt und ich ziemlich genervt, weil es doch gerade so gut gelaufen war. Und dann bröselt mir das Hinterrad weg! Menno!

Zurück im Münsterland kümmere ich mich natürlich als Erstes um die fällige Reparatur. Die Internetrecherche ergibt, dass das nächstgelegene offizielle »Shimano-Center« genau der große Fahrradladen in der Nähe des Bahnhofs ist, bei dem K. und ich zufriedene Stammkunden waren, als wir noch in Münster gelebt haben. Einer schnellen Reparatur sollte also nichts im Wege stehen, zumal die Website mir mitteilt: »Wir wollen Sie als Stammkunden!«

Als ich dort anrufe und mein Anliegen vortrage, werde ich mitten im Satz abgewürgt.

»Haste das Rad bei uns gekauft?«

»Nein, dieses nicht, aber...«

»Dann kannste 'nen Termin in drei Wochen haben.«

»Aber es ist nur eine Speiche zu wechs...«

»Drei Wochen oder gar nicht.«

»Kann ich nicht morgen einfach mal...«

»Kannste vergessen. Kurzfristig nehmwa nur Stammkunden dran. Ohne Termin geht nix. Kannst noch mal anrufen, wennde willst. Tschüss dann.«

Am liebsten würde ich sofort dort hinfahren und einen ordentlichen Aufstand im Laden machen, aber ich warte lieber, bis mein erster Zorn verraucht ist, und schreibe eine höfliche, aber bestimmte E-Mail, in der ich noch mal erkläre, was mein Problem ist und dass ich, abgesehen von meinem gebraucht gekauften Rennrad, lange Jahre Stammkunde gewesen bin.

Eine Stunde später habe ich schon eine Antwort im Postfach, die mich staunen macht: »Ich empfehle Ihnen, sich ein leicht erreichbares, leistungsfähiges Geschäft Ihres Vertrauens auszusuchen und dort Stammkunde zu werden, oder Sie gehen eben mit solchen Serviceanfragen immer genau dorthin, wo Sie das jeweilige Teil gekauft haben. Man wird Ihnen überall – ob beim Italiener, der Kneipe oder im Fahrradgeschäft auch bei Sonderwünschen sehr zuvorkommend begegnen, wenn Sie dort als Kunde bekannt sind.«

So sieht sie also aus, die vielzitierte Servicewüste. Ich bin ganz neidisch, dass andere Einzelhändler und Dienstleister sich so etwas erlauben können. Vermutlich bin ich im falschen Gewerbe. Ich stelle mir vor, was unter den Weinfreunden bei uns im Ort los wäre, wenn ich demnächst anfinge, meine Stammkunden nach Hause oder zur Konkurrenz zu schicken, sobald mir einer gesteht, dass er es gewagt hat, eine Flasche Wein woanders zu kaufen.

Unser Nottulner Fahrradhändler hat weder die passende Speiche vorrätig noch Lust, eine zu bestellen, empfiehlt mir aber das Geschäft von Meister Busch in Dülmen, der gerne helfen will, mir aber bedauernd mitteilt, dass er seinen Laden erst in einer Woche wieder öffnet, weil er auf der Fahrradmesse Eurobike ist.

Tja, und nun? Ich habe noch einen zweiten Laufradsatz im Keller und überlege, diesen zu montieren, aber dazu müsste ich die Ritzel vom kaputten Rad an das heile schrauben. Dazu bräuchte ich eine *Kettenpeitsche*, die ich nicht besitze. Also eine kaufen. Aber wo? In Münster? Das müsste ich bestimmt erst in dreifacher Ausfertigung schriftlich beantragen und mich auf die Warteliste setzen lassen, bevor ich da was kaufen darf.

Oder ich gehe einfach mal joggen.

Als ich abends meine Erfahrungen mit der Community teile, herrscht allgemeines Erstaunen, viele wissen aber auch selbsterlebte, haarsträubende Geschichten mit anderen Fahrradhändlern zu

Kapitel 2: Warmwerden

berichten. Zum guten Schluss meldet sich wieder Rob mit dem Tipp, es mal bei Zweirad Günther in Havixbeck zu versuchen. Ein Anruf dort ergibt, dass die Speiche vorrätig und die Reparatur Sache eines Tages sei. Also setze ich mich ins Auto, liefere das Rad ab und fahre nach Hause mit der Aussicht, morgen Nachmittag wieder trainieren zu können.

Mi., 3.9.
Anruf vom Fahrradrepariermann: Speiche ist nun doch nicht vorrätig, Lieferzeit mind. 2 Tage. Und ich Schlaumeier habe, weil es ja erst hieß, ich kann das Rad heute Abend abholen, die Kassette drangelassen! Aaaaaahhhhrrrrggghh!!!!
Mannmannmann! WH-R550 – das seltenste Systemlaufrad der Welt, oder was??? Ich krieg die Motten! Wegen so'nem Scheiß-2-Euro-Teil darf ich jetzt wirklich JOGGEN, oder wie? Vielleicht besser gleich *Nordic Walking*?

Kapitel 3

HUNGERAST AUF HALBER STRECKE
September 2008

Mach mich fertig, Leopold!
Darup, Schöppingen, Friesland, 5. - 10. September 2008

Der Münsterland-Giro rückt unerbittlich näher. Jetzt sind es nur noch vier Wochen; das heißt, die Hälfte der Zeit, die ich für die Vorbereitung hatte, ist schon vorbei. Die erzwungenermaßen radsportfreien Tage habe ich genutzt, um einen detaillierten Trainingsplan auszutüfteln, im Tagebuch zu präsentieren und die zahlreichen Änderungsvorschläge umzusetzen. So hatte ich mir das vorgestellt, als ich damit angefangen habe! Alles, was mir jetzt noch fehlt, ist ein einsatzbereites Sportgerät.

Nun steht das Wochenende vor der Tür, und mein Hinterrad ist immer noch nicht repariert. Infolgedessen bin ich am Freitagmorgen beim Aufstehen schon derart unausstehlich, dass ich es vorziehe, der Familie meine Anwesenheit am Frühstückstisch zu ersparen, und stattdessen die Laufschuhe aus dem Keller hole, um vor der Arbeit eine Runde im Wald zu drehen. Danach geht es mir tatsächlich ein bisschen besser, vor allem, weil es mir beim Laufen gelingt, über andere Dinge als das leidige Speichenthema nachzudenken. Nach sieben Kilometern in einer Dreiviertelstunde gehe ich noch ein paar Minuten und schüttele die Beine gründlich aus,

Kapitel 3: Hungerast auf halber Strecke

um von der ungewohnten Belastung keinen Muskelkater zu bekommen. Dann bringe ich nach einer schnellen Dusche die Kinder in den Kindergarten und fahre mit dem Trekkingrad zur Arbeit. Als ich den Laden aufschließe, geht es mir schon viel besser, und als kurz darauf das Telefon klingelt und ich erfahre, dass ich abends das Rad aus der Werkstatt holen kann, ist der Tag gerettet.

Am nächsten Morgen muss ich leidvoll erfahren, dass es im Leben einfach Situationen und Momente gibt, da kann man schütteln, so viel man will, und es bringt doch nichts: Ich habe die Mutter aller Muskelkater in den Oberschenkeln.

Trotzdem schleppe ich mich zum Gartenhaus, baue das reparierte Hinterrad ein, packe tapfer meine Rennradsachen in den Rucksack und fahre mit dem Renner zur Arbeit. Zu meiner Überraschung geht das Radfahren beschwerdefrei vonstatten, und das ist auch gut so, denn ich habe mich für den Nachmittag mit Rob zu einer Runde durch die Baumberge verabredet.

Der Arbeitstag ist wie jeder Sonnabend kurz und anstrengend; weil viel los ist, komme ich kaum zum Essen und Trinken, rauche dafür aber umso mehr. Kurz nach Ladenschluss komme ich immerhin noch dazu, mir ein Schokobrötchen und eine Banane einzuverleiben, bevor ich mich aufmache, um Rob zu treffen. Der erwartet mich bereits, wir rollen recht entspannt durch eher flaches Gelände und kommen auch mal dazu, uns ein bisschen über Dinge zu unterhalten, die nichts mit dem Radsport zu tun haben. Fußball zum Beispiel. Zu meiner großen Freude erfahre ich, dass auch in des Leetzenritters Brust ein schwarzgelbes Herz schlägt, was mir den Mann noch ein ganzes Ende sympathischer macht.

Offenbar schwächt das meine Urteilskraft, denn als Rob vorschlägt, gegen Ende der gemeinsamen Runde meinen Angstgegner unter den Anstiegen, die Leopoldshöhe, in Angriff zu nehmen, stimme ich zu. Es kommt, wie es kommen muss: Wieder gebe ich auf halber Höhe mit Herzrasen und weichen Knien auf und vollende den Aufstieg schiebend. Zu gerne würde ich mein Scheitern mit meiner

Ernährung, der Tagesform, dem Muskelkater oder irgendeinem anderen »greifbaren« Grund erklären, aber mir wird in diesem Augenblick etwas klar.

»Kennst du den Anstieg vor meiner Haustür?«, frage ich Rob, als wir wieder bergab rollen.

»Den zum Draum hoch?«

»Genau den. Wie steil ist der wohl?«

»Ungefähr so steil wie dieser hier«, sagt Rob nach kurzem Überlegen.

»Und auch ungefähr so lang, oder?«

»Ja, wieso?«

»Ach, nur so.«

Kurze Zeit später muss Rob nach Münster zurück. Ich fahre noch einen Schlenker von knapp 20 Kilometern und mache mir so meine Gedanken. Der Hügel, nach dem ich Robert gefragt habe, ist der, den ich bei meiner allerersten Fahrt, vollkommen untrainiert und vier Kilo schwerer – aber dafür ganz unbefangen – ohne abzusteigen erklommen habe. Wie sagte schon *Horst Hrubesch*? Alles Kopfsache. Die Leopoldshöhe verliert in diesem Augenblick ihren Schrecken, und ich bin mir sicher, dass sie mich nie wieder zum Absteigen zwingen wird.

Am nächsten Nachmittag sitze ich schon wieder auf dem Rad und fahre – diesmal alleine – nach Norden, um mich am Schöppinger Berg zu versuchen, diesmal an der richtigen Seite. Es ist bedeckt, aber trocken, ich habe Rückenwind, und so bin ich schneller als gedacht dort und, ehe ich mich versehe, ohne größere Mühe über den Berg hinweg.

Weiter geht es ostwärts, was leider bedeutet, dass der Wind von vorn rechts kommt. Der frischt jetzt böig auf, während der Himmel sich rasch verfinstert. Noch vor Altenberge trifft mich der erste Regen. Der scheint hier schon seit Längerem zu fallen, denn die Straße ist nass, also kommt das Wasser jetzt auch von unten. In Altenberge lässt der Regen wieder nach, und kurz darauf sehe ich

Kapitel 3: Hungerast auf halber Strecke

sogar ein paar Flecken blauen Himmel, aber auch eine neue Front schwarzer Wolken, die so aussehen, als würden sie bald mehr als nur ein paar Tropfen abladen. Also versuche ich mich zu beeilen, aber ich muss jetzt direkt gegen den immer stärker werdenden Wind ankämpfen und schaffe es nicht, noch schneller zu fahren.

Kurz vor Roxel habe ich noch knappe 20 Kilometer vor mir, und es ist zwar noch trocken, aber inzwischen so dunkel, dass alle entgegenkommenden Autos mit Licht unterwegs sind, obwohl es erst fünf Uhr nachmittags ist.

Dann setzt der Regen wieder ein, und ich sehe durch die Tropfen auf meiner Brille fast nichts mehr, weil das Scheinwerferlicht sich darin bricht. Einige Spezialisten haben natürlich aufgeblendet, so dass mir nichts anderes übrigbleibt, als nach unten zu schauen und mein Vorderrad zu betrachten. Ich nehme die Brille ab, aber das macht es nicht besser, weil der Gegenwind so stark ist, dass ich auch nicht mehr sehe als vorher.

Als noch 17 Kilometer zu fahren sind, beginne ich zu frieren und spüre, wie die Kälte mir die Kraft aus den Knochen saugt. Egal, wie stark ich in die Pedale trete, mir wird nicht mehr warm, also beschließe ich, mir ein halbwegs trockenes Plätzchen zu suchen, um durchzuschnaufen und meine Regenjacke anzuziehen.

Nach einigen hundert Metern finde ich in einer Bushaltestelle Unterschlupf, zerre mit klammen Fingern die Regenjacke aus der Trikottasche und ziehe sie an. Wenigstens frieren jetzt nur noch meine Beine. Der Pegel meiner Trinkflaschen verrät mir, dass ich mal wieder zu wenig getrunken habe, also hole ich das nach und merke im selben Moment, dass ich unglaublich starken Hunger habe. Wenn sich jetzt, sagen wir mal: ein Wildkaninchen oder ähnliches Getier in meine Nähe verlaufen würde, könnte ich für nichts garantieren. Leider passiert nichts in der Art, und ich finde auch bei der dritten Durchsuchung meiner Trikottaschen keinen Riegel und keine Banane, ja nicht einmal ein paar Krümel oder einen matschigen Rest von der letzten Tour.

Apropos matschiger Rest: Ist das da vorne auf der Straße nicht eine überfahrene Nacktschnecke? Ja, aber leider habe ich keinen Salzstreuer bei mir, und, was schwerer wiegt, auch mein Telefon nicht, also setze ich mich wieder aufs Rad. Der Regen hat sich inzwischen zu einer Art Sintflut entwickelt, aber es sieht auch nicht so aus, als würde er bald wieder nachlassen, und ich muss mich bewegen, um wenigstens ein bisschen Wärme zu erzeugen.

Die Regenjacke verhilft mir zu der interessanten Erfahrung, am Kopf und an den Beinen zu frieren, während der Oberkörper und die Arme schwitzen. Als ich mich zehn Kilometer von zu Hause entfernt den Schapdettener Anstieg emporquäle, ist meine Jacke innen nasser als außen. Ich behalte sie trotzdem an. Dass ich mir voraussichtlich gerade abgefrorene Zehen, Rheuma in den Knien und entzündete Nebenhöhlen einhandle, ist so gut wie unausweichlich, aber vielleicht fällt ja wenigstens die zu erwartende eitrige Bronchitis nicht ganz so schlimm aus.

Die letzten Kilometer lege ich im kleinsten Gang zurück. Trotzdem ist jede Kurbelumdrehung die reinste Qual. Ich beginne, jede Bodenwelle, jede Windböe und jeden Regentropfen persönlich zu nehmen, und wenn ich nicht so große Mühe hätte, Luft zu kriegen, würde ich am liebsten gotteslästerliche Verwünschungen gen Himmel schreien. So rettet die Atemnot mein Seelenheil.

Irgendwie schaffe ich es nach Hause. Vom Schreibtisch aus grinst mich hämisch mein Telefon an. Ich hätte gute Lust, es mir so lange an den Schädel zu schlagen, bis einer von uns beiden seine gerechte Strafe erhielte, aber stattdessen begebe ich mich lieber schnurstracks in die heiße Badewanne. Während Körpergefühl und Lebensmut langsam wieder zurückkehren, spiele ich mit dem Radcomputer herum: 80 Kilometer habe ich heute geschafft. Für die ersten 63 habe ich knapp zwei Stunden gebraucht und für den Rest mehr als eine.

Beim Abendbrot bin ich zu erschöpft zum Essen, würge eine Schnitte herunter, gehe, noch während der *Tatort* läuft, ins Bett

Kapitel 3: Hungerast auf halber Strecke

und wache erst wieder auf, als K. an mir rüttelt. Ich fühle mich, als hätte ich keine zwei Stunden geschlafen, aber in Wahrheit sind es mehr als elf, und ich bin spät dran. Zu spät, um mit dem Rad zur Arbeit zu fahren, also bringt K. mich mit dem Auto.

Es ist ein Montag, wie er im Buche steht. Nichts klappt, ständig klingelt das Telefon, der Vermieter macht Ärger, und ich komme nicht dazu, etwas Reelles zu essen oder zu trinken. Stattdessen mache ich mir einen Kaffee nach dem anderen, und ständig qualmt eine Zigarette in Aschenbecher oder Mundwinkel vor sich hin. Als endlich der Feierabend kommt und ich abgeholt werden möchte, geht zur Krönung des Ganzen K. nicht ans Telefon. Immerhin scheint nach dem Weltuntergang gestern heute wieder die Sonne.

Ich mache mich zu Fuß auf den Weg. Ich tue das nicht zum ersten Mal, und es ist eigentlich eine ganz angenehme Art, mit dem Arbeitstag abzuschließen. Heute allerdings befällt mich auf halber Strecke, also nach zwei Kilometern – ich kann unser Haus schon sehen – ein seltsam flaues Gefühl. Nach weiteren 50 Metern fühle ich mich genau so, wie Jan Ullrich anno 1998 in *Les Deux Alpes* aussah; jeder weitere Schritt ist, als würde ich durch hüfthohen Sirup waten, mir bricht am ganzen Körper kalter Schweiß aus, meine Knie zittern, kurz: Ich habe meinen ersten *Hungerast*, und das beim Spazierengehen. Zu allem Überfluss geht K. immer noch nicht ans Telefon, ein Bus fährt gerade nicht, für ein Taxi bin ich zu geizig und zum Trampen zu alt. Also weiter. Vorsichtig setze ich einen Fuß vor den anderen, bis ich schließlich nach gefühlten drei Ewigkeiten vor meiner Haustür stehe. Ich zittere so stark, dass ich beide Hände brauche, um den Schlüssel ins Schloss zu stecken. Als ich endlich drinnen bin, lasse ich Jacke und Tasche achtlos zu Boden fallen und mache mich über den Kühlschrank her.

Drei Stücke Kuchen, vier dick belegte Schnitten Vollkornbrot mit Schinken und Käse, ein gebratenes Fischfilet, eine Pfanne voll Shrimps mit Rührei, eine Riesenportion Salat und zwei alkoholfreie Weizenbiere später geht es mir schon fast wieder gut.

Während meiner Fressorgie kommen auch K. und die Kinder wieder und heitern mich auf, aber was meinen Tag letztendlich rettet, ist später am Abend ein Sportreporter, der anlässlich der Paralympics die Speerwerferin Steffi Nerius interviewt. Die trainiert mit dem kleinwüchsigen Kugelstoßer, Diskus- und Speerwerfer Mathias Mester, der zu den Favoriten in seinen Sportarten gehört, und der ZDF-Mann hat eine drängende Frage an Nerius: »Was muss er tun, um ein ganz Großer zu werden?« That's entertainment!

Di., 9.9.
Plan: frei
100% Planerfüllung - Weltniveau!
15 Zigaretten

Mi., 10.9.
Plan: 60-75 min GA/EB Rad (morgens)
Keine Zeit für Sport. Nachmittags mit Familie auf der Autobahn, abends Mutters Geburtstag. Erwische mich beim Versuch, 90-Jährige für den Radsport zu begeistern.
15 Zigaretten, viel Bier

Zusammenfassung Trainingswoche 5:
9 Einheiten
8:29 h
179,62 km Fahrrad / 12 km Laufen
1.110 hm

Arbeit essen Training auf
Nottuln, 12. - 15. September 2008

Eines meiner Ziele, nämlich beim Giro mit 100 Kilo oder weniger an den Start zu gehen, kann ich endgültig ad acta legen: Beim

Kapitel 3: Hungerast auf halber Strecke

Wiegen am Donnerstagmorgen pendelt sich die Nadel bei 105 ein. Meine Übungseinheiten beschränken sich zur Zeit auf den Arbeitsweg, und das, obwohl die Sonne jeden Tag scheint und massenweise Rennradfreunde auf die Straße lockt. Ich bin neidisch, zumal ich genau weiß, dass ich frühestens am nächsten Montag wieder Zeit zum Fahren haben werde. Grund dafür ist das Nottulner Weinfest, das an diesem Wochenende stattfindet und mich schon seit Wochen auf Trab hält.

Am Freitagmorgen stehe ich im Laden und betrachte den Haufen Sachen, die ich für meinen Stand auf dem Weinfest brauche. Vor der Tür steht mit geöffneter Heckklappe mein treuer Berlingo, dessen Laderaum sich plötzlich seltsam mickrig ausnimmt. Ich überschlage grob, dass ich ihn mindestens vier Mal füllen werden muss, um alles zum Marktplatz zu karren, also verliere ich keine Zeit und beginne mit dem Beladen. Nach dem Motto »Das Schwerste zuerst« wuchte ich den Pavillon ins Auto. Beim Anheben des 80-Kilo-Monstrums mache ich direkt mal eine falsche Bewegung. Die Rückenschmerzen sollen mich das ganze Wochenende nicht verlassen.

Fr., 12.9.
16 Std. Arbeit, 1x30 min u. 2x15 min Pause

Sa., 13.9.
20 Std. Arbeit, 2x15 min Pause

So., 14.9.
13 Std. Arbeit, 2x15 min Pause
Wg. Babysitterausfall größtenteils alleine ca. 60 Weinkisten, Stand u. Material (5 Berlingofüllungen) hin- u. hergekarrt, auf- u. abgebaut.
Arbeit am Stand zumeist stehend, div. 2x250m-Toilettensprints.
Unfassbare Mengen Zigaretten u. Wein, gestern Abend beim Trinken des Neutralisationsbiers eingeschlafen.

Für den Montag nach dem Weinfest hatte ich eigentlich geplant, gute anderthalb Stunden auf dem Rad zu sitzen, was sich als deutlich zu optimistisch herausstellt. Stattdessen bin ich nicht mal in der Lage, im Geschäft auch nur das Nötigste zu erledigen. Nur zu einer kurzen Bilanz des Wochenendes reicht es noch: Meine Standmiete habe ich mehrfach wieder eingespielt, außerdem ein paar gute Kontakte zu Winzern und Kunden hergestellt, aber meinen Stundenlohn rechne ich lieber nicht aus, wenn ich mir nicht vollends die Laune verderben will. »So ist das, wenn man selbstständig ist«, haben mir vorher viele gesagt, aber da habe ich wohl nicht so genau zugehört.

Den ganzen Tag über befinde ich mich in einer Art Dämmerzustand; abends bin ich nur noch froh, als ich die Ladentür hinter mir schließen und nach dem Abendessen sofort zu Bett gehen kann.

Im Frühtau zu Berge
Nottuln, 16./17. September 2008

Am nächsten Morgen sieht die Welt schon wieder freundlicher aus. Die Rückenschmerzen haben nachgelassen, im Laden kehrt die Normalität zurück, und abends steht endlich wieder eine Radrunde auf dem Programm. Eine Stunde kann ich zur Zeit höchstens noch fahren, dann ist es dunkel. Ich mag den Herbst jetzt schon nicht, auch wenn er offiziell noch gar nicht da ist.

Di., 16.9.
Abends endlich wieder aufs Rad geschwungen und bis zur Dunkelheit gefahren: 45 min mit 32 km/h, dann 15 min ausrollen lassen. Sehr geil, brauche dringend Licht am Rad. Will morgen vor der Arbeit fahren.
15 Zigaretten, 1 l Weizen

Kapitel 3: Hungerast auf halber Strecke

Mi., 17.9.
[Plan: 60-75 min GA/EB Rad (morgens), 30 min KB/Reg. Rad (abends)]
Morgens Hügel fahren geht besser als erwartet – wenn auch langsamer. Erfreulich: Macht fit für den Tag. Morgen wieder!
Nach Feierabend fahren geht nicht mehr so gut mangels Licht – finde die olle Lampe nicht, modert wahrsch. in einem der immer noch ca. 100 Umzugskarton im Keller vor sich hin. Falle abends wieder früh ins Bett. Muss Trainingsplan für d. nächsten 2 Wochen neu machen. Heute (Do) erst mal nix, Sa auch kein Training wg. Weinproben. Bin gespannt, ob ich jemals wieder Sportschau gucken kann. So 80km + X, evtl. nochmal Schöppingen – aber die Strecke von Laer bis MS ist so langweilig!

Dauer: 01:01:00 h
Distanz: 29,97 km
km/h (Mittel): 29,48 km/h
km/h (Maximum): 48 km/h
Höhenmeter: 150 hm
Puls (Mittel): 138 min^{-1}
Puls (Maximum): 162 min^{-1}

Zusammenfassung TW 6:
5 Einheiten
3:03 h
61 km Fahrrad
10 km Laufen
440 hm

Mager, mager!

Fr., 19.9.
[Plan: 30 min KB/Reg.]
Hol' die Schüppe, war datt geil! Im ersten Morgengrauen losgefahren, herrlich klare Luft, Bodennebel in den Senken, dramatischer Sonnenaufgang: Das ganze

Set. Und dann überholt mich auch noch 'ne *SM*! In *resedagrün*-metallic – wun-der-schön! Morgens um sieben ist die Welt eben wirklich noch in Ordnung. Nach einer Stunde Fahrtspiel Dusche, Frühstück, entspannt zur Arbeit gerollt. So kann's weitergehen.

Musste Einheit auf heute vorziehen, morgen mal wieder Lüdinghausen-Referenzrunde zwecks formcheckender Standortbestimmung.

Och, Lüdinghausen!
Darup, Lüdinghausen, 20. September 2008

Herbst? Von wegen! Meine zweite Lüdinghausenrunde findet unter strahlend blauem Himmel statt, es weht ein lauer Wind, und die Bäume werden langsam bunt – Altweibersommer wie aus dem Bilderbuch. Meine Laune ist wieder durchgängig besser, und mir wird langsam klar, dass mein Durchhänger in den letzten Tagen selbstverschuldet war. Kurios, wo mir doch im Trainingstagebuch von vielen prophezeit worden war, dass es zu solchen Phasen kommen würde. Die Warnungen hatte ich allerdings leichthin in den Wind geschlagen. Warum nur? Rückblickend muss ich erkennen, dass auch ich nicht davor gefeit gewesen bin, vor lauter Anfangseuphorie nur das zu hören, oder besser: zu lesen, was ich lesen wollte.

Mit diesen Gedanken rolle ich in Richtung Dülmen, und der Rückenwind nimmt den ungeliebten Wellen, die mich hier bei der letzten Runde noch zermürbt haben, jeden Schrecken, sodass ich bis kurz vor Lüdinghausen einen Schnitt von fast 35 Stundenkilometern erreiche. Im Stadtgebiet geht es naturgemäß langsamer voran, und als ich um die erste Kurve biege, trifft mich fast der Schlag angesichts eines Déjà-vus der besonderen Art: Auf demselben Radweg steht wieder dieselbe Oma mit demselben Rollator! Oder steht sie immer noch da? Ich nehme mir vor, bei der nächsten Referenzrunde darauf zu achten, aber jetzt erfordert eine

Kapitel 3: Hungerast auf halber Strecke

Gefahrenstelle, die mir letztes Mal nicht aufgefallen ist, meine volle Aufmerksamkeit.

Urplötzlich taucht vor mir eine hohe Mauer auf, die ohne einen ersichtlichen Grund den Fuß- vom Radweg trennt. Um ein Haar wäre es mir ergangen wie Lady Di im Pariser Straßentunnel, doch mit Glück und Geschick schaffe ich es, im letzten Sekundenbruchteil auszuweichen. Offensichtlich war mein Training für meine Koordination genauso gut wie für die Kondition.

Als ich Lüdinghausen wieder verlasse, kommt der Wind von der Seite, und meine Durchschnittsgeschwindigkeit sinkt prompt. Ich versuche, nicht darauf zu achten, und richte mein Augenmerk auf den Pulsmesser, damit meine Herzfrequenz wie bei der ersten Tour vor einem Monat bei ungefähr 145 Schlägen bleibt.

Das letzte Drittel der Runde ist anstrengend. Das liegt natürlich am Gegenwind, aber ich habe auch Sorge, dass ich mir am Anfang zu viel zugemutet haben könnte. Die Angst, dass es mir wieder so gehen könnte wie bei meiner Unwetterrunde, fährt jetzt mit. Nicht ganz unbegründet, denn schon wieder merke ich, dass ich das Trinken vergessen habe.

Schließlich kommt das Nottulner Ortsschild in Sicht, ohne dass ich angefangen hätte zu schwächeln. Andererseits kommt es auch keinen Kilometer zu früh.

Den letzten Abschnitt fahre ich gemütlich, trete einen leichten Gang mit hoher Frequenz, halte die Nase in die Sonne und freue mich darüber, dass es mir dann doch ganz gut gelungen ist, meine Körner einzuteilen. Der Tacho zeigt einen Schnitt über 30 an, das sind zwei Stundenkilometer mehr als vor einem Monat.

Abends sitze ich mit K. bei einer Flasche Rosé auf der Terrasse, und wir unterhalten uns. Genauer gesagt, rede ich, und K. hört mehr oder weniger interessiert zu. Das fällt mir allerdings erst auf, als sie mich unterbricht.

»Denkst Du eigentlich auch manchmal noch an was anderes als das Radfahren?«

»Na klar, ununterbrochen! An Dich, an die Kinder, ans Geschäft...«
»Fein«, sagt sie und lächelt sphingengleich, »dann denkst Du ja bestimmt auch an meinen Geburtstag.«
»Waharmpf?«
»Bitte?«
»Was wünscht Du Dir denn eigentlich?«, frage ich so gelassen, wie das mit tränenden Augen und Wein in der Nase eben möglich ist. Sie muss ja nicht wissen, dass ich fast gefragt hätte, wann sie denn noch gleich Geburtstag hat.

Unterwegs mit den Nicks
Ahaus, Schöppingen, Laer, 21. September 2008

Vor ein paar Tagen habe ich im Tagebuch geschrieben, dass ich heute mal wieder die Giro-Strecke fahren möchte und auch gleich zum ersten Mal die »Last Minute«-Funktion des Forums ausprobiert, mit der man angeblich ganz einfach kurzfristig Mitfahrer für geplante Touren finden kann. Jetzt bin ich mit neun oder zehn Forumsteilnehmern vor der Bank in Darfeld verabredet.

Den Weg zum Treffpunkt lege ich auf dem Radweg zurück, wie meistens, wenn ich alleine fahre. Das rächt sich nach fünf Minuten Fahrtzeit, weil offenbar mal wieder ein paar Dorfjugendliche der hierzulande beliebten Beschäftigung nachgegangen sind, mit ihren verspoilerten Golf GTIs planlos durch die Gegend zu fahren, dabei Bier zu trinken und das Leergut aus dem Fenster zu schmeißen.

Während ich den platten Reifen nach Splittern absuche, die womöglich noch im Mantel stecken, und anschließend den Schlauch wechsle, fahren auf der Straße zwei größere Gruppen Rennradler vorbei, die beide das Tempo verringern, um mir Hilfe anzubieten. Die brauche ich zwar nicht, aber ich bin ehrlich dankbar und ein bisschen erleichtert, weil ich vorher so einiges über angeblich mangelnde Höflichkeit und Hilfsbereitschaft unter

Kapitel 3: Hungerast auf halber Strecke

Radsportlern gehört und gelesen habe. Vermutlich Gerüchte, die flaschenwerfende Golf-GTI-Fahrer in die Welt gesetzt haben. Oder Radler, die mal eins mit der Luftpumpe verplättet gekriegt haben.

In Darfeld treffe ich gründlich aufgewärmt ein, weil ich wegen der unfreiwilligen Pause einen Zahn zugelegt habe. Das war kein Fehler, denn zeitgleich mit mir trifft aus Richtung Münster kommend ein knallbunter Riesenpulk ein; es sind bestimmt 25 Radler, die sich teils durch meinen Aufruf, teils durch *Mundpropaganda* zusammengefunden haben, um gemeinsam die Giro-Mitteldistanz abzufahren. Niemanden davon kenne ich persönlich, und von denen, die sich im Forum zu Wort gemeldet haben, kenne ich auch nur die Nicknames, weiß aber nicht, wie sie aussehen. Ich bin baff. Und ein bisschen angespannt, denn das ist mit Abstand die größte Gruppe, in der ich jemals gefahren bin. Natürlich ist das auch ein guter Vorgeschmack auf das Renngeschehen, vor allem lässt sich so bestens das Keine-Schlenker-Fahren und Möglichst-nicht-Bremsen üben.

Zuerst übe ich aber mal das Am-Hinterrad-*Lutschen* und Nicks-Gesichtern-Zuordnen, lerne die Forum-User *celeste*, *dware*, *cast*, *radraute* und noch etliche andere kennen und genieße das Gefühl, vom Sog der Gruppe gezogen mühelos 35 und mehr Stundenkilometer schnell zu fahren.

Einziges Problem: Mir wird kalt. Dass der Windschatten so viel ausmachen könnte, dass ich mich fast überhaupt nicht mehr anstrengen muss, habe ich nicht bedacht und deshalb wohl zu wenig angezogen. Also fahre ich auch mal vorne, am Anfang noch in der Angst, vielleicht irgendwo falsch zu fahren oder etwas zu tun, was »man« unter Radsportlern nicht macht, doch nach kurzer Zeit gefällt es mir ausgesprochen gut, so eine große Gruppe anzuführen, erst recht, als die ersten »Kürzer!«-Rufe von hinten kommen. Man will sich ja schließlich keine Blöße geben.

Andererseits will man ja auch keins mit der Luftpumpe kriegen, also nehme ich lieber ein bisschen raus und verlege mich wieder aufs Plaudern. So vergeht die Zeit wie im Flug. In Laer zerfällt die Gruppe leider, weil einer einen Platten hat und manche auf ihn warten, andere schnell wieder nach Hause müssen und einige sich in Richtung Eiscafé absetzen. Auch ich biege von der Giro-Route ab und fahre über Havixbeck heim.

Der Tacho zeigt mal wieder einen 30er Schnitt an, was mich ein kleines bisschen enttäuscht, weil wir doch meistens mit über 35 Sachen unterwegs gewesen sind, aber davon abgesehen, bin ich hochzufrieden damit, wie der Tag verlaufen ist. Vor allem, weil es mir gar nicht schwergefallen ist zu tun, was ich mir gestern Abend vorgenommen habe: Nicht mehr zu rauchen.

Kapitel 4

DER GIRO, ALTER!
Oktober 2008

Zwei Eiskugeln für ein Halleluja!
Darup, Schöppingen, 27. September 2008

Kinder, wie die Zeit vergeht! Jetzt ist es tatsächlich nur noch eine Woche bis zum Giro und damit höchste Zeit für eine Generalprobe. Thomas und Rob fanden das auch, und deswegen treffen wir uns bei mir, um ein letztes Mal die Strecke ohne Zeitdruck zu befahren. Außerdem wollen wir uns ein paar Ortsdurchfahrten genauer anschauen, weil einige Gemeinden die glorreiche Idee hatten, den Verlauf im letzten Moment zu ändern. Dabei ist die Strecke schon seit Ostern bekannt und für uns Hobbyradler zur besseren Vorbereitung ausgeschildert.

Zuerst geht es wieder nach Darfeld, aber genau an der Stelle, an der ich beim letzten Mal den Reifen flicken musste, streikt Robs Schaltung. Wir halten, Rob dreht an dieser Schraube und zieht an jenem Draht, bis wir nach fünf Minuten weiterfahren, ohne dass das Schaltwerk nennenswert besser funktionierte: Robs Trittfrequenz wechselt quasi sekündlich zwischen zehn und hundert Kurbelumdrehungen.

Umso bewundernswerter, dass er die meiste Zeit vorne fährt, und das nicht gerade langsam. Streckenweise sind wir mit vierzig

Sachen unterwegs. Aber das Wetter scheint heute auch eigens für uns gemacht: Sonne satt und so gut wie kein Wind.

In Ahaus bewahrheitet sich, was wir schon gerüchteweise gehört hatten. Am Renntag wird die Strecke nicht, wie bisher ausgeschildert, über die breite Durchgangsstraße führen, sondern mitten durch die verwinkelte, kopfsteingepflasterte Altstadt. Kein Problem, da stehen ja lediglich ein paar Bänke, ein Brunnen und dicke Betonpoller. Das kann ja heiter werden!

Wir lassen uns indes davon nicht beirren und steuern den Schöppinger Berg an. Wie üblich komme ich als Letzter, aber ohne Probleme hinauf, und weiter geht es über Horstmar nach Laer, wo wir die Rennstrecke verlassen und über die Beerlage nach Billerbeck hinauffahren. Hier lerne ich einen Anstieg kennen, den ich vom ersten Moment an leidenschaftlich hasse. Er ist ewig lang, sieht nach nichts aus, zieht mir aber jede Energie aus den Beinen. Meine Begleiter sind schon lange oben, Hunderte Meter vor mir, unterhalten sich angeregt und schauen immer wieder nach hinten, um zu sehen, wo ich denn bleibe. Ich strample und strample, habe aber das Gefühl, keinen Meter vorwärtszukommen. Schließlich schaffe ich es aber doch noch, und wir nehmen wiedervereint die Schussfahrt nach Billerbeck unter die Räder.

Dort angekommen, hat Rob die beste Idee des Tages, nämlich uns auf ein Eis einzuladen. Fünf Minuten später sitzen wir auf den sonnenwarmen Sandsteinstufen vor dem mächtigen Billerbecker Dom und lassen uns Malaga, Sahne-Kirsch und Stracciatella schmecken.

»Wann fährst Du denn deinen *Downer*?« Rob will das wissen, und er meint offenbar mich.

»Meinen was?«

»Na, Deinen Downer. Jetzt sag nicht, Du hast keinen Downer in deinem ausgefuchsten Trainingsplan!«

»Wie jetzt? Du kennst doch meinen Trainingsplan, ich hab keinen verdammten Downer!« Mein etwas panischer Tonfall gefällt mir gar nicht. »Was ist denn das überhaupt, ein Downer?«

Kapitel 4: Der Giro, Alter!

»Die letzte Trainingseinheit, bevor's ernst wird.« Rob wedelt mir mit dem Rest seiner Eiswaffel vor dem Gesicht herum, guckt wichtig und fährt fort: »Die, bei der du merkst, dass das ganze Training für die Katz war. Dann biste natürlich entsprechend down.«
Rob findet das lustig. Tom auch.
Zu Hause muss ich natürlich sofort »Downer« googeln und tatsächlich: Als Downer bezeichnen manche Trainer eine Einheit, die als Übergang zwischen einer Phase intensiver Belastung und einer Regenerationsphase dient.
Ich will auch so was! Aber wann? Morgen ist Sonntag und K.s Geburtstag, Tag der Herrin gewissermaßen, ob ich da zwischendurch mal...? Nein. Sonst schwingt K. die Luftpumpe. Freitag ist der Giro, Donnerstag fahre ich meine *Vorbelastung*, davor hat mir die Community drei Ruhetage verordnet. Oh nein! Ich werde ohne Downer in mein erstes Rennen gehen.
Ich bin so gut wie erledigt.
»Du hast wohl ein *schlechtes Gewissen*, was?«, will K. wissen, als wir am nächsten Abend bei einem letzten Glas Sekt erschlagen auf dem Sofa sitzen.
Wir haben ein vierzehnstündiges Programm aus Kalorienaufnahmemarathon und Küche-Kinderzimmer-Kellertreppen-Zirkeltraining hinter uns. Trotzdem war es eine schöne Feier, bei der ich versucht habe, K. so viel wie möglich abzunehmen.
»Nein, wieso?«, antworte ich im Brustton der überraschten Unschuld. Ehrlicherweise müsste ich hinzufügen: »Jetzt nicht mehr.« Mache ich aber nicht. Ehetaktik.
»Na, weil Du heute so viel gearbeitet hast. Ich musste ja fast gar nichts tun, außer mich feiern zu lassen.«
»Ach, das ist doch wohl selbstverständlich, Süße. An Deinem Ehrentag!«
K. runzelt die Stirn. Ups, war das zu dick aufgetragen?
Aber dann sagt sie: »Das war ein toller Geburtstag. Danke Dir!«, nimmt mich in die Arme und küsst mich.

Wie schön! Das bringt mir bestimmt demnächst ein paar Extratage auf dem Rennrad ein.

Der unvergessliche Turnbeutel
Darup, Münster, Legden, Schöppingen usw., 2./3. Oktober 2008

Zu sagen, ich sei nervös, wäre charmant untertrieben. In Wahrheit bin ich in diesen letzten Tagen wenig mehr als ein sabbernder Lappen. Die nötige Konzentration auf Arbeit und Soziales fällt mir immer schwerer, und ich wünschte, es wäre endlich so weit. Idiotischerweise habe ich vor lauter Aufregung wieder mit dem Rauchen begonnen. Bei jeder Zigarette sage ich mir, dass die nächste meine letzte ist. Das ist zwar nur ein lahmer Versuch, mich selbst zu belügen, aber immerhin rauche ich nicht so viel wie noch vor drei Wochen.

Meine Arbeitswege lege ich mit dem Trekkingrad zurück, abends westwärts gegen gefühlte zehn Windstärken. Der Wetterbericht sagt für Donnerstag Dreckswetter und für Freitag, den Girotag, wenig Regen, aber kräftigen Westwind voraus.

Am Freitagmorgen fahre ich die letzte Einheit vor dem Giro. Ich habe mir eine 20-Kilometer-Strecke zurechtgelegt, die ich, abgesehen von zwei sanften Hügeln, locker mit hoher Trittfrequenz fahren könnte.

Wenn es nur nicht so verdammt regnerisch und windig wäre! So ist es ein bisschen schwierig mit der Lockerheit, und das gilt nicht nur für mein körperliches Befinden. Als mich auf dem ersten Hügel eine Windböe beinahe in den Straßengraben drückt, fühle ich mich unsicher, als säße ich zum ersten Mal auf dem Rad. Ich scheine plötzlich in zwei Metern Höhe zu sitzen, der nasse Asphalt glänzt hart und tückisch, und das Fahrrad fühlt sich kippelig und zerbrechlich an. Erst gegen Ende der Tour finde ich meine Sicherheit wieder, indem ich mir bewusst vor Augen führe, dass ich so gut und

Kapitel 4: Der Giro, Alter!

gründlich trainiert habe, wie es mir in den letzten acht Wochen möglich war. Vor allem, um es mir selbst klarzumachen, rechne ich meine Trainingsstunden und -kilometer noch einmal zusammen.

2.10., 10.00 Uhr
Isch habe fertig! Heute morgen war Vorbelastung angesagt, und bald wird's ernst. Halte Euch auf dem Laufenden, falls noch was passiert.

Training gesamt (6.8. - 2.10.2008):
8 Wochen
57 Einheiten
56 Std.
~ 1.500 km
~ 8.500 hm
Morgen zeigt sich, wofür das reicht...

2.10., 14.00 Uhr
Boah Leute, fast wär's das gerade gewesen: Musste wegen eines im Wohnungsinneren eingeschlossenen Schlüssels mal eben schnell nach Hause zur Hilfe eilen, als eine Taxifahrerin rechts abbog, ohne mir Beachtung zu schenken: 10 cm! Aber hey: So ein kleines 5km-*EZF* mit zusätzlichem Adrenalinschub war genau das, was mir noch gefehlt hat! Danke an alle Beteiligten!

2.10., 18.00 Uhr
Uiuiui, Tiffi! Lilo! jetzt wird's langsam ernst! Gleich holt Kollege Ingo mich ab, und dann geht's nach Münster zum Schloss, und dann holen wir den Startkrempel ab, und dann treffen wir den Rest der coolen Gang, und dann gehen wir ins La Torre was essen, und dann besprechen wir noch mal alles, und dann weiß ich nicht, ob ich mich noch mal melde, geschweige denn, ob ich überhaupt noch 'nen klaren Gedanken fassen kann. Mal sehen, wie es heute mit dem *Poofen* klappt...

Münster ist wie Ines aus der Neunten: schön und selbstbewusst. Deswegen findet die Startnummernausgabe auch nicht in irgendei-

ner miefigen Turnhalle statt, sondern mitten in der Stadt, im hell erleuchteten Schloss.

Ingo und ich treffen uns gegen halb acht vor dem prächtigen Barockbau mit Norbert und Thomas. Um uns herum wuseln Hunderte anderer Rennteilnehmer, und es herrscht eine intensive, elektrisierende Atmosphäre freudiger Erregung. Zumindest in mir.

Zu meiner Überraschung hat keiner meiner Sportskameraden seine Meldeunterlagen vergessen, und so können wir uns schon nach ein paar Minuten daranmachen, unsere Startbeutel zu inspizieren. Wir finden darin unsere Transponder, Startnummern zum Abreißen aus reißfestem Weltraummaterial, Kohlenhydratgels, Müsliriegel, Massageöl und Trinkflaschen (Endlich habe ich auch eine!), alles im todschicken Giro-Flammendesign. Anschließend ist Teambesprechung in der Pizzeria »La Torre«. Außer uns Rennfahrern ist auch unser Freund Udo da, der uns morgen mit Rat, Tat und Getränken unterstützt, fotografiert und jetzt anlässlich seines von allen vergessenen Geburtstags erst mal einen ausgibt.

Auch Hartmut gesellt sich zu uns. Eigentlich hatte auch er am Rennen teilnehmen wollen, aber abgesehen davon, dass er sich erst an diesem Morgen selbst aus dem Krankenhaus entlassen hat, stehen für seinen Geschmack zu wenig dicke Eichen entlang der Rennstrecke. Dafür gewährt er Norbert und Tom Obdach für die kommende Nacht, stellt uns morgen früh seine Wohnung als Fahrerlager und Werkstatt zur Verfügung und wird ebenfalls Fotos machen.

Am Nebentisch sitzt eine weitere Gruppe Radsportler. Während wir in der telefonbuchdicken Speisekarte blättern, verwandelt sich allmählich auch der letzte Rest meiner nervösen Anspannung in Vorfreude. Wir entscheiden uns einhellig für Männernahrung und gegen verweichlichte Apfelschorle- und Pastadiät. Es gibt Bier, aber nur eins pro Nase, und unglaublich fettige Pizza (auch nur eine).

Beim Warten auf das Essen gehen wir anhand von Streckenplan und Marschtabelle das Rennen durch und besprechen die Taktik:

Kapitel 4: Der Giro, Alter!

Wir wollen es langsam angehen und uns vom Pulk mitziehen lassen, bis die engen Ortsdurchfahrten und die Gegenwindstrecke der ersten 50 Kilometer überstanden sind, also Kräfte sparen, Gefahren vermeiden und die gesparten Körner in der zweiten Rennhälfte investieren, um möglichst am Ende einen 35er Schnitt zu fahren und im guten Mittelfeld anzukommen. Wir sind uns einig, dass Teamsolidarität Vorrang hat, bei behebbaren Defekten oder kleineren Leistungseinbrüchen alle warten und helfen, nicht zuletzt, um gleichzeitig ins Ziel zu kommen und nachher dem Trikotsponsor ein schönes *Zielfoto* zu präsentieren.

Gegen zehn fahren Ingo und ich zurück nach Darup, versehen unsere Räder mit den Startnummern, laden sie ins Auto und setzen uns noch auf ein Bier für die nötige Bettschwere mit unseren Frauen zusammen. Um Mitternacht geht es ab in die Heia.

Ich schlafe gut ein, aber um halb sechs bin ich schon wieder hellwach. Mein erster Weg führt mich auf die Terrasse, um schon mal nach dem Wetter zu sehen. Es ist trocken, aber es geht ein eisiger Wind.

Während ich dusche und mich kostümiere, kommen auch die anderen aus den Federn, und K. deckt dankenswerterweise den Esstisch. Angesichts der frühen Stunde geht das Frühstück schweigend, appetitlos und zweckmäßig vonstatten, dann müssen noch ein paar Sachen gepackt, die Trinkflaschen gefüllt, das Gepäck kontrolliert und mindestens acht Mal nachkontrolliert werden – der Morgen vergeht wie im Flug.

Als Ingo und ich bei Hartmut eintreffen, hat sich dessen gepflegte Wohnung in eine Mischung aus Jugendherberge und Werkstatt verwandelt. Ein Rennrad lehnt lässig am Designermöbel, während ein anderes umgedreht im Flur steht und einem letzten Schaltungs- und Reifencheck unterzogen wird.

Jeder hat irgendetwas Wichtiges zu tun: Der eine Teamkollege geht zum dritten Mal an diesem Morgen aufs Klo, während ein anderer seine Beine mit *leistungssteigernden Wundermitteln* einreibt und Norbert sich auf dem Balkon ein bis drei Zigarettchen gegen die Nervosität gönnt. Schokobrötchen werden verspeist, Nasenspray verabreicht, dumme Scherze mit nervösem Kichern quittiert. Wenn ich meine Brille noch ein einziges Mal putze, ist von den Gläsern nichts mehr übrig. Hält meine Rückennummer noch? Ja. Sicher? JA!

Jesses, fast hätte ich den Transponder vergessen. Fehlt noch was? Ausrüstungscheck, die Zehnte: Zwei Flaschen, Pulsmesser und Tacho sind am Rad, vier Riegel, Tempos, Flickzeug und Multitool am Mann. Alles da. Nein, doch nicht: Da liegt noch der Ersatzschlauch. Jetzt kann's losgehen!

Auf dem kurzen Weg zum Start treffen wir auf jede Menge Radfahrer, die Startblöcke sind schon gut gefüllt, obwohl wir noch über 20 Minuten Zeit haben. So richtig cool ist hier keiner mehr. Die Leetzenritter stehen weiter vorne, in Block C. Ich begrüße noch schnell Rob, dann fahre ich zum Aufwärmen zusammen mit Norbert noch ein paar hundert Meter die Steinfurter Straße auf und ab, bevor wir uns zu unseren Mitstreitern hinten in Block D gesellen.

Thermojacke ausziehen, Beinlinge noch mal zurechtzupfen, Tacho nullen. Für ein paar Fotos posieren, Transpondersitz prüfen, Tacho nullen. Beinlinge zurechtzupfen. Ausrüstungscheck die Soundsovielte.

Vorne wird Block A auf die Reise geschickt. Noch sechs Minuten, dann sind wir dran. Ogottogott. Lieber noch mal den Tacho nullen.

Block B fährt los. Beinlinge zurechtzupfen. Habe ich auch wirklich alles? Noch mal die Trikottaschen abtasten. Alles da.

Block C ist unterwegs. Der DJ beweist Geschmack und legt Europe auf: The Final Countdown. Muss dringend den Tacho nullen. Und die Beinlinge zurechtzupfen.

Klacklacklacklack. Block D übt sich im Simultan-Einklicken, rollt ein Stückchen vor, stoppt kurz, und dann sind wir unterwegs.

Auf den ersten paar hundert Metern versuche ich vor allem, mich zu orientieren. Wir sind in Nullkommanix bei 34 Stundenkilo-

Kapitel 4: Der Giro, Alter!

metern, ich muss richtig treten um dranzubleiben. Viel Bewegung, weil jeder versucht, seine Position und sein Tempo für die ersten Kilometer zu finden. Wir bleiben erst mal ziemlich weit hinten, so wie vorgesehen. Nach ungefähr 1.500 Metern habe ich zum ersten Mal das Gefühl, dass der Sog des Feldes mich zieht. Geil! Nach zirka 2.000 Metern habe ich das Gefühl, dass was nicht stimmt. Ungeil.

Rechts vor mir ist Toms Hinterrad und macht: »Flappflappflappflappflapp!« Wir gehen rechts raus: Der Hinterreifen ist platt. Nach gerade einmal fünf Minuten.

Mit vereinten Kräften machen wir uns an die Reparatur, das Rad ist in Sekunden draußen, der Ersatzschlauch parat, der Mantel ab. Allerdings gelingt uns vor lauter Nervosität nicht jeder Handgriff. Und weit größeres Unheil naht aus Richtung Münster in Form des *Besenwagens*, der auf der schnurgeraden Straße weithin sichtbar unerbittlich näher kommt. Dass er von einem Polizeiauto begleitet wird, macht den Anblick nicht weniger bedrohlich. Egal wie flott wir den Schaden beheben, es vor dem Eintreffen des Besenwagens zu schaffen, ist völlig illusorisch!

Während ich den Ersatzschlauch anpumpe und noch versuche, mich an den Gedanken zu gewöhnen, dass mein erstes Rennen, auf das ich zwei Monate lang hingearbeitet habe, nach nicht einmal zweieinhalb Kilometern beendet ist, stoppen Besenwagen und Polizei neben uns.

Wie im Nebel nehme ich wahr, dass Norbert die Verhandlungen übernimmt und beteuert, dass wir so gut wie fast fertig seien. Nach einer kurzen Unterredung hören wir erleichtert: »Na gut, dann fahrt mal weiter!« Puh!

Ein paar Minuten später ist Tom zur Weiterfahrt bereit, und wir schwingen uns wieder auf die Räder. Aber obwohl die Reparatur recht schnell ging, ist uns klar, dass unsere Taktik zum Teufel ist. Wir haben sieben Minuten auf das Ende des Feldes verloren. Mangels realer Rennerfahrung bemühe ich meine Erinnerung an die Berichterstattung von der Tour de France. Da hieß es immer, um eine Minute aufzuholen, braucht ein gut organisiertes Verfolgerfeld zehn Kilometer. Demzufolge hätten wir zirka 70 Kilometer ohne den Schutz des Pelotons vor uns, davon 50 mit Gegenwind, der heute noch etwas schärfer weht als angesagt. Aber zuerst heißt es, den Bus, der die Gescheiterten einsammelt, und den Besenwagen wieder einzuholen. Wir machen uns auf die Jagd.

Weitere zweieinhalb Kilometer nach unserem Restart habe ich meine Gedanken wieder einigermaßen sortiert, und mir fällt siedendheiß ein, dass ich etwas vergessen habe, nämlich den Tacho auf der Startlinie zu nullen. Unsinnigerweise hole ich das sofort nach. Zum Glück sitzen die Beinlinge perfekt, und ab jetzt gibt es nur noch drei Gedanken: Gas, Gas, Gas!

Und dann legt mein Team eine die ganze Straßenbreite nutzende Gruppenfahrt mit Windstaffel, Führungswechseln wie aus dem Lehrbuch und allem Pipapo hin, die dazu führt, dass wir nach 18 Kilometern Besen- und Polizeiwagen hinter einer Kurve erblicken und eine Minute später zum Überholen ansetzen, angefeuert von den Rufen der Fahrzeugbesatzungen. Das hat schon was, wenn die uniformierten Freunde und Helfer die Fäuste aus dem Streifenwagen recken und einem zujohlen: »Haut rein, Jungs!«

Das erste Zwischenziel ist erreicht, und jetzt, da wir »offiziell« wieder im Rennen sind, rauschen wir an jenen vorbei, die dem Wind oder schlechter Tagesform Tribut zollen müssen, durchqueren Darfeld, Asbeck und Legden und genießen immerhin den Vorteil, den Applaus nur für uns zu haben. Die Führungswechsel klappen wie im Training, und mehrere Versuche, sich mit Fahrern oder Grüppchen, die wir einholen, zusammenzuschließen, sind nur von kurzer Dauer – wir sind zu schnell.

Kurz hinter Legden führt die Strecke nach Norden, und wir haben endlich *Rückenwind*. Allerdings hat Norbert nicht den allerbesten Tag erwischt und muss eine Weile hinten bleiben. Zum Glück sind wir stark genug, das auszugleichen, und bald sehen wir die ersten größeren Gruppen des Hauptfelds.

Kapitel 4: Der Giro, Alter!

In Ahaus haben wir es dann schließlich wirklich geschafft: Denen, die die 140-Kilometer-Strecke fahren, können wir zwar nicht folgen, aber fortan sind wir nicht mehr alleine unterwegs. Doch bevor wir uns ein bisschen ausruhen können, müssen wir erst noch die Innenstadt von Ahaus durchqueren, genießen den Jubel der zahlreichen Zuschauer, unter denen sich auch unsere Familien befinden, bestaunen die Lautstärke der aufgebauten Beschallungsanlage und beklagen den Verlust meiner neuen – selbstverständlich noch randvollen – Giro-Trinkflasche, die sich auf dem Kopfsteinpflaster beim Umkurven der Bänke und Betonpoller verabschiedet.

Kurz nach dem Ortsausgang, zu Beginn eines langen, schnurstracks geradeaus führenden Stücks in Richtung Schöppingen, gelingt es uns endlich, uns einer großen Gruppe anzuschließen und für zehn Minuten auszuruhen. Höchste Zeit!

Auf dem Weg nach Schöppingen springen wir noch zwei oder drei Gruppen weiter nach vorne. Der Schöppinger Berg ringt uns nach der erlittenen Mühsal nur noch ein nachsichtiges Lächeln ab, wobei ich nicht unerwähnt lassen kann, dass ich die teaminterne Bergwertung als Zweiter hinter Thomas abschließe. Auf diesen unerwarteten Erfolg hin gönne ich mir erst mal eine Pinkelpause auf dem Gipfel, dann stürzen wir uns rasant zu Tal. Die Ortsdurchfahrten von Horstmar, Laer und Altenberge sind unproblematisch, und auch sonst ist der aufregende Teil des Rennens vorbei, was uns ganz recht ist.

Auf den langen Geraden konzentrieren wir uns wieder aufs Gruppenfahren und versuchen, noch ein paar Plätze gutzumachen, was uns ganz gut gelingt, aber auch den milden Spott der Überholten einträgt: »Guck ma', die wollen noch gewinnen!«, höre ich im Vorbeifahren – zu diesem Zeitpunkt befinden wir uns schätzungsweise irgendwo um Rang 800 im Einzelklassement.

Die meisten auf der Strecke haben wenig Ehrgeiz, jetzt noch was zu reißen, aber wir geben bis kurz vor dem Ziel Gas: Schließlich möchten wir noch ein bisschen fürs Foto posen. Das misslingt dann etwas – alles kann halt nicht klappen, aber auf dem Hindenburgplatz vor dem Schloss überwiegt die Zufriedenheit. Immerhin haben wir nach dem Rückschlag zu Beginn eine blitzsaubere, entschlossene Teamleistung hingelegt. Dass wir uns alles vorher ganz anders vorgestellt hatten, macht uns eher noch zufriedener – wir haben das Beste draus gemacht!

Fr., 3.10.
Münsterland-Giro
Dauer: 03:26:30 h
Distanz: 109,40 km
km/h: (Mittel) 31,79 km/h
km/h: (Maximum) 51,7 km/h
Höhenmeter: 450 hm
Puls (Mittel): 147 min^{-1}
Puls (Maximum): 170 min^{-1}
Wetter wechselhaft: (4-14°, 4 bft. SW)

Platzierungen:
774 (Männer gesamt)
280 (Altersklasse Master 1 M)
63 (Teamwertung)

Der Tunnel am Ende des Lichts
Darup, 4. Oktober - 31. Dezember 2008

Mit einem mächtigen Kater sitze ich am Samstag vor dem Computer und lese ehrlich gerührt die seit gestern Nachmittag eingegangenen Kommentare, zumeist Glückwünsche, im Online-Tagebuch. Weil ich mich nicht sofort nach dem Rennen wieder gemeldet hatte, haben einige sich sogar die Mühe gemacht, im Internet die

Kapitel 4: Der Giro, Alter!

Ergebnislisten zu durchforsten, um herauszufinden, ob ich es auch wirklich geschafft habe. Wahnsinn!

Ich nehme mir vor, in den nächsten Tagen alle Nachrichten persönlich zu beantworten und mich zu bedanken. Es gab doch zwei oder drei Gelegenheiten, bei denen ich ohne die Unterstützung aus dem Internet die Flinte ins Korn geworfen oder doch zumindest nicht mit der Entschlossenheit weitergemacht hätte, mit der ich letztendlich vor allem mich selbst überrascht habe; und ich will nicht, dass diese Geschichte jetzt endet.

In den nächsten Tagen geht es mir nicht gut. Ich habe Durchfall und Schnupfen, fast ununterbrochen Kopfschmerzen und zur Krönung des Ganzen erblüht auf meiner Oberlippe ein prächtiger Herpes. Vier Tage nach dem Giro ist das Wetter so gut – mild und windstill –, dass ich ein schlechtes Gewissen hätte, setzte ich mich nicht aufs Fahrrad. Aber es fühlt sich anders an als vorher. Warum all das geschieht, ist klar: Mir fehlt ein Ziel. Ich fasse beim Radeln den Vorsatz, bis zum Jahresende die 100-Kilo-Marke zu unterschreiten, und hoffe inständig, dass das als Motivation genügt.

Fr., 4.10.

@all: Danke, das ist ja der Hammer hier! Ich melde mich jetzt erst, weil ich eine Weile gebraucht habe, um erst mal wieder ein bisschen runterzukommen. Okay, feiern »musste« ich auch.

Muss das Ganze noch ein bisschen sacken lassen, melde mich morgen oder so ausführlicher. Großes Indianerehrenwort!

27.10.

Sachtma, kennt Ihr das? Erst schiebt man was vor sich her und irgendwann ist es einem dann so peinlich, dass man erst recht nix macht? Ich bitte um Nachsicht.

Außer 150 Arbeitsstunden in den vergangenen drei Wochen habe ich zu meiner Schande auch nichts vorzuweisen: Hier mal 'ne halbe Stunde Radeln, da mal ein bisschen Laufen – alles eher Alibitätigkeiten. Leider auch wieder ein paar Zigaretten geraucht: Habe mich bei 2 Gelegenheiten verführen lassen.

Dicker Mann auf dünnen Reifen

Ehrenwort: Zum Winterpokal bin ich wieder voll da! Aber im Moment leider ein bisschen unlustig. Habe halt ein bisschen viel um die Ohren... Nich' böse sein!

4.11.
Moin Moite,
da bin ich wieder! Werde morgen früh das erste Mal wieder laufen gehen u. mich dann auch wieder regelmäßig melden.

22.12.
Ihr Lieben,
Tscha, das war ja wohl erst mal nix mit meiner versprochenen regen Teilnahme am Forums- und Winterpokal-Treiben. Habe inzwischen die zweite OP am Unterkiefer hinter mir, die dritte wird Anfang Januar stattfinden, falls der sonstige gesundheitliche Zustand das zulässt.
Seit Ende Oktober bin ich eigentlich durchgehend krank. Meistens nur kleinere aus dem Kindergarten mitgebrachte Infekte, zwischenzeitlich aber auch eitrige Bronchitis, Sinusitis, hohes Fieber – das ganze Rundum-Unwohlfühl-Paket.
Leider trägt die berufliche Situation nicht zur Besserung bei. Zum Jahresende muss ich mein Geschäft schließen und habe im Moment keinen blassen Schimmer, wie es weitergeht. Das schlägt natürlich auch ins Privatleben durch. Ich bin also – vorsichtig ausgedrückt – mit der Gesamtsituation einigermaßen unzufrieden.
So, genug gejammert! Ich wünsche Euch allen (und mir) trotz allem ein Frohes Fest, einen versöhnlichen Jahresausklang und das Allerbeste für 2009.
Gruß,
Ulf

TEIL 2

Kapitel 5

AN DEN HAAREN AUS DEM SUMPF
Januar und Februar 2009

Lauf, EdHot, lauf!
Darup, Februar 2009

Ich bin ganz allein. Ich sehe nur ein kleines Stück des Wegs, der vor mir liegt, und ich weiß nicht, wo er hinführt. Nichts deutet darauf hin, dass vor mir jemand hier gewesen ist, und auch ich war noch niemals hier. Die kalte Luft riecht frisch und unverbraucht. Wenn ich ausatme, dampft sie vor meinem Gesicht. Ich höre nichts außer meinem eigenen Atem und dem Knirschen des Neuschnees unter meinen Sohlen.

Es ist egal, wie weit ich laufe und wie lange. Niemand interessiert sich dafür, wann ich wo bin. Kein Laden ist aufzuschließen, kein Kunde zu besuchen, keine Steuerfrist einzuhalten. K. ist mit den Kindern ein paar Tage weggefahren. Ich könnte ewig so weiterlaufen.

Wenn nur meine Knie nicht so schmerzen, meine Oberschenkel nicht so brennen und meine Bronchien nicht so rasseln würden! Aber die Zeit ohne jedes Training, die langen Wochen, in denen ich zu viel geraucht und noch mehr getrunken habe, haben Spuren hinterlassen. 105 Kilo auf den Hüften, Teer in der Lunge, totgesoffene Zellen im Gehirn.

Kapitel 5: An den Haaren aus dem Sumpf

Wie sagte Wilhelm Busch? Wer Sorgen hat, hat auch Likör. Stimmt leider, sage ich und füge hinzu: Wer Stress hat, hat auch Zigaretten.

Stress habe ich ja nun nicht mehr. Genauer gesagt: Ich habe anderen Stress.

Jetzt im Moment bin ich vor allem gestresst, weil meine Kräfte schwinden und ich mich im Wald verlaufen habe. Ich bekomme Seitenstechen, möchte aber auch nicht gehen, weil ich dann friere wie ein Schneider. Ich schaue auf die Uhr. Seit einer guten halben Stunde bin ich jetzt unterwegs, länger als bei allen meinen anderen Laufrunden in diesem Jahr.

Den ganzen Januar über war ich krank und mies gelaunt. Wenn ich zwischendurch doch mal ein paar Tage nicht krank war, fehlte mir die Ausrede für meine miese Laune, und ich war noch mieser gelaunt. Es musste erst Mitte Februar werden, bevor ich mich wieder aufgerafft habe, weil ich mein bleiches, aufgedunsenes Verlierer-Ich im Spiegel einfach nicht mehr ertragen konnte. Meine erste Laufrunde musste ich nach einer Viertelstunde mit Herzrasen abbrechen. Unter der Dusche habe ich geweint.

Trotzdem habe ich am nächsten Morgen wieder die Laufschuhe geschnürt und an den folgenden fünf Tagen auch. Vorgestern hatte ich das Gefühl, dass sich mein Körper an seine sportliche Vergangenheit erinnert. Gestern bin ich etwas schneller gelaufen, was schmerzhaft war, mir aber auch so etwas wie masochistisches Vergnügen bereitet hat. Und heute hatte ich endlich wieder Spaß.

Ich trabe schwerfällig um die nächste Kurve, als der Weg plötzlich endet. Ich stehe am Waldrand und sehe unter mir das Dorf. Jetzt weiß ich wieder, wo ich bin und laufe weiter, beinahe leichtfüßig, querfeldein durch knöcheltiefen Schnee.

Kurz darauf liege ich in der Badewanne und lese Rennrad-*Testberichte*. Dann lege ich die Zeitschrift beiseite und greife zum Rasierzeug.

Back in the Saddle
Darup, 21. - 22. Februar 2009

K. und die Mädchen schlafen noch fest, als ich mir in aller Herrgottsfrühe meine Laufmontur überziehe. Draußen trete ich beinahe in einen unansehnlichen Matschhaufen. Mehr hat der Nieselregen, der seit gestern fällt, vom Schnee nicht übriggelassen.

Als ich mich gerade auf meine Waldrunde begeben möchte, kommt mir der Gedanke, doch mal eben nach dem Fahrrad zu sehen. Immerhin ist es mehr als drei Monate her, dass ich zuletzt gefahren bin. Deshalb steht mein Rad auch hinter dem Rasenmäher eingepfercht in einer Ecke des Gartenhäuschens. Den Sattel bedeckt eine Staubschicht, im Rahmen hat eine Spinne ihr Netz gebaut, und dem Vorderreifen ist die Luft ausgegangen.

Ich ziehe den Rasenmäher ein Stück vor und hebe das Fahrrad heraus. Außer der fehlenden Luft scheint alles in Ordnung zu sein. Ob der Reifen wohl noch heile ist? Es gibt nur eine Art, das herauszufinden. Das Aufpumpen ist schnell erledigt. Natürlich muss ich jetzt noch prüfen, ob die Luft auch drinbleibt, also wische ich den Staub vom Sattel und drehe eine kleine Runde um den Block.

Eineinhalb Stunden später klopfe ich an die Terrassentür. Drinnen sitzt die Familie am festlich gedeckten Frühstückstisch. Vor dem Platz meiner kleinen Tochter brennen Kerzen, und auf dem Boden liegt zerrissenes Geschenkpapier. K. öffnet mir wortlos, wendet sich ab und beginnt, den Tisch abzuräumen. Die Kinder spüren, dass ein Gewitter im Anmarsch ist, und trollen sich ins Wohnzimmer. K. schließt die Küchentür.

»Kannst Du mir mal sagen, wo Du jetzt herkommst?«, will sie wissen. Ich habe mich innerlich dagegen gewappnet, angebrüllt zu werden, aber sie spricht ganz ruhig. Die Lage ist ernster als gedacht.

»Ich hatte einen Platten«, erwidere ich lahm und hoffe, dass sie den schuldbewussten Unterton nicht bemerkt.

»Soso, beim Laufen!«

Kapitel 5: An den Haaren aus dem Sumpf

»Nein, beim Radfahren. Ich wollte nur mal kurz...«

»Du wollest eine halbe Stunde laufen, hast Du gesagt! Die Kleine hat Geburtstag!«

»Ach Süße«, säuscle ich, »sie ist doch erst zwei. Ihr ist doch egal, ob ich am Tisch sitze, solange es Geschenke gibt.«

K. baut sich vor mir auf, stemmt die Hände in die Hüften und sieht mich schweigend an. Die Falte zwischen ihren Augen verheißt nichts Gutes.

»Oder nicht?«, frage ich unsicher.

»Heute ist ihr erster Geburtstag!« Sie zischt mehr, als dass sie spricht.

»Äähhh... Ich muss jetzt duschen.«

Nachdem ich den Schlamm abgewaschen habe, gefällt mir mein Spiegelbild schon wieder wesentlich besser als noch vor ein paar Wochen. Obwohl mir jetzt gerade alle Knochen wehtun, fühlt sich auch mein Körper wieder besser, straffer an. Die Waage gibt mir recht: Mehr als drei Kilo habe ich seit Jahresbeginn schon abgenommen.

Als ich aus dem Bad komme, haben sich die dunklen Wolken glücklicherweise schon wieder ein bisschen verzogen, und K. lässt zu, dass ich sie in den Arm nehme.

»Es tut mir ehrlich leid, Süße«, raune ich in ihr Ohr.

»Lass das. Das kitzelt!«, grantelt sie, aber ich merke, dass sie bereit ist, mir zu vergeben. »Daran muss ich mich jetzt wohl wieder gewöhnen, was?«

»Genau«, bestätige ich heiter. »Und beim nächsten Mal wartet Ihr gefälligst mit dem Frühstück auf mich, klar?«

Sie stößt mich weg und faucht etwas, das ich nicht verstehe. Aber es klingt wie »Verdammter Nazi!«

So., 22.2.

Beim Radeln wieder fast ertrunken wg. Nieselregen von vorne. Bei Rückkehr »Hinweis« auf zehnminütige Verspätung der sonntäglichen Brötchenlieferung erhalten.

Nach kurzer Diskussion zwecks Besänftigung zukünftige Bikinifigur in Aussicht gestellt. Mitleidigen Blick auf Körpermitte der Partnerin geworfen. Nutellastulle ins Gesicht bekommen. Großes Hallo bei jüngeren Familienangehörigen. Später heißes Bad gegen Muskel- u.a. Schmerzen. Dringend notwendig! Erschöpft, aber zufrieden.

Appelhülsen - Buldern - Dülmen
Dauer: 01:10:00 h
Distanz: 28,00 km
km/h (Mittel): 24,00 km/h
Höhenmeter: 110 hm
Trainingsbereich: Grundlagenausdauer 1
Stimmung: sehr gut
Gewicht: 104,5 kg
Wetter: Regen (7°, Nieseln)

The Horror! The Horror!
Darup, Roxel, 23. - 25. Februar 2009

Es kommt gelegentlich vor, dass ich bitter bereue, aus meiner oldenburgischen Heimat nach Nordrhein-Westfalen gezogen zu sein. Wenn ich Grünkohl essen möchte und keine Pinkel bekomme zum Beispiel, oder wenn ich für einen Ausflug ans Meer ein ganzes Wochenende einplanen muss.

Und wenn Karneval ist.

Ich schwöre, ich habe dem Karneval eine faire Chance gegeben. Ich bin vor Jahren extra nach Köln gefahren, habe eine knappe Woche in ständiger Volltrunkenheit zugebracht, mir eigens eine Krawatte umgebunden, nur um sie mir abschneiden zu lassen, habe mit enthemmten Arzthelferinnen auf Tischen getanzt, mich sogar mit Schalkern verbrüdert, mich beim Rosenmontagszug, verkatert in einer Urinlache stehend, stundenlang mit Süßigkeiten bewerfen

Kapitel 5: An den Haaren aus dem Sumpf

lassen – und war nur froh, als ich dieses Inferno ritualisierten Frohsinns hinter mir hatte. *Das Grauen! Das Grauen!*

Also geht K. mit unserer älteren Tochter zum Karneval in den Landgasthof, während die Kleine und ich eine gemeinsame ReKom-Einheit bei Nieselregen absolvieren: Ich stecke sie in den Kinderwagen, verpacke uns beide wasserdicht und marschiere mit ihr über die Hügel rund ums Dorf. Sie scheint mir nicht mehr böse zu sein und den Ausflug genauso zu genießen wie ich.

Zwei Tage später steht die erste längere Tour auf dem Rennrad an. Endlich! Drei Stunden Zeit habe ich bekommen, 55 flache Kilometer habe ich mir vorgenommen. Doch nach sechs Kilometern ist um Haaresbreite auch schon wieder alles vorbei – es ist ja Aschermittwoch.

Ich bin ziemlich flott auf dem Radweg in Richtung Roxel unterwegs, als ich in mehreren hundert Metern Entfernung eine radelnde Teenagerin sehe. Entweder hört sie gerade Musik, oder sie schreibt eine SMS, in der steht, dass sie gerade radelt und eine SMS schreibt, oder sie sieht sich einen Film an, oder was auch immer die jungen Dinger heutzutage so tun, während sie gerade auf dem Radweg einer verkehrsreichen Bundesstraße unterwegs sind.

Jedenfalls fährt sie Schlangenlinien. Bald bin ich auf Hörweite an sie herangekommen und klingele. Fast hätte ich damit gerechnet, dass sie mich ipodbedingt nicht hört, aber sie schaut sich sofort um. Kein Zweifel, sie hat mich gesehen. Sie fährt brav ganz rechts. Der Radweg ist breit genug. Ich kann sie problemlos überholen, kein Grund zu bremsen. Denke ich.

Als ich fast neben ihr bin, blickt sie abermals über die Schulter und zieht dann aus irgendeinem Grund urplötzlich nach links. Ich sehe das Weiße in ihren kajalumrandeten Augen und gehe in die Eisen. Das Vorderrad blockiert, trifft trotzdem noch ihr Hinterrad und bringt sie zu Fall, mein Fahrrad steigt hinten hoch und wirft mich über den Lenker ab, und wir alle landen als Knäuel scheppernd und schreiend auf dem Asphalt.

Dicker Mann auf dünnen Reifen

Ist das die Jugend von heute: Aufgedonnert wie ein *Komantschenhäuptling* und dumm wie ein Meter Feldweg? Ich brülle, noch während ich mich aufrapple, meine jugendliche Unfallgegnerin zusammen, der prompt die Tränen in die verunstalteten Augen treten. Nachdem ich mich vergewissert habe, dass mein Fahrrad heile ist (First things first!), stelle ich fest, dass wie durch ein Wunder auch sonst keinerlei sichtbare Schäden an Mensch und Material entstanden sind. Darüber verraucht mein Zorn etwas, und ich entschuldige mich sofort für meinen Wutausbruch. Sie glotzt mich nur stumm an, richtet ihr Rad wieder auf, steigt auf und fährt etwas wackelig weiter. Ich sehe ihr kurz verblüfft nach, dann möchte ich mich auch wieder aufs Rad setzen, vermisse aber meine Trinkflasche. Schließlich finde ich sie im Straßengraben.

Als ich kurz darauf über den nächsten Hügel rolle, sehe ich das Mädchen wieder. Weil sie ihr Fahrrad jetzt schiebt, fahre ich neben sie hin und erkundige mich, ob bei ihr alles in Ordnung ist. Ihre verheulte Antwort zeugt von Feindseligkeit, gefangen in ordentlicher Erziehung: »Verziehen Sie sich doch bitte einfach, Sie Arschloch!«

Ich erinnere mich. Pubertät ist die Hölle.

Kapitel 6

WIEDER FAHRT AUFNEHMEN
März 2009

Der gläserne Sportler
März 2009

Während ich die schädelsprengenden Auswirkungen der Münsteraner *Kohlfahrt* auf dem Sofa liegend auskurierte, habe ich eine Excel-Tabelle angelegt, mit der ich mein Gewicht, meine Ernährung und meinen Energieumsatz akribisch genau erfasse. Ich trage täglich ein, was ich wiege, wie viele Kilokalorien ich mir einverleibt, welche Mengen Kohlenhydrate, Proteine und Fett ich zu mir genommen, wie lange ich welchen Sport getrieben, wie ich mich dabei gefühlt und wie viel Energie ich verbrannt habe.

Dass ich jetzt beim Frühstück gelegentlich mit der Küchenwaage hantiere und alles haarklein notiere, trägt mir ein paar spöttische Blicke ein, und ich selbst hätte diese Zahlenhuberei noch vor gar nicht so langer Zeit auch zwanghaft und narzisstisch gefunden, doch jetzt finde ich sie hilfreich.

Nicht zuletzt kommt meine Buchführung auch der Familie zugute, weil ich jetzt die Zutaten für unsere Mahlzeiten mit mehr Bedacht auswähle. Vor allem aber merke ich beim täglichen Wiegen, dass es wirkt. Wichtiger noch: Ich fühle mich einfach besser als zuvor. Das Radfahren scheint mir leichter zu fallen, seit ich dieses Ernährungsprotokoll führe. Das ist zwar wohl vorerst ein rein psychologischer Effekt, aber wen schert das schon, wenn's der Motivationssteigerung dient? Jedenfalls hat mein innerer Schweinehund einiges von seiner Macht über mich verloren, wenn es darum geht, bei Schmuddelwetter aus dem Haus zu gehen, denn mein Training besteht derzeit zum größten Teil aus langen und langweiligen Ausfahrten bei Nieselregen.

Gelegentlich wird mir das Rollen im Flachen zu öde, und ich unternehme erste, zaghafte Bergtests, spare aber dabei noch die steileren Anstiege aus. Meistens bin ich ohnehin auf den sogenannten »Pättkes« unterwegs, den asphaltierten Wirtschaftswegen, die im ganzen Münsterland die Wälder, Äcker und Felder durchziehen. Weil ja bekanntlich im Märzen der Bauer egget und sät, sind sie zum größten Teil einigermaßen dreckig. Um genau zu sein, sind sie unter lauter Schlamm kaum noch zu erkennen, und wenn man mit einem Rennrad darauf fährt, geht es einem selbst nach kurzer Zeit genauso. An manchen Tagen komme ich von meiner Runde nach Hause und meine Familie hält mich für das Ding aus dem Sumpf. Leider ist mein einziges Trikot, das groß genug ist, dass ich eine Jacke darunterziehen kann, weiß. Das ist einerseits nicht so schlecht, weil die Sichtverhältnisse nicht die besten sind, andererseits beschert mir das auch Kritik von K., die sagt, ich solle meine Klamotten mal schön selbst waschen, was ich natürlich sowieso meistens tue, was K. wiederum anders empfindet, woran man mal wieder sehen kann, was Frauen doch für eine verzerrte Realitätswahrnehmung haben.

Die Community beschäftigen dieser Tage die gleichen beiden Themen wie mich: Grundlagentraining und Gewichtsabnahme. Wieder ist es gut zu wissen, dass es vielen anderen ähnlich wie mir geht, und besonders schön finde ich, dass meine Online-Freunde mich nicht vergessen haben. Seit ich wieder aktiv bin, haben sich die meisten von denen, die sich im letzten Jahr in meinem Tagebuch ausgetauscht haben, ebenfalls zurückgemeldet.

Kapitel 6: Wieder Fahrt aufnehmen

Der dritte große Themenkomplex, der die zweirädrige Gemeinde im Frühjahr umtreibt, heißt: Material und Optik. Jetzt, da alle ihr Equipment wieder hervorholen, stellen viele fest, dass des Athleten Bekleidung nicht mehr den modischen Ansprüchen der aktuellen Saison genügt und das Sportgerät über Winter an technischer Leistungsfähigkeit und Schönheit eingebüßt hat. Es ist gut möglich, dass dabei ziemlich viel vom Menschen auf das Material projiziert wird. Wo wir doch gerade über verzerrte Realitätswahrnehmung sprachen.

Wenn man sich (wie ich) in diese Szene begibt, muss man wissen oder lernen (wie ich), dass es drei große Gruppen von Radsportlern gibt. Ich nenne sie mal Angehörige der Stufen 1, 2 und 3:

Die Stufe-1-Radler stellen die größte Gruppe und sind ein bisschen eitel. Sie tragen und fahren, was sie eher zufällig, und/oder weil es gerade günstig zu haben war, erworben haben, kommen damit auch gut zurecht, haben aber das dumpfe Gefühl, irgendwie nicht so ganz zufrieden zu sein. In Online-Foren sind das die User, die Katalogfotos von Helmen, Trikots oder ganzen Fahrrädern hochladen und dazu fragen, ob das betreffende Teil »was taugt« oder »funzt«. Wenn sie Bilder posten, die sie selbst und die eigene Ausrüstung zeigen, sieht man meistens einen zu dicken Nachwuchssportler in zu weiten Klamotten auf einem zu großen oder zu kleinen Fahrrad schüchtern in die Kamera lächeln.

Typische Bildunterschrift: »Ich und mein neuer Renner. Habe ich für schlappe 400 € von nem Kumpel gekauft. Was haltet Ihr davon?«

Typischer Kommentar: »Rot ist nicht so meins. Kürzeren *Vorbau* nehmen! *Spacer* raus, Lenker runter, weißes Lenkerband! Sattel vor. Ventilkappen weg! Die Reifen hatte ich auch mal. Sind kacke. Laufräder gibt's auch bessere. Und wieso kein Campa? Für 400 Steine hätte ich was Besseres gefunden. Aber sonst nicht schlecht, herzlich willkommen.

P.S. Fahrräder immer von rechts knipsen! Trikot geht gar nicht – macht fett!

P.P.S. Rasier Dir mal die Beine!«

Stufe-2-Radsportler sind fast genauso zahlreich, aber ungleich eitler. Sie besitzen ihr zweites oder drittes Rennrad und sind diejenigen, die auf die Fragen nach dem Taugen und Funzen antworten. Ihr Selbstportrait zeigt sie ebenfalls hoch zu Ross. Am Fahrrad ist alles farblich aufeinander abgestimmt, im Zweifelsfall glänzend weiß, und technisch auf dem Stand des Vorjahres, weil erschwinglicher als die letzte Entwicklungsstufe. Der Sportsmann selbst posiert selbstbewusst. Er trägt entweder relativ neutrale, aber hochwertige Markenkleidung oder – häufiger – ein Vereinstrikot.

Bildunterschrift: »Endlich angekommen: Mein Canyonbull Firefox Team Edition 3000 SFX 6.0 (Testsieger in der Roadbike)! Komplett Ulgreta (Kompakt, 11-25); 120er Vorbau, Lenker, Sattelstütze: Weston *Carbon*; Lenkerband, Sattel: Psy-chik Ariane; Reifen: Michi GP 4000S; *LRS*: Bivac Kyrie Eleison; Gabel: Itchy WCS Carbon; Pedale: Kool Keo Carbon. 7,5 Kilo. Ein paar Teile muss ich noch gegen Carbonparts auswechseln lassen. Bin verliebt!«

Kommentar: »Weiß ist nicht so meins. Längeren Vorbau nehmen! Spacer raus, Lenker runter, schwarzes Lenkerband! Sattel nach hinten. Ventilkappen weg! Die Reifen hatte ich auch mal. Besser *Schlauchreifen* nehmen. Laufräder okay, aber bitte ablabeln. Und wieso kein Campa? Für die Kohle, die Du wahrscheinlich bezahlt hast, hätte ich sicher was Besseres gefunden. Scheiß auf Testberichte, gewinnen eh immer die Werbekunden! Aber sonst nicht schlecht.

P.S. Fahrräder immer von etwas weiter unten knipsen, Kurbel muss nach unten oder vorne zeigen! Trikot geht gar nicht – macht fett!

P.P.S. Kauf Dir mal weiße *Socken*!«

Unter den Fotos des Stufe-2-Radlers finden sich häufig auch welche von seiner Lebensgefährtin und deren Rennrad. Oft ist erst auf

Kapitel 6: Wieder Fahrt aufnehmen

den zweiten Blick zu erkennen, dass es sich um eine andere, aber identisch gekleidete Person und um ein anderes, kleineres, aber aber ansonsten baugleiches Fahrrad handelt.

Stufe-3-Radsportler sind leider nicht so selten, wie es schön wäre, aber selten genug, um unfassbar eitel zu sein.

Der Stufe-3-Radler trägt kein Vereinstrikot, weil er vor Jahren mangels ebenbürtiger Kameraden ausgetreten ist (sagt er), sondern den Dress eines Profiteams, gelegentlich ein *Wertungstrikot* der Tour de France, in besonders schweren Fällen eins vom Giro d'Italia. Er besitzt sechs Fahrräder oder mehr, darunter mindestens ein vom Atem der Radsportgeschichte umwehtes antikes Stahlmodell, zwei Winter- und Schlechtwetterräder, eine sogenannte *Stadtschlampe* und eins »für zwischendurch«. Was er nicht hat – aber auch nicht vermisst –, sind Freunde, eine Lebensgefährtin oder wenigstens ein Hund.

Fotomotiv: Ein schmaler, schwarzer Kunststoffstreifen und eine kleine graue Schraube auf einer digitalen Küchenwaage, deren Display vermeldet: »5,3 g«.

Bildunterschrift: »Kann jetzt nichts schreiben wg. Treffen mit Sponsor! Später mehr.«

Kommentar: »Aha, neue Carbonklemme für die Sattelstütze! Ist ja sackschwer, meine wiegt nur 5,1 g. Habe ich mir schon vor Jahren von blinden tibetanischen Bettelmönchen machen lassen – hält bis 60 Kilo Fahrergewicht. Also noch reichlich Reserve. Hätte ich Dir bestimmt billiger besorgen können. Aber sonst nicht schlecht.

P.S. Die Waage hatte ich auch mal, die taugt nichts. Zeigt immer zu wenig an.«

Stufe-3-Rennradler schreiben sehr gerne Kommentare zu Fotos und führen fast immer eine Luftpumpe mit sich.

Ich bin eindeutig auf Stufe 1.

Noch.

Dicker Mann auf dünnen Reifen

Alle Wetter!
Darup, Baumberge, März 2009

Di., 10.03.09

Arktische Temperaturen, Dauerregen und Wind – ideale Bedingungen, um die Alltagstauglichkeit der gestern bei Lidl erstandenen Ausrüstungsgegenstände und die Berg- u. allgemeine Härte des Athleten zu erproben.

Neuer Rekord: Sturz nach 1,5 Metern wg. bemooster Auffahrt. Memo an mich: Kärcher ausleihen.

Trägerhose (9,99 Euro) trotz (oder wegen?) des dünnen Polsters sehr angenehm. Sitzt auch in vollständig durchnässtem Zustand – also nach ca. 20 Sekunden Fahrtzeit – noch sehr gut u. scheuert (auch später) nicht. Satteltasche (4,99 Euro incl. »Werkzeug«) groß genug für eigenes Werkzeug, Telefon u.a. Gedöns. Nützliche Regenhülle im Lieferumfang. (Später stellt sich heraus, dass es sich um eine Wassersammeltasche handelt – vermutl. für den Wüsteneinsatz. Beglückwünsche mich zu der Entscheidung, das Handy zusätzlich in einen Gefrierbeutel eingepackt zu haben.)

Witterung verbietet Test der neuen Handschuhe (1,99 Euro/Paar), stattdessen die guten, warmen aus dem Baumarkt. Ansonsten mind. 3 Schichten am ganzen Körper, Regenjacke drüber, fertig.

Hilft alles nix: Zwar am Longinus angekommen, aber klatschnass, null Sicht, sowie erste Erfrierungserscheinungen an den Zehen. Breche Tour zugunsten eines heißen Vollbads ab. Morgen soll's ja zwischendurch schön werden.

Bergauf ging übrigens problemlos. Nur doof, dass die Batterie vom Polar-Brustgurt alle ist und sich nicht wechseln lässt. Austausch kostet 35 Flocken!

Dürfen die das? Verbrecher! Schlimmer als Gillette und Wilkinson zusammen! Vielleicht sollte ich einfach mal abwarten, bis ein Discounter-Angebot um die Ecke kommt?

Obwohl: Keine Pulsanzeige = eine Sache weniger, mit der man sich verrückt machen kann. Im Moment gefällt mir das Fahren »ohne« ganz gut. Andererseits hätte mich mein Puls heute schon ein paar Mal interessiert. Jesses! Dass Fahrradfahren aber auch so kompliziert sein muss!

Kapitel 6: Wieder Fahrt aufnehmen

Baumbergtour ohne Schnorchel
Dauer: 00:49:09 h
Distanz: 20,40 km
km/h (Mittel): 24,90 km/h
km/h (Maximum): 43,2 km/h
Höhenmeter: 210 hm
Trainingsbereich: *Kraftausdauer* 1
Stimmung: sehr gut
Gewicht: 103 kg
Wetter: Regen (gefühlte 0°, strömender Regen)

Heute ist ein schöner Tag, weil meine Hose rutscht! Die Waage zeigt 102 Kilo an, und es scheint wie angekündigt die Sonne. In letzter Zeit war es keine Selbstverständlichkeit, dass Kachelmanns Meteomedia-Vorhersage richtig war.

Ich muss mir allerdings vorwerfen, bei meiner Tourenplanung die Windrichtung nicht berücksichtigt zu haben. Auf den ersten 20 von insgesamt 70 Kilometern habe ich Rückenwind, aber dann heißt es: Ackern, ackern, ackern! Andererseits kann ich inzwischen ganz gut gegen den Wind fahren (ich mache ja seit Wochen nichts anderes), und heute versüßt mir die Sonne meine Mühen. So tanke ich ein paar wärmende Strahlen und sammle ein paar Höhenmeter. Ungefähr 500 davon bringt mir meine Tour durch die Baumberge ein.

Andere Rennradfahrer habe ich schon seit Langem nicht gesehen. Ich hoffe, das ändert sich bald, so schön ich die Einsamkeit oben am Longinus auch finde, während ich die Fernsicht bis zum Schöppinger Berg genieße. Offenbar sind die meisten noch damit beschäftigt, für die neue Saison aufzurüsten.

Ich komme rechtzeitig nach Hause, um noch das Abendessen zu kochen. Einen großen Topf Gulasch habe ich mittags schon vorbereitet, dazu mache ich jetzt noch Kartoffelpüree und Salat. Danach fahre ich wie an fast jedem Mittwoch nach Münster und treffe mich auf zwei Bier mit Hartmut und Udo.

So ist zumindest der Plan, aber als ich auf dem Murxschen Sofa sitze, befällt mich bleierne Müdigkeit, und ich verabschiede mich schon nach kurzer Zeit wieder. Auf der Autobahn fallen mir einige Male fast die Augen zu, sodass ich schließlich froh bin, dass ich es heile nach Hause schaffe, wo ich vollkommen erschöpft ins Bett sinke.

Der nächste Tag ist trainingsfrei. Obwohl ich an die acht Stunden tief und fest geschlafen habe, bin ich mittags schon wieder so müde, dass ich mich noch einmal für eine gute Stunde hinlegen muss. Außerdem habe ich ständig Durst und trinke über den Tag verteilt mehr als fünf Liter Wasser. Bevor ich abends wieder früh zu Bett gehe, streiche ich noch die für morgen geplante Trainingseinheit aus dem Kalender.

Beim Aufstehen fühle ich mich etwas ausgeruhter, aber nicht viel. Habe ich mich denn vor zwei Tagen so übernommen? Oder ist schon wieder ein Infekt im Anmarsch? Bitte nicht!

Nachmittags geht es mir glücklicherweise wieder besser, aber ich beteilige mich trotzdem an einem kleinen Familienausflug, den K. spontan geplant hat.

Tags drauf bin ich topfit, obwohl ich sehr früh aufwache, und die Waage vermeldet wieder Erfreuliches. Wir frühstücken lange, dann setze ich mich mit der Karte hin, um eine schöne, ausführliche Tour inklusive einiger neuer Streckenteile und unbekannter Anstiege auszubaldowern. Gegen Mittag fahre ich los, als Erstes zum Longinus hoch, in der Hoffnung, dort endlich mal wieder ein paar Radler zu sehen, damit ich mir nicht so allein vorkomme. Aber es sind wieder nur Motorisierte da.

Die Tour ist mit über 70 Kilometern und 700 Höhenmetern lang und anstrengend, aber wunderschön, obwohl das Wetter wieder nicht ganz so toll wie von Kachelmann vorhergesagt ist. Bei meiner Ankunft zu Hause sitzt die Familie am gedeckten Tisch und hat gerade meinen allerliebsten Schoko-Walnuss-Kuchen angeschnitten. La vita è bella!

Kapitel 6: Wieder Fahrt aufnehmen

Ich kann mit dem Essen und Trinken nicht aufhören: Nach dem Kuchen am Nachmittag und Spaghetti Bolognese zum Abendessen verleibe ich mir noch etwas Baguette, ein geräuchertes Makrelenfilet, eine Dose Thunfisch sowie eine kleine Käseauswahl ein. Irgendwann bin ich dann zu müde zum Weiteressen, aber es ist nicht diese tiefe Erschöpfung nach dem Training wie in den letzten Tagen, sondern eine angenehme Müdigkeit, obwohl das eine der härtesten Touren war, die ich alleine gefahren bin.

Der nächste Tag ist Sonntag. Vormittags machen wir einen schönen ausführlichen Familien-Brunch mit Kinderbelustigung und allem Pipapo, das nötig ist, damit ich mich als treusorgender Familienvater fühlen kann. Mittags legen sich meine Mädels ein Stündchen hin, und ich nutze die Zeit für eine Runde lockeren Trimmtrab als Regeneration im Regen. Der Nachmittag gehört wieder der Familie, abends koche ich uns was Gutes, und danach muss K. zur Arbeit. Also bringe ich die Kinder ins Bett und schalte den Fernseher ein.

Bei der Tagesschau trage ich schwerste Gewissenskonflikte aus. Das Teufelchen auf der einen Schulter rät zum wohlverdienten Feierabendbier, das Engelchen zum Einhalten des Trainingsplans. Irgendwer hat da für heute Krafttraining eingetragen. Wenn ich den erwische!

Das Engelchen landet einen Überraschungssieg. Ich bin sehr stolz auf mich, als ich in den Keller gehe, die Hantel hole, sie entstaube und mich beim Tatort-Gucken ans Werk mache.

Als Freund pragmatischer – und preiswerter! – Möglichkeiten der Ertüchtigung lege ich mir einfach meine Isomatte aufs Parkett, stelle einen Hocker daneben, nehme meine einzige »Fit for fun«-Ausgabe zur Hand und versuche, bei Bizeps-Curls, Trizeps-Drücken, Crunch, Unterarmstütz, Beckenlift, Rudern und anderen masochistischen Vergnügungen wieder ein Tempo zu finden, das pro Übung zehn Wiederholungen zulässt. Das klappt auch ganz gut, nur bei den doofen Liegestützen verschätze ich mich wohl ein wenig –

am Ende schaffe ich genau zwei davon. Aber irgendwie konnte ich die noch nie.

Am nächsten Morgen tun mir die Arme weh. Aber erstens ist trainingsfrei, und zweitens fühlt es sich gar nicht so schlecht an. Ich erwische mich dabei, vor dem Badezimmerspiegel zu posieren und meine Muckis zu bewundern, wie ich es zuletzt mit 16 getan habe. Und damals hatte ich nicht mal welche. Bin ich schon auf dem direkten Weg zu Stufe 2?

Planlos durch die Pampa
Dülmener Umland, Roruper Mark, März 2009

Geplant habe ich einen Törn von zwei Stunden: Ein Mal Haltern und retour, 50 bis 60 Kilometer, flach und entspannt. Zum Mittagessen gab es zwei Bananen und einen Müsliriegel, einen weiteren Riegel und einen Dreiviertelliter Apfelschorle habe ich mitgenommen.

Davon ist jetzt die Hälfte ausgetrunken. Bis Haltern lief alles nach Plan, aber jetzt stehe ich vor einer Straßensperre und muss feststellen, dass ich zum ersten Mal seit langer Zeit keine Karte bei mir habe. Halb so wild, denke ich mir leichthin, fahre ich eben der Nase nach. Immerhin war ich hier schon ein oder zwei Mal, und mein Orientierungssinn ist nicht der Schlechteste.

Allerdings lässt der mich ausgerechnet jetzt schnöde im Stich, was ich jedoch nicht wahrhaben will. An jeder zweiten Ecke glaube ich wieder Bescheid zu wissen, frage deshalb nicht nach dem Weg und verfahre mich brutalstmöglich. Immerhin ist das Wetter vom Feinsten.

Als ich zweieinhalb Stunden unterwegs bin, ist der letzte Schluck lange getrunken, und ich möchte mich am liebsten einfach in den Graben werfen. Nicht bremsen, geschweige denn absteigen. Das wäre alles viel zu anstrengend. Einfach auf die Böschung rumpeln

Kapitel 6: Wieder Fahrt aufnehmen

und mich fallen lassen. Die Gräser sehen so schön weich aus, es würde bestimmt gar nicht wehtun. Und dann läge ich unten im Graben, das Wasser würde meinen erhitzten Leib kühlen, und ich müsste nur den Kopf ein wenig drehen, um herrlich frisches Grabenwasser zu trinken. Ah, trinken!

Andererseits: Mein Fahrrad könnte dabei Schaden nehmen. Also lieber doch weiterfahren. Oder anhalten und K. anrufen, damit sie mich abholt? Prima Plan!

Ich schaffe es tatsächlich, an einem Bushäuschen zu halten, das mir ein bisschen Schatten spendet. Wer hätte gedacht, dass die Sonne im März schon so viel Kraft hat? Ich taste auf der Suche nach meinem Telefon an meinen Rückentaschen herum. Es dauert eine gefühlte Ewigkeit, bis ich es zu fassen bekomme. Als ich es mir genauer anschaue, sieht es einem Müsliriegel zum Verwechseln ähnlich. Es ist ein Müsliriegel, und mein Telefon habe ich mal wieder vergessen.

Aufheulend schleudere ich den Riegel weg, so weit ich kann. Er landet nach knapp vier Metern in der Mitte der Straße. Mir wird klar, dass es völliger Blödsinn ist, die einzige Nahrung, die ich habe, wegzuwerfen, also schleppe ich mich auf die Straße, um ihn wieder aufzuheben.

Ein Auto hupt ohrenbetäubend und schießt knapp an mir vorbei. Ich schrecke zurück und sehe wie in Zeitlupe, dass mein Müsliriegel unter den vorbeirasenden Reifen zermalmt wird. Trotzdem hebe ich ihn auf, öffne mit zittrigen Fingern die Verpackung und verteile mangels feinmotorischer Fähigkeiten die krümeligen Überbleibsel in meinem Gesicht in der Hoffnung, dass möglichst viel in meinem Mund landet.

Ist es der Zucker oder der Adrenalinstoß, nachdem ich beinahe überfahren worden wäre? Jedenfalls halte ich es auf einmal wieder für möglich, es bis nach Hause zu schaffen.

Nach drei Stunden und 80 Kilometern, davon ungefähr 55 mit Gegenwind und 30 ohne Getränk, treffe ich völlig ausgepumpt und demoralisiert ein. Ich lehne mein Rad nachlässig ans Gartenhäuschen, ohne es wie sonst hineinzustellen, lasse den Helm achtlos zu Boden fallen und trotte in Richtung Haustür. Wieder taste ich meine Taschen ab, wieder finde ich nichts. Ich habe keinen Schlüssel mit.

Ich klingele, aber niemand öffnet. Ein Blick zum Carport verrät mir, dass das Auto und damit auch meine Familie nicht da ist. Komischerweise versetzt mir das keinen weiteren Schlag, sondern ich nehme es mit Galgenhumor. Vielleicht ist es aber auch bereits leichte Hysterie, die mich heiser kichern macht, während ich auf die Terrasse wanke und mich in einen Gartenstuhl fallen lasse.

Ich habe solchen Durst! Aber hey! Da ist ja auch der Wasserhahn. Und noch mal hey! Da steht ja noch die Kiste Weizenbier, und es sind sogar noch ein paar Flaschen übrig!

Eine gute halbe Stunde später heiße ich einigermaßen angeheitert Frau und Kinder willkommen, schaffe es noch, zu duschen und etwas Essbares zum Abendbrot zu zaubern, und sinke dann bleischwer ins Bett.

Zwei Tage später bin ich einigermaßen wiederhergestellt, aber vor der nächsten ernstzunehmenden Trainingseinheit will ich mir noch einen oder zwei weitere Ruhetage gönnen. Allenfalls eine leichte Regenerationsrunde von maximal 25 Kilometern möchte ich heute absolvieren. K. hält das zu meinem Erstaunen für eine gute Idee.

»Du könntest ja gemütlich mit dem Trekkingrad nach Coesfeld fahren«, schlägt sie vor, »und die Große im Kindersitz mitnehmen.«

»Jaaaa, könnte ich«, sage ich gedehnt. »Aber warum sollte ich das tun?« Ist es so weit? Hat sie einen anderen? Will sie mich und eine Zeugin für ein paar Stunden loswerden? Verstehen könnte ich es ja beinahe.

»Weil es in Coesfeld einen McDonald's gibt, und wir ihr versprochen haben, dass wir da mal hinfahren.«

Unglaublich! Das Kind vorzuschieben, um mich loszuwerden! Das hat sie sich ja fein ausgedacht.

Kapitel 6: Wieder Fahrt aufnehmen

»Hm. Und was machst Du in der Zeit?«

»Ich lade die Kleine ins Auto und dann treffen wir uns da. Ist doch super: Du kannst Rad fahren, und wir machen trotzdem was gemeinsam!«

Jaja, ich weiß. Ich schäme mich ja auch.

Um drei Uhr nachmittags geht es los. Die Route südlich der Bundesstraße habe ich über Mittag anhand der Radwanderkarte geplant. Eine Viertelstunde später fluche ich stumm vor mich hin, während ich im kleinsten Gang – und der ist am Trekkingrad geradezu winzig – mit letzter Kraft bereits den dritten steilen Anstieg erklimme, während meine Tochter immer wieder begütigend sagt: »Ach Papa, Du schaffst das schon!«

Am Ende klappt aber doch alles wie geplant, und ich bin um ein paar interessante Erkenntnisse reicher.

Erstens: Wenn in der Karte steht, dass irgendwo eine Straße ist, heißt das nicht, dass sich dort eine Straße befindet.

Zweitens: Wenn in der Karte keine Straße eingezeichnet ist, kann sich dort trotzdem eine Straße befinden.

Drittens: Wenn in der Karte eine Steigung eingezeichnet ist, befindet sich an dieser Stelle eine mörderische Rampe.

Viertens: Wenn in der Karte ein Flachstück oder ein Gefälle eingezeichnet ist, befindet sich an dieser Stelle eine mörderische Rampe.

Fünftens: Insgesamt besteht die gesamte Strecke Nottuln–Coesfeld nur aus brutalen Steigungen. Und zwar in beiden Richtungen! Escher, übernehmen Sie!

Sechstens: Mit zappelndem, unentwegt plapperndem Fahrgast, der 15 Zusatzkilos aufs Rad bringt, macht das Ganze noch mal so viel Spaß.

Die vorgesehene Regenerationseinheit entpuppt sich jedenfalls als waschechtes Kraftausdauer-Training. Aber die Gegend ist toll.

Da fahre ich bestimmt noch öfter, aber nie wieder mit Passagier!

Dicker Mann auf dünnen Reifen

Radsport, Hypochondersport
Darup, Baumberg, 18. März 2009

Wer jemals eine Bergetappe der Tour de France gesehen hat, weiß, dass die Profis ungeheuer harte Kerle sind. Wer jemals ein Fußballspiel mit italienischer Beteiligung gesehen hat, kann sich eine ungefähre Vorstellung davon machen, wie hart im Nehmen Freizeit-Radsportler sind. Nämlich gar nicht. Im Gegenteil sind Amateurradler ungeheuer wehleidig.

Das hat einen einfachen Grund: Sie sind Individualisten. Das sind Profis auch, aber die sind daran gewöhnt und darauf angewiesen, viele Rennen im Jahr im Team zu fahren, sich mit ihren Kollegen zu arrangieren und einer Mannschaftstaktik unterzuordnen. Der gemeine Freizeitfahrer dagegen ist fast immer alleine oder in einer losen Gruppe unterwegs, in der eher wenig Disziplin herrscht. Das hat bestimmt jeder Autofahrer schon mal bemerkt, der versucht hat, eine Rotte Rennradler zu überholen, die ständig amöbenhaft ihre Form ändert.

Also ist der Jedermann zwar öfter in einer Gruppe Gleichgesinnter unterwegs, aber die Eintracht hat immer nur bis zum nächsten Ortsschild oder Hügel Bestand. Dann ist sich jeder selbst der Nächste. Weil es aber immer nur einen Sieger geben kann, müssen alle anderen eine gute Erklärung für ihre Niederlage parat haben, die sie dann unaufgefordert vorbringen. Das kann etwas Technisches sein (»Ich bin beim Sprint voll aus dem Pedal gerutscht! Wird Zeit, dass ich mal andere dranschraube.«), meistens ist es aber ein gesundheitlicher Grund (»Als ich hier beim letzten Mal alle versägt habe, muss mir wohl die Achillessehne gerissen sein. Komisch, habe ich gar nicht gemerkt.«)

Im Internet kursiert dazu ein Cartoon: Zwei Hobbyfahrer treffen sich zur gemeinsamen Ausfahrt. Fahrer A fragt Fahrer B, wie es ihm gehe. Der antwortet:»Ich weiß nicht so recht, meine Achillessehne scheint gereizt zu sein. Und dann hatte ich auf der Arbeit so viel zu

Kapitel 6: Wieder Fahrt aufnehmen

tun. Außerdem kann ich wegen meiner ganzen Allergien kaum atmen, also habe ich natürlich ziemlich mies geschlafen. Deshalb habe ich auch diese Magenkrämpfe, schätze ich. Oh, und ich glaube, ich habe keinen Puls mehr!«

Fahrer A setzt sich auf sein Rad, um wieder nach Hause zu fahren und sagt: »Ich komme gleich wieder. Ich montiere nur schnell die Wettkampf-Laufräder.«

Nicht wenige Rennradler fragen sich, was daran ungewöhnlich oder gar lustig sein soll.

Alles in allem sehen sich Rennradfahrer gerne als die sensiblen Feingeister unter den Athleten und unterscheiden sich von anderen Individualsportlern wie zum Beispiel Läufern durch einen ausgeprägten Stilwillen. Abgesehen davon, dass ein beklagenswerter Unterschied zwischen Willen und Können besteht, machen sie sich ununterbrochen Gedanken über ihre (auch optischen) Qualitäten und die ihres Geräts und diskutieren ständig miteinander, was »geht« und was nicht, aber am meisten darüber, wo es gerade zwickt.

In Italien ist der Radsport übrigens irrsinnig populär.

Mi., 18.03.

Endlich hat's geklappt: Treffe mich mit Rob und Matti zur ersten Nichtalleinfahrt des Jahres. Halte mich nach der gestrigen Strapaze aus Misstrauen bezüglich der Tagesform vornehm im Hintergrund. Matti verbreitet gute Laune und Rob den Eindruck, nach dem Genuss fernöstlicher Spezialitäten (vermutlich Nummer 666 – Ragout Chien an Altglasnudeln) und daraus resultierender kantonesischer Blitzdiät (zwei Kilo in zwei Stunden) nur noch so eben unter den Lebenden zu weilen, was ihn nicht daran hindert, einen ersten Sandsteinmeilentest inkl. halsbrecherischer Hatz durch verstörte Havixbecker Stadtbummlergruppen zu unternehmen. Der Gipfel auf dem Gipfel: Rob verkündet am Longinus, sein Akku sei leer (was ich wegen Blutrauschens nur schwach vernehme), nimmt einen Schluck aus der Pulle, sagt: »Jetzt durch den Wald runter und die Serpentine rauf!« und stürzt sich, locker mit Matti plaudernd, zu Tal. Ich mit kreischenden Bremsen hinterher. Dann um die Ecke, die beiden plaudern immer noch, derweil es mit ca. 57% bergauf geht. Oben angekommen (Wie? Keine Ahnung!) festgestellt, dass die Zeit leider viel zu schnell vergangen ist und sich unsere Wege schon wieder trennen. Abschied an der Steverburg. Schade. Unbedingt wiederholen! Abends Stammtisch u. Werder weiter.

Kleine Baumbergrunde, Sandsteinmeile, Serpentine
Dauer: 01:22:40 h
Distanz: 35,60 km
km/h (Mittel): 25,84 km/h
km/h (Maximum): 55,7 km/h
Höhenmeter: 380 hm
Trainingsbereich: Grundlagenausdauer 2
Stimmung: sehr gut
Gewicht: 102 kg
Wetter: sonnig

2 Gl. Rotwein, 5 Zigaretten
Bedarf/Aufnahme: 4.395/3.949 kcal

Orr nähhh, Lüdinghausen!
Darup, Lüdinghausen etc., 19. - 23. März 2009

Anscheinend ist der achtzehnte März der offizielle Start der Radsportsaison in den Baumbergen. Seit der Tour mit Matti und Rob sehe ich von einem Tag auf den anderen Dutzende von Radlern. Jeder, der ein buntes Trikot und ein halbwegs sportliches Fahrrad besitzt, ist plötzlich unterwegs.

Daran müssen sich unsere motorisierten Freunde erst wieder gewöhnen. Schon am Ortsausgang vermeide ich zum ersten Mal mit einer Vollbremsung und einem gewagten Schlenker nur knapp einen Unfall, als ein Pizzabote mich überholt und sofort danach ohne zu blinken rechts abbiegt.

Kapitel 6: Wieder Fahrt aufnehmen

Zur Standortbestimmung habe ich mir für heute die Referenzrunde noch einmal vorgenommen. Nach diesem ersten Schrecken fahre ich die allerdings ziemlich defensiv, vor allem im Stadtgebiet. Folglich bin ich langsamer unterwegs als im letzten Herbst, aber mein Ehrgeiz ist heute auch nicht besonders ausgeprägt. Lieber genieße ich den prallen Sonnenschein und die erwachende Natur und hänge meinen Gedanken nach. Allerdings bekomme ich noch zwei Adrenalinstöße verabreicht: Beide Male übersehen mich Autofahrer und zwingen mich dazu, beherzt in die Bremsen zu greifen, um einen schweren Unfall zu vermeiden.

In Lüdinghausen hat sich wenig verändert. Nur die Rollator-Oma steht nicht mehr an ihrem Stammplatz auf dem Radweg. Ich hoffe sehr, es geht ihr gut, und es hat sie nur jemand hereingeholt, solange es nachts noch kühl ist.

Ich schaffe es zurzeit, vier bis fünf Mal pro Woche zu trainieren. Damit es mir nicht langweilig wird, gehe ich auch mal Laufen, aber das nur selten. Lieber gestalte ich meine Regenerationseinheiten als Spaziergänge mit der Familie, und körperlich geht es mir so gut wie schon lange nicht mehr. Das Gewicht fällt langsam, aber stetig, die Kondition wird immer besser, die Gesundheit scheint stabil. Sport soll ja gut sein für das Immunsystem.

Mo., 23.03.2009

Trainingsfrei. Morgens schon wieder Kratzen im Hals und Nase dicht. Aufkeimendem Infekt diesmal mit schwerer Selbstmedikation entschieden zu Leibe gerückt – hoffentlich hilft's! Außerdem Unmengen Obst und Salat. Kachelmann sagt für morgen Sonne voraus. Das zu glauben, fehlt mir im Moment noch die Fantasie, zumal am Fenster waagerecht Regen-Blätter-Gemisch vorbeipeitscht. Aber falls er recht behält (und ich fit genug bin): Attacke! Allein schon, weil das Gewicht stagniert – warum auch immer.

Kapitel 7

AUF ACHSE
April bis Juni 2009

Ich muss weg
Oldenburg, 27. - 30. März 2009

Fr., 27.03.09

Mit dem Trekkingrad einmal in den Ort und zurück geradelt – ein paar Sachen besorgen, aber vor allem, um mal vom Schreibtisch wegzukommen. Mehr als Rentnertempo ist leider weder ratsam noch möglich, weil Nase immer noch total zu.

Ansonsten einigermaßen fit (anders als bei den letzten Infekten). Allerdings nach wie vor zu erkältet zum Rennradfahren und das Wochenende in OL mit voraussichtlich übelstem Wetter und amüsierwütigen Radnazis vor der Nase.

Ich fahre allein, um mal wieder mit meinen Freunden ein wenig um die Häuser zu ziehen, aber vor allem um ein paar Dinge zu klären. Denn K. und ich überlegen ernsthaft, nach Oldenburg zu ziehen, falls ich dort Arbeit finde.

Ingo erklärt sich bereit, mich für den Anfang sechs Wochen lang als Praktikant in seinem Telefonladen zu beschäftigen. Das macht insofern Sinn, als ich ja gerade erst mein eigenes Geschäft vor die Wand gefahren habe, was nicht zuletzt an meinen kaufmännischen Defiziten lag. Außerdem hätte ich in dieser Zeit Gelegenheit, mich nach einer Festanstellung und womöglich einer Wohnung für meine Familie umzusehen.

Meine Mutter hat ein kleines Appartement in der Stadt, in dem ich für die nächsten Monate unterkommen könnte, weil es zurzeit nicht vermietet ist, und so kommt es, dass ich am Abend lange mit K. telefoniere und wir schweren Herzens beschließen, dass ich die nächste Zeit als Pendler verbringen und unter der Woche in Oldenburg bleiben werde.

Als ich am Sonntagabend wieder bei meiner Familie eintreffe, wissen wir zwar, wie es in den nächsten paar Monaten weitergeht, aber richtig froh macht uns das nicht. Dass die Waage glatte hundert Kilo anzeigt, bessert meine Stimmung auch nicht.

Flachetappe
Oldenburg, 2. April - 3. Juli 2009

Do., 02.04.
99,5 kg! Hammer, oder?
Trainingsfrei. Nach dem Wiegen ganztägig Freudensprünge. Abendliche Internetrecherche, wie viel kcal das verbraucht, bleibt erfolglos.

Zwischenbilanz
Gewicht 10.02.09: 108 kg
Gewicht aktuell: 99,5 kg
Trainingseinheiten (Rad): 19
Trainingsdauer: 33:18:55 h
Kilometer: 817,46 km
Höhenmeter: 5.080 hm

Fr., 24.4.
OOOPS – vergessen, mich ordnungsgemäß abzumelden. Bin seit einiger Zeit und noch für ein paar weitere Wochen, ich sachma: »beruflich«, in Oldenburg. Auf

Dicker Mann auf dünnen Reifen

Montage sozusagen. Die anderthalb Tage mit der Familie am Wochenende lassen wenig Zeit fürs Schreiben. Immerhin reicht's unter der Woche zum regelmäßigen Radeln mit den Radnazis rund um OL. Viel Wind, keine Steigungen und unglaublich schlechte Straßen (wenn man das wohlhabende Münsterland gewohnt ist). Zwei zweite Plätze bei meinen ersten beiden Ortsschildsprints. Dummerweise jeweils nur ein Konkurrent. Aber der Abstand wird kleiner. Bald mehr, sobald ich auch in Oldenburg wieder online bin.

Mi., 1.7.
Moin Moite,
für den Fall, dass das hier noch oder wieder jemand liest: Ich bin dann wieder online und nehme das Projekt Trainingstagebuch ab nächster Woche wieder voll auf. Interessiert das jemanden?
Dass ich so lange nichts geschrieben habe, ist tatsächlich dem Umstand geschuldet, dass ich keine Internetverbindung hatte, und wisst Ihr was? Nach einer kurzen Weile fand ich das gar nicht so schlecht. Untätig war ich indes nicht: ca. 1.200 Trainingskilometer (alle gegen den Wind und auf Buckelpisten, aber dafür ohne Höhenmeter) und 95 kg Körpermasse stehen zu Buche.
Bin ab morgen noch mal ein paar Tage weg, um mich standesgemäß vom schönen Oldenburg zu verabschieden (i.e. ein paar Runden zu drehen), mein Fahrrad wieder mitzunehmen und Samstag die erste Tour durch die Baumberge zu unternehmen. Jesses, Steigungen! Bin ja total entwöhnt! Andererseits wiege ich ja auch fast nichts mehr.

In OL, um OL und um OL herum (7.4. - 3.7.09)
Dauer ges.: ca. 45 h
Distanz: 1.420 km
km/h (Mittel): 31,55 km/h (anfangs 31, zuletzt auch gerne mal 34 km/h)
Höhenmeter: Harrharr!
Trainingsbereich: alles, inkl. zahl- u. zuletzt sogar siegreicher Ortsschildsprints
Stimmung: meistens sehr gut
Gewicht: erst 99,5, jetzt 96,5 kg
Wetter: unvermeidlich, aber immer Wind, Wind, Wind!

Kapitel 7: Auf Achse

Bergetappe
Darup, Baumberge, Juli 2009

Nachdem ich wieder nach Hause zurückgekehrt bin, kommt Tom zu Besuch, und wir machen uns an zwei aufeinanderfolgenden Tagen auf den Weg in die Baumberge. Die Sonne scheint, aber es ist nicht zu heiß, und nach dem monatelangen Gegenwindgebolze in der oldenburgischen Tiefebene machen die Baumberge wieder richtig Spaß.

Der lässt auch in den nächsten Tagen nicht nach, und ich versuche, so oft wie möglich zu fahren. Das sind zwar meistens nur kurze Touren, aber immerhin! Darüber wächst die Freude auf das Wochenende, wenn ich wieder länger unterwegs bin. Bei jeder Runde plane ich ein paar steilere Anstiege mit ein, und wenn ich einen geschafft habe, freue ich mich auf den nächsten.

Liegt das nur am geringeren Gewicht, dass mir das Klettern nicht nur leichter fällt, sondern sogar Spaß macht? Oder ist es die lange Zeit im Flachland? Wahrscheinlich beides.

Der nächste Samstag beginnt verregnet. Das Wetterradar prophezeit im Tagesverlauf kurze Wolkenlücken, aber ansonsten immer wieder Schauer. Gegen Mittag sieht es endlich so aus, als könnte es mal für einige wenige Stunden trocken bleiben. Ich habe das Kostüm schon fast an, da fällt K. ein, dass ich ihr versprochen habe, vor dem Radeln noch einkaufen zu gehen. Also lade ich maulend die Kinder ins Auto, und wir fahren zum Supermarkt nach Billerbeck. Beim Verstauen der Einkäufe fällt erneut sintflutartiger Regen, aber auf dem Rückweg kann man von den Hügeln aus helle Streifen am Horizont ausmachen.

Von pathologischem Optimismus befeuert, schwinge ich mich mitten in einem Wolkenbruch aufs Rad und strebe dem vermeintlich besseren Wetter entgegen wie ein Verdurstender der Fata Morgana. Ursprünglich lautete mein Plan, ruhig und flach zu fahren, aber stattdessen sind die himmelblauen Flecken genau da, wo die ganzen Hügel stehen. Also wird es doch anstrengend, aber nach einer halben Stunde so schön – wenn auch von unten nass und schmutzig –, dass das Aufhören schwer fällt; zu klar ist die Luft, zu berauschend die Fernsicht, und mein Durchschnittstempo ist auch nicht zu verachten.

Bei meiner Ankunft ist auch zu Hause gutes Wetter, die Rangen sind fröhlich, das Jever ist kühl, und die Fischpfanne, die ich eigentlich noch hätte kochen sollen, kommt gerade dampfend auf den Tisch.

Am folgenden Sonntag scheint ebenfalls die Sonne, genau wie Rob es vorausgesagt hat. Nur dumm, dass sie das erst zirka sieben Stunden nach dem vom Leetzenritter prognostizierten Zeitpunkt tut.

»Ist nur ein ganz schmales Wolkenband!«, sagt Rob, als wir uns vormittags zu sechst unter stahlgrauen Regenwolken treffen. »In fünf Minuten hört's auf.«

In den folgenden drei Stunden gießt es ohne Unterbrechung. Der Regen prasselt unaufhörlich auf uns ein, und zwar nicht nur von oben, sondern, angereichert mit Sand, Reifenabrieb, Altöl und musgewordenen Nacktschnecken, natürlich auch von unten und von vorne.

Rob wird unterdessen immer stiller. Nach einer guten Stunde meine ich zu hören, dass er so etwas wie »Hier müsste doch irgendwo Nordwalde sein!« murmelt. Die Unsicherheit über unsere Position ist wegen der schlechten Sicht zwar verständlich, aber nicht eben beruhigend. Genauso wenig wie sein Versuch, die Straße, auf der wir gerade fahren, am Geschmack der Brühe zu erkennen, die ihm ins Gesicht spritzt. Zu seiner Ehrenrettung sei aber erwähnt, dass sich unser Anführer später nicht zu fein ist, sich und uns sein Irren einzugestehen. Und am Ende des Tages bin ich ja doch wieder wohlbehalten zu Hause.

Montag. Ich sitze mit der Familie beim Mittagessen.

»Ach, Süße, kann ich morgen Abend das Auto haben?«, bemühe ich mich um einen beiläufigen Plauderton.

Kapitel 7: Auf Achse

K., misstrauisch: »Wieso?«

Ich bin kurz versucht, sie zu fragen, wessen Name noch gleich in den Fahrzeugpapieren und auf den Rechnungen für Werkstatt, Steuer und Versicherungen steht, besinne mich aber eines Besseren.

»Ich will nach Münster zum Zentrum Nord«, teile ich ihr mit, statt die Sache unnütz zu verkomplizieren.

»Was willst Du denn da?«, fragt sie, als hätte ich vollends den Verstand verloren.

»Da treffen sich jeden Dienstag ein paar Leute zum Fahrradfahren. Wahrscheinlich in Richtung Teuto.«

»In den Teutoburger Wald?«

»Ja.«

»Das ist total weit!«

»Ja.«

»Da sind Berge!«

»Ja.«

K. murmelt ein halblautes: »*Alles Bekloppte*!«, dann lauter: »Und wann genau?«

»Ich würde hier um halb sechs losfahren und gegen zehn wiederkommen.«

»Aha! Und ich soll wohl die Kinder wieder mal alleine ins Bett bringen?!« Sie klingt ehrlich entrüstet.

»Ja?«, flöte ich bittend.

»Der Rasen müsste gemäht werden. Ich kann das nicht, ich hab' so Rückenschmerzen, ich bräuchte auch mal wieder eine Massage.«

»Danke, Süße.«

Es sieht so aus, als hätte ich heute und morgen Abend was vor.

Di., 14.7.

Da hatte die beste Ehefrau von allen mal wieder recht: Weit war's und mittendrin auch bergig. Aber so ganz und gar nicht bekloppt. Bin gerade ein bisschen hirntot, deswegen nur die Fakten:

Dicker Mann auf dünnen Reifen

Zentrum Nord – Teuto – ZN
Dauer: 03:10:54 h
Distanz: 96,27 km
km/h (Mittel): 30,26 km/h
km/h (Maximum): 62,1 km/h
Höhenmeter: 500 hm
Trainingsbereich: Kraftausdauer 1
Stimmung: sehr gut
Gewicht: 93,5 kg
Wetter: sonnig
Umsatz: 6.220 kcal
Aufnahme: 4.245 kcal

Besonders schön war ja, eine virtuelle in eine reale Bekanntschaft zu verwandeln: Leetzenritter Ingo (nicht der Oldenburger!) war auch am Start, und wir haben einträchtig plaudernd die Fahrt in Richtung Lengerich (oder war's Ladbergen? Lienen gar?) bestritten. Als sich dann allerdings die erste ernstzunehmende Steigung ankündigte, sah ich mich gezwungen, seinen Hinterreifen zu zerstechen, damit ich wenigstens einen hinter mir lassen konnte. Er hat aber nichts davon bemerkt. Mein schändliches Tun sollte sich allerdings bald rächen: Bei der Malepartus-Abfahrt ging bei geschätzten 193 Sachen (aus dem Tacho stiegen die ersten pittoresken Rauchwölkchen auf) meine 3-Euro-Aldi-Brille stiften.
Aber hey! Auf dem Oldenburger Kramermarkt und seiner Münsteraner Schwundstufe, dem Send, habe ich schon mehr Geld für schlechtere Achterbahnfahrten berappt.
Noch besser kam's nach der Rückkunft am ZN: Durch reichlich Hinterradspray eingenässt (zur Qualität der erhältlichen Wetterprognosen möchte ich mich hier nicht schon wieder äußern), mochte ich mich nicht im Renndress ins Auto setzen und habe mitten in der Großstadt, im spärlichen Schutz der einbrechenden Dunkelheit, einen kompletten Striptease hingelegt und bin hernach äußerlich wohlbekleidet, aber (Kindern jetzt bitte die Augen und Ohren zuhalten!) OHNE UNTERWÄSCHE nach Hause gefahren. So was Verruchtes kann sich auch nur ein Protestant im Münsterland leisten!

Kapitel 7: Auf Achse

Zusammenfassung KW 29

5 Einheiten: 4 x Rad, 1 x Laufen

Rad

7:28:42 h

231,2 km

960 hm

Laufen

0:45:00 h

6 km

60 hm

Energiebilanz:

ca. −5.380 kcal

Die Fahrt mit der großen Gruppe in den Teutoburger Wald hat mir so viel Spaß gemacht, dass ich der Familie vorschlage, einen Ausflug nach Ibbenbüren zur Sommerrodelbahn zu unternehmen, was erwartungsgemäß gut ankommt. Immerhin kommen die Ideen für *familiäre Aktivitäten* ja eher selten von mir. Allerdings guckt K. ein bisschen sparsam, als sie erfährt, dass ich dorthin zu radeln gedenke und sie sich mal wieder alleine um die Mädchen kümmern muss. Aber schließlich willigt sie ein. Es bleibt ihr auch nicht viel anderes übrig, wenn sie sich nicht unbeliebt machen will. Da macht sich mein Vorgespräch mit den Kindern bezahlt.

Als ich mich auf den Renner schwinge, weht ein kräftiger Südwestwind Wolkenfetzen über den grauen Himmel, aber es regnet nicht, obwohl es so aussieht, als finge es jeden Augenblick an. Tut es aber vorerst nicht, und der Wind schiebt mich mit mehr als 35 Stundenkilometern nach Greven. Die Ortsdurchfahrt hält mich ziemlich lange auf, aber als ich das Ortsschild hinter mir gelassen habe, geht es wieder flott voran.

In weniger als zwei Stunden erreiche ich den Fuß des Teutoburger Walds. Bevor die erste Steigung auf mich wartet, biege ich links ab und fahre ein paar Kilometer parallel zu der Hügelkette nach Westen, gegen den Wind.

In diesem Moment setzt ein, gelinde gesagt, sehr ergiebiger Landregen ein. Weniger gelinde gesagt, fühlt es sich an, als würden mich mehrere Feuerwehrtrupps mit einem Großbrand verwechseln. Wind und Wasser zerren an mir herum, sodass es mir schwer fällt, halbwegs geradeaus zu fahren.

Kaum biege ich wieder in Richtung Norden ab, ist der Spuk vorbei: Der Regen hört so plötzlich auf, wie er begonnen hat, und der Wind schiebt mich wieder vor sich her.

Jetzt geht es moderat bergauf. Ich habe diese Route ausgewählt, weil sie auf der Karte zwar etwas weiter und komplizierter als die direkte Verbindung aussah, aber lange nicht so steil zu sein schien. Mit dem ersten Punkt behalte ich recht, mit dem zweiten nicht so ganz. Weil die Strecke doch noch ein bisschen komplizierter als angenommen ist, verfahre ich mich mal wieder, überquere fünf Mal denselben Hügelkamm und sammle drei Mal so viele Höhenmeter wie nötig.

Trotzdem bin ich noch ganz fit, als ich schließlich bei der Sommerrodelbahn ankomme. Die Kinder haben einen Heidenspaß, und K. ist froh, dass ich sie ablösen kann. So vertreiben wir uns noch ein paar Stunden, bevor wir uns alle wieder ins Auto setzen und zurückfahren. Während der Fahrt sage ich K., dass ich eigentlich gar nicht von hier wegziehen möchte. Sie scheint erleichtert zu sein.

Seit einer knappen Woche hat niemand außer mir mehr einen Kommentar in mein Trainingstagebuch geschrieben. *Jungedi*, da hab' ich wohl mit meinen jüngsten Offenbarungen auch die Letzten zum Schweigen gebracht, was?

Womöglich glauben jetzt alle, ich hätte dem guten Ingo tatsächlich den Hinterreifen perforiert! Oder nimmt man mir meine

Kapitel 7: Auf Achse

Nacktheit übel? Dabei habe ich mich doch nur ganz kurz im Adamskleid präsentiert, bevor ich meine Blöße per mitgebrachter Zivilkleidung wieder bedeckt habe, und das Ganze geschah auch nicht wirklich coram publico, sondern auf dem Parkplatz am Zentrum Nord, also ziemlich außerhalb, und es hat doch auch keiner geguckt! Das kann bestimmt jede einzelne der ungefähr dreißig Novizinnen, die da gerade auf ihrem Abendspaziergang vorbeigekommen sind, bestätigen! Und für die Tatsache, dass ich evangelisch bin, kann ich doch auch nichts! Und das mit dem Send war ja auch nicht so gemeint! Also bitte.

Mein virtueller Freund *schokoono* beruhigt mich aus dem schönen Südtirol: Die Kollegen seien alle trainieren und hätten keine Zeit zum Schreiben. Ich nehme mir daran ein Beispiel und mache mich am nächsten Tag in aller Herrgottsfrühe bei böigem Gegenwind und Nieselregen auf den Weg nach Westen.

Nach zehn Kilometern ist mein Hinterreifen platt. Beim Schlauchwechsel bemerke ich, dass die Felge ziemlich hinüber, weil durchgebremst ist. Da rächt sich, dass ich bisher immer die Mahnungen in den Wind geschlagen habe, ich solle mehr vorne bremsen. Dass ich unbewusst dazu neige, immer eher hinten zu bremsen, ist wahrscheinlich einem Kindheitstrauma geschuldet, das ich mir zugezogen habe, als ich über den Lenker direkt in eine größere Brennnesselplantage geflogen bin. Ich nehme mir vor, künftig mehr darauf zu achten. Die Cracks im Forum fahren im Winter gerne querfeldein, um ihre Fahrtechnik zu schulen. Ich beschließe, das auch zu tun, aber der Winter ist ja zum Glück noch weit weg. Obwohl: Im Moment fühlt es sich schon recht herbstlich an. Mich fröstelt, und ich sehe zu, dass ich mich wieder auf den Weg mache.

Ich bin noch keine fünf Kilometer weitergekommen, da erwartet mich das nächste Hindernis in Form einer Radwegsperrung. Ich folge der ausgeschilderten Umleitung, muss aber bald feststellen, dass diese mitten in der Pampa abrupt endet. Zum Glück habe ich daran gedacht, meine Karte mitzunehmen, aber der Weg, auf dem ich stehe, ist nicht darin verzeichnet. Also zurück, oder doch wieder der Nase vertrauen? Ich entscheide mich für Letzteres, und heute lässt mich mein Orientierungssinn nicht im Stich.

Beim Frühstück mache ich eine Einkaufsliste: Schläuche, Laufräder, Radwanderkarte Kreis Coesfeld. Ich weiß nur noch nicht, wann ich das kaufen werde und vor allem: mit welchem Geld?

Im Trainingstagebuch finden sich jetzt wieder mehr Kommentare. Besonders geehrt fühle ich mich, weil manche, die jetzt gerade mit dem Radsport beginnen, ausgerechnet mich nach meinen Erfahrungen fragen, wahrscheinlich, weil sie mich als Stufe-1-Kollegen erkennen.

Einer fährt das gleiche Billigrad wie ich und möchte wissen, ob ich auch damit zu kämpfen habe, dass ich deswegen belächelt werde.

Ich antworte: »Das habe ich hier bisher noch nicht erlebt, oder zumindest nicht bemerkt, aber die Typen, die das nötig haben, sind sowieso nicht die, an deren Respekt mir was liegt. Da lass Dich mal nicht verrückt machen. Nichts ist peinlicher als diese Würstchen, die ihren Selbstwert über ihre teure Ausrüstung beziehen und sich an jedem Zweiprozenter eine neue Ausrede einfallen lassen müssen. Wir wissen wenigstens, dass es am Fahrrad liegt.«

Stufe 2, ick hör Dir trapsen!

Dann bin ich ja jetzt bestimmt auch so weit, dass ich mir ein bisschen mehr zutrauen kann, denke ich mir. Wie es der Zufall so will, meldet sich Rob und lädt per Rundruf zum Training für die diesjährige Sandsteinmeile. Ich sage natürlich spontan zu. Das wird ein Spaß, wenn wir in Havixbeck mit einer ganzen Horde einfallen!

Do., 23.07.09

Ums mal mit Herbert Knebel zu sagen: »Boah, watt'n Gebolze!« Hatte ein bisschen darauf spekuliert, dass sich noch mehr Bekloppte einfinden würden, aber schließ-

Kapitel 7: Auf Achse

lich sind Rob und ich dann doch nur zu zweit geschlagene 33 Mal um die Sandsteinmeile gehechelt. Den Havixbeckern hat es, glaube ich, gefallen, bei unverhofft idealem Wetter gemütlich vorm Café sitzend zunächst verdutzt und später durchaus erheitert dabei zuzusehen, wie wieder und wieder der drahtige Leetzenritter, gefolgt von dem immer wortkarger werdenden Langen mit dem *roten Schlips* vorbeihasteten. Das war mal echte Abwechslung – auch für mich. Vor allem, als Rob für den 30sten Törn die Parole »Renntempo« ausgab. Bei mir hat's nur für eine halbe Runde desselben gereicht. Muss ich meine Teilnahme überdenken?

Zu erwähnen wäre noch, dass Rob bei den letzten zehn Marktplatzüberquerungen Zeit fand, je einen besorgten Seitenblick in Richtung des Havixbecker Eiscafés zu werfen, dessen Wirt die Markise einholte und so Anlass zu der Befürchtung gab, er wolle sein Etablissement vor Beendigung unserer Übungseinheit schließen. Wenn jetzt noch vollständige Sätze gesprochen wurden, so war es Speiseeisjunkie Rob, der laut überlegte, ob man Cappuccino bzw. Eisbecher auch in der Kneipe nebenan bekäme, und was er denn jetzt eigentlich nehmen solle. Der Verfasser dieser Zeilen hatte zu diesem Zeitpunkt ganz andere Sorgen. Am vorläufigen Ende war dann aber alles gut: Die Gelateria hatte noch geöffnet, es gab Eis für Rob und Cappuccino für mich, und wieder mal durfte Ersterer zahlen. Vielen Dank dafür! Ich habe mich dann noch über die Tilbecker Kuppe gequält, die heute so hoch war, dass ich mich gewundert habe, dass kein Schnee lag, um zu Hause erst mal gepflegt gar nichts außer Essen und Trinken zu tun.

Sandsteinmeilen-Training
Dauer: 02:14:20 h
Distanz: 62,07 km
km/h (Mittel): 27,72 km/h
km/h (Maximum): 46,4 km/h
Höhenmeter: 490 hm
Trainingsbereich: Kraftausdauer 1
Stimmung: sehr gut
Gewicht: 92,5 kg
Wetter: sonnig

Am nächsten Tag schreien die betonartig verhärteten Oberschenkel nach einer lockeren Regenerationsfahrt, und die Siesta meiner Mitbewohnerinnen scheint mir die optimale Gelegenheit dafür zu sein. Also wieder ins Kostüm, schnell eine kurze, flache Runde ausbaldowert, und ab aufs Mopped.

Ein glasklarer Fall von »Rechnung ohne den Wirt gemacht«: Auf dem Hinweg kämpfe ich gegen den ersten Herbststurm des Jahres, am Wendepunkt erwischt mich ein Gewitter samt ergiebigem Landregen, und auf dem Rückweg fahre ich Höchstgeschwindigkeiten, um nicht gar so sehr zu frieren und weil der Herbststurm jetzt von achtern kommt. Am Ende stimmt wenigstens die angestrebte Durchschnittsgeschwindigkeit von 25 Stundenkilometern, aber regeneriert fühle ich mich nicht gerade.

Schöner sind da schon die Touren, die ich in den folgenden Tagen unternehme, viele davon mit den Leetzenrittern und bei schönstem Wetter.

Di., 28.07.09

Genau, was ich brauchte: Perfektes Wetter, eine feine, flotte, aber trotzdem entspannte Runde, nette Menschen um mich rum, ein bisschen Fachsimpeln, ein paar Scherze auf Robs Kosten, der sich in einen ganz schrillen Fummel geschmissen hatte (verzeih mir Unwissendem – vermutlich ein legendäres Jersey, an dem die schönsten Erinnerungen hängen), zwischendurch ein Boxenstop am Eiscafé, der mich sogar mit Lüdinghausen versöhnt (Danke, dass ich auch mal eine andere Ecke dieser ja doch ganz hübschen Stadt sehen durfte!); da habe nicht mal ich was zu meckern.

Musste mich nach dem Abschied von den Leetzenrittern Henning, Ingo und Rob, die zur Verstärkung Matti mitgebracht hatten, mächtig sputen, um mit dem letzten Tageslicht zu Hause anzukommen. In Gegenrichtung unterwegs: Größere Insektenschwärme, die mich mit ordentlich Extraproteinen versorgten. Aber wie verbuche ich die knusprigen *Kerbtiersnacks* im Ernährungstagebuch?

War jedenfalls ziemlich froh, noch ein paar Schlücke in der Trinkflasche zu haben.

Kapitel 7: Auf Achse

Dauer: 02:57:03 h
Distanz: 85,86 km
km/h (Mittel): 29,10 km/h
km/h (Maximum): 56,1 km/h
Höhenmeter: 540 hm
Trainingsbereich: Grundlagenausdauer 2
Stimmung: sehr gut
Gewicht: 95 kg
Wetter: sonnig

Einen Wermutstropfen gibt es allerdings: Das war wohl meine letzte Fahrt im Münsterland bis Mitte September, weil es mich wieder für sechs Wochen nach Oldenburg verschlägt.
Diesmal habe ich aber Vorkehrungen getroffen, um mich hier öfter melden zu können.

Montage ist die schlimmsten Tage
Oldenburg, 1. - 31. August 2009

Nichts klappt! Seit ich wieder in Oldenburg bin - das sind jetzt immerhin auch schon wieder drei Wochen - bin ich nicht mehr zum Radeln gekommen, weil ich entweder zu viel arbeiten musste, das Wetter zu schlecht war oder niemand Zeit hatte, mit mir zu fahren, und ich nicht alleine los wollte. Oder weil mir sonst irgendeine mehr oder weniger gute Ausrede eingefallen ist.
Jetzt habe ich mich endlich aufgerafft und mich trotz Nieselregens auf den Weg zur Uni gemacht, um mich da nach vielen, vielen gescheiterten Anläufen mit *Dr. Zoidberg* aus dem Forum zu treffen. Dummerweise komme ich nur ungefähr 500 Meter weit, dann ist das Hinterrad mal wieder platt. Einen Ersatzschlauch habe ich nicht bei mir, also schiebe ich das Fahrrad zurück und repariere den Reifen.

Als ich das Rad wieder einsetze, verschiebt sich ein Bremsklotz, und ich muss die Bremse neu einstellen. Dabei überdrehe ich eine Schraube, sodass die Bremse jetzt richtig kaputt ist.

Statt also zur Uni zu fahren und eine nette Runde durch das Ammerland zu drehen, stehe ich kurz darauf in Beilkens Fahrradgeschäft und erfahre, dass die komplette Bremse gewechselt werden muss, weil die Schraube zwar noch intakt, das Gewinde im Bremskörper aber hin ist. Also zwei weitere Tage ohne Training. Und zwei Tage ohne Fahrrad, das heißt Busfahren. Ich hasse Busfahren.

Zurück in der Wohnung versuche ich zum hundertsten Mal, seit ich wieder in Oldenburg bin, ins Internet zu kommen, was aber auch dieses Mal nicht funktioniert.

Dann widme ich mich eben meinem Bastelprojekt: Auf dem Balkon steht ein schönes altes Stahlrad, das ich restauriere, um es Tom zum Geburtstag zu schenken. Ich bin damit fast fertig, nur das Tretlager muss noch neu gefettet werden. Allerdings ist es mir noch nicht gelungen, die Kurbel abzuziehen. Das ist auch jetzt nicht anders, also schleppe ich das Stahlross die Treppe hinunter und schiebe es zu dem Gebrauchtfahrradhändler, bei dem ich es gekauft habe. Als ich mit dem Fahrrad und der Kurbel wieder auf dem Balkon bin und das Lager gewartet habe, möchte ich die Kurbel wieder montieren. Dabei rutscht sie mir aus der Hand und fällt vom Balkon auf die Terrasse der Wohnung im Erdgeschoss.

Natürlich ist deren Bewohner nicht zu Hause. Ich muss wieder aus dem Haus, einmal um den Block gehen, einen Parkplatz überqueren und dann über den Gartenzaun klettern. Als ich mit der Kurbel in der Hand wieder zurückklettere, rechne ich fest damit, von der Polizei oder einem ordnungsliebenden Nachbarn zur Rede gestellt oder gar des Hausfriedensbruchs bezichtigt zu werden, aber das bleibt glücklicherweise aus.

Allerdings stehe ich kurz darauf vor der verschlossenen Wohnungstür und stelle fest, dass ich zwar eine ölverschmierte, antike

Kapitel 7: Auf Achse

Tretkurbel bei mir habe, aber keinen Schlüssel. Immerhin habe ich mein Telefon in der Tasche und kann meine Schwester anrufen, die einen Zweitschlüssel besitzt, den sie mir freundlicherweise kurz darauf bringt. Zu dumm, dass ich auch damit die Tür nicht aufbekomme, weil mein Schlüssel von innen im Schloss steckt! Ich mache das immer so, damit ich ihn nicht vergesse, wenn ich aus dem Haus gehe. Hat bis jetzt immer gut geklappt.

Eine Stunde später drücke ich dem freundlichen Herrn vom Schlüsselnotdienst den kompletten Inhalt meines Portemonnaies in die Hand und kann wieder in meine Wohnung. Kurz darauf klingelt das Telefon. Nach allem, was dieser Tag mir bisher beschert hat, höre ich mit zen-artiger Gelassenheit zu, wie mir mein Chef erklärt, dass aus der Festanstellung, auf die ich spekuliert hatte, nichts wird, er mich auch nicht für sechs Wochen beschäftigen kann, sondern mich zum Monatsende entlassen muss.

K. findet, das ist gar keine so schlechte Nachricht, und nach der ersten Enttäuschung gebe ich ihr recht. Von einem Umzug hatten wir ja sowieso schon wieder Abstand genommen. Und die Baumberge sind ohnehin das bessere Radsportrevier.

Immerhin endet mein August in Oldenburg auch noch einigermaßen tröstlich. Mein Rad kann ich schon am nächsten Tag abholen, und abends ruft Norbert an: Am nächsten Wochenende steigt wieder seine alljährliche Grillparty. Wie schön! Und dieses Mal kann ich ohne schlechtes Gewissen mitfeiern!

Kapitel 8

GIRO? WELCHER GIRO?
September und Oktober 2009

Tempomat are go!
Oldenburg, 30. August 2009

Was den Trainingsstand meiner Teamkollegen beim Giro in ein paar Wochen betrifft, habe ich nach der Fete ein ganz gutes Gefühl. Was meinen Kopf betrifft, nicht so sehr. Deshalb bin ich froh, dass K. am Steuer sitzt und die Kinder nach ein paar Minuten einschlafen. Auf der Autobahn ist kaum etwas los, K. hat auch wenig Lust, sich zu unterhalten, und ich kann ein bisschen dösen und meinen Gedanken nachhängen.

Meine Oldenburger Kumpels und ich haben uns zu vorgerückter Stunde, bereits einigermaßen verunnüchtert, entschlossen, uns einen neuen Teamnamen für den Giro zu geben, zumal wir uns auch verstärkt haben: Im Frühjahr ist unser Freund Detlev ebenfalls vom grassierenden Radsportfieber infiziert worden und hat seitdem an fast jeder Trainingsrunde teilgenommen.

Die Namenswahl fiel auf »Zweiradleistungsgruppe Tempomat Oldenburg« – das finde ich sogar nüchtern noch gut. Jedenfalls hat der Name allen Teammitgliedern gefallen. Manche Partygäste fanden ihn dagegen nicht so doll, und ich bin mal gespannt, was die Radsportgemeinde so dazu sagt. Bestimmt melden sich einige

Kapitel 8: Giro? Welcher Giro?

Luftpumpenschwinger, die finden, dass wir es am nötigen heiligen Ernst mangeln lassen. Aber als Stufe-1-Fahrer darf man das.

Obwohl: Stufe 1?

Die Kollegen sind demnächst gemeinsam ein paar Tage in Südfrankreich, haben dort Rennräder gemietet und werden ordentlich Höhenmeter sammeln, und mein Trainingsplan steht auch schon. Außerdem habe ich gestern mal vorgeschlagen, dass wir uns zum Ziel setzen, die 110 Kilometer in weniger als drei Stunden, also mit einem 36er Schnitt zurückzulegen, und keiner hat protestiert.

Beim Vergleich der Trainingsgeschwindigkeiten haben wir festgestellt, dass niemand von uns Probleme hat, auch für längere Zeit im Wind deutlich über 30 Stundenkilometer zu fahren. Zudem haben wir alle den Eindruck, im vergangenen Jahr deutlich an Leistung zugelegt zu haben. Das macht doch alles nicht den Eindruck von Saufkumpanen, die nur ein Mal im Jahr so tun möchten, als seien sie Sportler, oder?

Als es um die Frage ging, wer sich der neuen Trikots annimmt, habe ich mal wieder ohne nachzudenken »Hier!« geschrien, also darf ich mich in den nächsten Tagen daranmachen, ein Logo zu gestalten und mich um den Druck zu kümmern. Außerdem muss noch geklärt werden, warum die Giro-Organisatoren uns in unterschiedliche Startblöcke gesteckt haben. Da wir uns als Team gemeldet haben, gehen wir von einem Irrtum aus. Leider beantwortet niemand unsere E-Mails, also muss da nachgehakt werden. Auch dazu habe ich mich freiwillig gemeldet.

Und wir haben einhellig beschlossen, an einem der nächsten Wochenenden gemeinsam die Strecke zu testen. Wie in jedem Jahr ist diese schon seit Ostern ausgeschildert, und es scheint uns eine gute Vorbereitung, das gemeinsam zu tun, damit alle wissen, wo die engen Ortsdurchfahrten und scharfen Kurven warten. Also muss mindestens ein Termin, an dem alle Zeit haben, gefunden und Übernachtungsmöglichkeiten organisiert werden. Weil das Ganze meine Idee war, sind das selbstverständlich auch meine Aufgaben.

Und natürlich muss ich nach drei Wochen fast ohne Training wieder regelmäßiger aufs Rad. Aber das sollte kein Problem sein. Die Wettervorhersage für die nächsten Tage ist jedenfalls schon mal gut.

Märchen vom Fliesenheini
Darup, Havixbeck, 1. - 5. September 2009

Der *Fliesenheini* hatte fröhlich verkündet, das Wetter sei in den nächsten Tagen »bombig«, aber nach zwei Ausfahrten, bei denen mich kräftige Regengüsse überrascht haben, traue ich dem nicht mehr so ganz und bleibe am nächsten Tag lieber zu Hause. Ich hatte mir zwar vorgenommen zu fahren, wenn es der Trainingsplan vorsieht, aber nur, wenn es nicht gerade Hunde und Katzen regnet. Und jetzt? Königstiger und Dänische Doggen! Sturmgepeitscht!

Ich nutze die Zeit, um ein paar Dinge anzuschaffen, die mir wichtig scheinen: eine schicke graue Hose, ein *Windstopper*-Shirt, Hand- und Überschuhe sowie Beleuchtung fürs Rad, damit ich auch im Herbst noch fahren kann, seriöse Reifen, damit ich nicht dauernd Pannen habe, und eine gute Standluftpumpe, weil mir das Aufpumpen mit dem kleinen Modell schon lange auf die Nerven geht. Dazu kommt noch die Startgebühr für den Giro, und mein Budget ist schon wieder aufgebraucht. Neue Laufräder werden also noch ein bisschen warten müssen.

Noch in Oldenburg habe ich ein gebrauchtes Paar Pedale erstanden, die ich jetzt montiere. Es ist in letzter Zeit einige Male vorgekommen, dass bei kräftigeren Antritten die Bindung der alten Pedale nicht hielt. Auf Dauer ist mir das zu gefährlich. Ich erinnere mich an eine Sprintankunft der Tour, bei der Ete Zabel aus dem Pedal gerutscht und mit dem Schritt voll auf das *Oberrohr* seines Fahrrads geknallt ist. Wenn ich mir vorstelle, dass mir das mal passieren könnte, und mein körpereigenes Unterrohr samt allen Anbauteilen mit Schmackes... Nein, ich will nicht daran denken!

Kapitel 8: Giro? Welcher Giro?

Wo ich schon mal am Basteln bin, wickle ich auch gleich neues Lenkerband in rot, und damit gefällt mir mein Rad wieder richtig gut. Nur an Fahren ist immer noch nicht zu denken. Also setze ich mich mit einem Fläschchen Pils ins Gartenhäuschen, rauche eine Zigarette und betrachte einfach nur mal wieder mein renoviertes Sportgerät, bis K. mich findet und wissen möchte, was zum Henker ich da tue. Weil mir keine Antwort einfällt, die nicht ziemlich wunderlich klänge, komme ich mit ins Haus.

Abends kann ich mich auch mal wieder an den Rechner setzen und mich um mein Tagebuch und die Internetgemeinde kümmern. Dort habe ich allerdings nicht viel zu berichten, zumal ich wegen meines akuten Trainingsrückstands dann doch wieder nicht an der Sandsteinmeile teilgenommen habe.

Zumindest nicht aktiv. Als Zuschauer war ich aber wieder dabei, nicht zuletzt, um mitzuerleben, wie es Rob ergeht. Der hat sich wacker geschlagen, lag lange auf dem zweiten Platz und hat nur gegen Ende ein paar Positionen verloren. Ich habe mir in diesem Jahr eine Wiederaufführung meines Stunts aus dem Vorjahr verkniffen. Vermutlich hätte ich dafür ohnehin kein Publikum gefunden, weil es von einer archaischen Jahrmarktsnummer gebannt war, die darin bestand, dass ein tätowierter Muskelmann eine zentnerschwere Granitkugel fünfzig Mal im Kreis um seinen Kopf herumwuchtete. Dass es so etwas noch gibt!

Allein, allein
Landkreis Warendorf, Baumberge, 6. - 11. September 2009

So., 6.9.09

Nee, is klaa: Die Herren Teamkollegen schaukeln sich in Südfrankreich die Eier, und ich mache die Drecksarbeit, i.e. den ersten Girotest, alleine. Nieselregen, Reifenpanne, stinklangweilige Strecke, hupende Dumpfbacken, fiese Kopfsteinpflasterpassagen in ausgestorbenen Käffern, etc. pp., sprich: SAUGEILE RUNDE!

Girotest
Dauer: 03:23:18 h
Distanz: 106,30 km
km/h (Mittel): 31,37 km/h
km/h (Maximum): 47,1 km/h
Höhenmeter: 190 hm
Trainingsbereich: Kraftausdauer 1
Stimmung: sehr gut
Gewicht: 94 kg
Wetter: wolkig

Mi., 09.09.09
Habe gestern lieber noch einen Ruhetag eingelegt (Naja, Ruhe? Ämtergänge, Blagenhüten etc.).
Heute ohne Plan aufs Rad gesetzt und einfach fröhlich durch den Spätsommernachmittag gegondelt. Hier mal einen Hügel und da mal eine unbekannte Straße befahren ohne Blick für Tacho oder Karte und bald ein Gefühl von FREIHEIT gehabt, dass sich bei mir Kopfmensch nur ganz selten einstellt. Im letzten Hirnwinkel vielleicht mit einem ganz bisschen Wehmut, weil der Abschied des Sommers so offenbar in der Luft lag, und einer Spur Bedauern, dass auch dieser Törn viel zu schnell zu Ende gehen würde.

Rumgedaddel in den Baumbergen
Dauer: 01:21:48 h
Distanz: 37,70 km
km/h (Mittel): 27,6 km/h
km/h (Maximum): 61,1 km/h
Höhenmeter: 220 hm
Trainingsbereich: Grundlagenausdauer 2
Stimmung: sehr gut
Gewicht: 93 kg
Wetter: sonnig

Kapitel 8: Giro? Welcher Giro?

Ein paar Tage später kann von Trainingsrückstand keine Rede mehr sein. Die Spannung auf den Giro steigt, und ich will mir nicht vorwerfen müssen, bei der Vorbereitung geschlampt zu haben. Immer wieder muss ich mich an meinen festen Vorsatz erinnern, mich nicht verrückt zu machen, und mir selbst sagen, dass mein Trainingsplan steht, der Ernährungsplan ebenfalls, dass die Trikots im Druck sind und sich bestimmt bald jemand bei der Giro-Organisation meiner erbarmt, eine meiner zahllosen E-Mails beantwortet und unsere Startblockeinteilung und den Teamnamen in der Startliste korrigiert.

Also setze ich mich aufs Rad, wenn es der Trainingsplan vorsieht, egal wie das Wetter ist. Das ist allerdings auch wieder besser geworden, und vor lauter Freude darüber lege ich mich knappe zwei Wochen vor dem Rennen im Anstieg zum Longinusturm in den Straßengraben, als mir die Kette abspringt.

Beim Weiterfahren merke ich, dass die Schaltung sich verstellt haben muss, und bete, dass das Schaltwerk keinen größeren Schaden genommen hat. Außerdem hat das Hinterrad einen kräftigen Seitenschlag davongetragen. Trotzdem versuche ich, die Strecke, die ich mir vorgenommen hatte, zu Ende zu fahren, aber dann frischt der Wind auf, und die lädierte Schaltmechanik zwingt mich zu einem, sagen wir mal: *zappaesken* Tretrhythmus. Dagegen hilft selbst unflätigstes Fluchen nichts, und so kämpfe ich mich ruckelnd, zuckelnd und schimpfend noch einen Hügel hinauf und rolle dann nach Hause.

Der legendäre Lohmann
Münster, Havixbeck, Billerbeck, 12. September 2009

Am nächsten Morgen stellt sich glücklicherweise heraus, dass einige wenige Korrekturen an den Stellschrauben dem Schaltwerk wieder zur Normalfunktion verhelfen, und auch die Acht im Hinterrad lässt sich schnell beheben. Also steht meiner ersten Teilnahme am *Lohmann*-Treff nichts im Wege.

Die habe ich mir schon lange mal vorgenommen, und Rob sagt, dass es kein besseres Training für den Giro gibt. Weil er und Co-Leetzenritter Ingo noch etwas auf sich warten lassen, stehe ich zunächst etwas verschüchtert zwischen all den Cracks herum und werde Zeuge des Rituals, dass am Beginn jeder Lohmann-Runde steht: Dieter, ein über 70-jähriger, weißhaariger Veteran im Profi-Renndress, geht herum, fragt jeden Teilnehmer nach seinem Namen und trägt diesen in einen ziemlich ramponierten Notizblock ein.

Bemerkenswert ist dabei, dass er sich nicht für die Nachnamen interessiert, obwohl diese mit schöner Regelmäßigkeit auch mal Gerdemann oder Wegmann lauten. Außerdem fragt Dieter jedes Mal ausnahmslos jeden, wie er heißt. Auch diejenigen, die, wie er selbst, seit Menschengedenken an jedem Sonntag an der Ausfahrt teilnehmen und nicht gerade selten hinterher noch auf ein paar Bierchen zusammensitzen.

Zu welchem Zweck Dieter seine Notizen macht, weiß keiner so genau. Aber als er auf mich zukommt und ich ihm meinen Namen in den Block diktieren darf, fühle ich mich irgendwie geadelt. Inzwischen sind auch Rob und Ingo eingetrudelt, und nachdem Dieter ihre Teilnahme ordnungsgemäß erfasst hat, schickt er uns mit einem sonoren »Apfaaht!« auf die Reise.

Bis Havixbeck wird einigermaßen gemütlich gerollt, das Feld formiert sich in Zweierreihe, und ich habe ausgiebig Gelegenheit, mit meinen Mitfahrern zu plaudern. Dann aber teilt sich die Gruppe zum ersten Mal, als diejenigen, die nur 40 Kilometer fahren wollen, abbiegen, und sofort geht das restliche Feld vom lockeren Trab in den gestreckten Galopp über. Das bleibt für ungefähr 15 Kilometer bis Nottuln so, dann teilt sich die Gruppe abermals, und die ganz Harten fahren links ab, um 140 Kilometer unter die Räder zu nehmen.

Kapitel 8: Giro? Welcher Giro?

Zu meinem Entsetzen sehe ich, dass Ingo, der einige Meter vor mir fährt, ebenfalls auf die lange Runde einbiegt. Hatten wir uns nicht für die 80er Mitteldistanz verabredet? Vielleicht hat er sich ja nur vertan? Ich brülle ihm aus Leibeskräften hinterher, aber er reagiert nicht. Wahrscheinlich hat er heute gute Beine. Oder schlechte Ohren.

Rob jedenfalls ist, wie zirka 15 andere auch, weiter geradeaus gefahren, und mit dieser Gruppe rolle ich recht zügig weiter. Es geht durch Darup, quasi an meiner Haustür vorbei, den steilen Anstieg zum Draum hinauf und dann ins Tal nach Billerbeck. Ich wittere meine Chance auf einen Erfolg im Ortsschildsprint, verkalkuliere mich gehörig, werde abgefangen und durchgereicht, um am Ortsausgang, wo es noch einmal bergauf zur Weißenburg geht, abgeschlagen und gedemütigt hinterherzufahren.

Bis Darfeld habe ich wieder Anschluss gefunden, was aber weniger meinem Kampfgeist als vielmehr meiner Körpermasse und der Steilheit der vorhergehenden Abfahrt zu verdanken ist.

Ich bin ganz froh, dass ich von vornherein angekündigt hatte, in der Ortsmitte auszusteigen. So kann ich mich ohne Gesichtsverlust von Rob und den anderen Mitstreitern verabschieden, um noch ein paar Meilen alleine zu rollen, die ich als Regenerationsfahrt nutze.

Mir kommen schon wieder Zweifel. Ob es wirklich so eine gute Idee war, lauthals zu verkünden, dass ich die 110 Giro-Kilometer mit einem 36er Schnitt fahren will?

Heute war ich trotz der Gruppenfahrt weit davon entfernt. Als ich später vor dem Computer sitze, teilt mir *Dr. Zoidberg* mit, dass er nicht genug Jahreskilometer zu haben glaubt und deshalb mangels Erfolgsaussichten nicht am Giro teilnimmt. Ich kann ihn gut verstehen.

Vor einem Jahr hätte ich das noch für eine ziemlich verbissene Sicht der Dinge gehalten.

Here comes Trouble!
Darup, 17. - 22. September 2009

Inzwischen sind es nur noch zwei Wochen bis zum Giro, und so langsam werde ich etwas kribbelig. Die Trikots sind immer noch nicht fertig, die Giro-Leitung ignoriert meine Mails bezüglich unserer Startblock-Einteilung und unseres neuen Teamnamens, und meine Mannschaftskameraden antworten nicht auf meine Fragen nach dem Wann, Wie, Wo und dem ganzen Rest. Womöglich sollte ich lieber damit aufhören, sie täglich mit E-Mails zu bombardieren. Wenn es dazu nicht schon zu spät ist und meine Nachrichten automatisch vom Spamfilter eliminiert werden.

Um mich mal wieder mit etwas Sinnvollem zu beschäftigen und nicht auch noch bei K. unbeliebter zu machen als unvermeidbar ist, nehme ich die überfällige Reparatur unseres Autos in Angriff. Dazu gilt es erst einmal, die neuen Bremsscheiben und -beläge abzuholen. Die stecken in einem mächtig schweren Paket, und auf dem Heimweg fluche ich deswegen still vor mich hin, bis mir plötzlich bewusst wird, dass das Zusatzgewicht auf dem Gepäckträger ziemlich genau dem entspricht, was ich in Form von Körperfett vor gar nicht allzu langer Zeit immer mit mir herumgeschleppt habe.

Den Gedanken finde ich so verblüffend und amüsant, dass mir der Rest des Heimwegs und die anschließende Reparatur des Autos erstaunlich leicht fallen. So gelingt es mir, noch vor dem Mittagessen die Bremsen an unserer Familienkutsche komplett zu reparieren, obwohl ich das vorher noch nie gemacht habe. Und das Beste ist: Die Bremsen funktionieren hinterher auch noch besser als zuvor! Wer hätte das gedacht?

Den Nachmittag verbringe ich im Arbeitszimmer mit der Jobsuche, und abends trudeln tatsächlich mal wieder zwei Mails in meinem Posteingang ein. Allerdings weder vom Trikotlieferanten noch von meinen Teammates oder von der Giro-Orga, aber dafür von Rob, der zu einer weiteren gemeinsamen Ausfahrt aufruft, und

Kapitel 8: Giro? Welcher Giro?

von meiner Mutter, die uns für das kommende Wochenende zu sich einlädt.

Fr., 18.9.
Schapdetten-Challenge um 19.00 Uhr hatte Rob angesagt – mein erstes Bergzeitfahren –, da war gründliches Einrollen angesagt. Also eine Stunde vorher auf die Straße, mal wieder einen Schlenker durch unbekanntes Terrain gemacht, aber seltsam schwer in Tritt gekommen. Zwischenzeitlich allerdings auch viel Freude am neuen Straßenbelag in der Abfahrt Marienhof – Havixbeck gehabt. Den 30er Schnitt, der zum pünktlichen Eintreffen am *Blitzkasten* vorm Stift Tilbeck nötig war, konnte ich aber nur schaffen, weil ich mich ab Havixbeck an eine des Weges kommende Gruppe gehängt habe. Danke an die Jägermeister-Sympathisanten aus Lette!

Am Treffpunkt warteten schon Ingo und Rob, die auf der Anreise ordentlich reingetreten hatten. Einigkeit, die Challenge Challenge sein zu lassen, den Hügel und noch ein paar weitere in Normaltempo zu erklimmen und sich am Longinus sonnenuntergangsbedingt wieder zu trennen, war schnell erzielt. Also via Leopold und Wanderweg noch ein paar gemeinsame Höhenmeter gesammelt. Und endlich erreichten auch die EdHotschen Beine normale bis gute Leistungsfähigkeit. Nach dem Abschied von den Leetzenrittern und der Schussfahrt am Ferienpark vorbei hätte es meinethalben noch ein Stündchen weitergehen können, doch Hunger und Dunkelheit trieben mich dann doch nach Hause.

Unterm Strich also wieder ein feiner Törn bei gutem Wetter, mit schönen Ausblicken, guter Gesellschaft und der Erkenntnis, dass ich inzwischen länger zum Warmwerden brauche und die neue Lampe am Rad allenfalls dazu dient, der StVO Genüge zu tun.

Statt Schapdetten-Challenge
Dauer: 01:44:54 h
Distanz: 50,36 km
km/h (Mittel): 28,80 km/h
km/h (Maximum): 56,7 km/h
Höhenmeter: 360 hm

Dicker Mann auf dünnen Reifen

Trainingsbereich: Grundlagenausdauer 2
Stimmung: sehr gut
Gewicht: 93 kg
Wetter: sonnig

Das letzte Wochenende bei Muttern hat den Trainingsplan und offenbar auch den Metabolismus etwas aus der Bahn geworfen: Die Waage zeigt am Donnerstagmorgen 92,5 (gut, auch wenn's etwas nervt, dass ich da nicht drunterkomme), Sonntagabend 96 (niederschmetternd), und heute (Montag) Morgen 94,5 Kilogramm (etwas beruhigend). Aber bis zum Giro ist jetzt ohnehin erst mal Schluss mit dem ewigen Auf-die-Pfunde-Schielen. Das Radeln heute jedenfalls fiel noch leichter als am Freitag – da hat sich der Miniurlaub an der Küste inklusive maximaler Kalorienaufnahme vermittels frischen Fisches in allen Darreichungsformen schon gelohnt. Und lecker war's ohnehin.

Am nächsten Morgen nehme ich mir zwei Stunden Zeit für etwas Frühsport. Das Wetter ist prächtig, die Luft berauschend klar, und meine Laune bessert sich zusehends, obwohl ich immer noch keine Antworten auf die Fragen habe, die mich beschäftigen. Ich halte ein paar Mal an, um Fotos zu machen, und kurz vor Ende meiner Tour sehe ich einen uralten Trecker unter einem Apfelbaum stehen, was mir ein reizvolles Motiv für einen weiteren Schnappschuss zu sein scheint.

Als ich mich gerade auf das Kameradisplay konzentriere, lenkt mich rasselndes Atmen ab. Neben mir steht ein älterer Bauer im Blaumann, weiße Bartstoppeln im Gesicht und einen kalten Zigarrenstummel im Mundwinkel, und sieht mich aus zusammengekniffenen Augen misstrauisch an.

»Watt soll datt'n geben?«, will er wissen.

»Ähh, ich mache ein Foto von Ihrem Traktor«, informiere ich ihn und komme mir nur ein kleines bisschen bescheuert dabei vor. »Sie haben doch hoffentlich nichts dagegen?«

Kapitel 8: Giro? Welcher Giro?

Statt einer Antwort legt er den Kopf schief und sieht mich an, als hätte ich ihm ein unsittliches Angebot gemacht. Nach einer Weile des Schweigens hellt sich seine Miene ein wenig auf.

»Hm«, brummt er, nimmt den Zigarrenstummel aus dem Mund und zeigt damit auf mich, »Du kommst ausse Stadt, nä?« Dann macht er auf dem Absatz kehrt und lässt mich stehen.

Von dieser Episode erheitert, sitze ich kurz darauf wieder am Schreibtisch, und meine Laune bessert sich weiter, als ich sehe, dass Mails von meinen Oldenburger Gefährten und vom obersten Obermotz der Giro-Organisation angekommen sind. Als ich die allerdings lese, hat die Fröhlichkeit ein jähes Ende.

Nachdem ich zwei Wochen vergeblich auf irgendeine Antwort gewartet habe, schreibt mir der Herr des Giros, dass es unmöglich sei, ein Team auch aus einem Startblock starten zu lassen, es sei denn, alle Teammitglieder stellten sich in den letzten Block. Außerdem zweifle er nach der Lektüre der kritischen Kommentare in den verschiedenen Radsportforen ohnehin am »Verstand der Szene«, die Beiträge seien »Müll«, er sei schließlich auch Rennleiter in Köln und am Nürburgring, und zehn Prozent unzufriedene Teilnehmer in Münster machten doch nur »eben mal 400 Leute« aus. Er wünsche mir aber dennoch viel Spaß, und ich dürfe ihm auch gerne wieder schreiben. Ich mache mich sofort wutschnaubend daran, dem Folge zu leisten, lösche meinen Text aber bald wieder, weil ich nicht genau weiß, welche juristischen Folgen eine Herausforderung zu einem bewaffneten Duell heutzutage hat.

Schlechte Nachrichten kommen auch aus Oldenburg: Die Teamkollegen rücken damit heraus, dass sie nun doch nicht mehr, wie vor Wochen von mir vorgeschlagen, die Giro-Strecke probefahren können oder wollen, weil jede Menge »spontaner« Termine in letzter Sekunde dazwischenkommen. Der eine wird vom Geburtstag seines Sohnes überrumpelt, ein anderer nimmt verdutzt zur Kenntnis, dass er ja vorher noch kurz in den Urlaub fliegt, und der Dritte kann an dem einzigen Samstag, an dem er Zeit hätte, nicht

Dicker Mann auf dünnen Reifen

die weite Reise ins Münsterland antreten, weil ja am folgenden Sonntag überraschend Bundestagswahl ist und die Wahllokale nur bis sechs Uhr abends geöffnet sind. Das ist zeitlich natürlich nicht zu schaffen. Der Vierte schließlich sagt ab, weil die anderen nicht mitkommen.

Die Euphorie der letzten Wochen, als ich mich und mein Team auf einem guten Weg gesehen habe, ist mit einem Schlag verpufft. Ich habe jetzt auch keine Lust, auf die Mails zu antworten, und als ich den Stapel Ausdrucke sehe, die ich in den letzten Tagen gemacht habe – die ganzen Entwürfe für unsere Trikots, die Marschtabellen, Trainingspläne und Streckenkarten, die Notizen, die ich mir zu den Ortsdurchfahrten und anderen kritischen Stellen auf der Strecke gemacht habe, um meinen Mannschaftskameraden so viele Informationen wie möglich zu bieten –, bekomme ich große Lust, den ganzen Packen einfach in den Müll zu schmeißen.

Statt das zu tun, betrinke ich mich abends ein bisschen und heule mich im Trainingstagebuch aus. Zum Glück antworten einige meiner Leser sofort und trösten mich. Offenbar bin ich nicht der Einzige, der unter der Trägheit seiner Sportsfreunde zu leiden hat, und auch meine Erfahrung mit dem Giro-Boss teilen einige.

Als es schon ziemlich spät ist, schreibe ich noch eine Mail an meine Tempomaten: »Das sind natürlich alles verdammt überraschende Termine, von denen vor drei Wochen, als ich dieses Wochenende vorgeschlagen habe, noch nichts zu ahnen war. Dass diese Geburtstage, Urlaube etc. aber auch immer so spontan um die Ecke kommen müssen! ;-) Mir bereitet das Ganze ein bisschen Kopfschmerzen, weil ich wirklich gerne unter der Drei-Stunden-Marke bleiben möchte, und das bedeutet nun mal, dass ein 36er Schnitt gefahren werden muss. Ich kann natürlich auch nicht dafür garantieren, dass ich selbst das leisten kann, aber ich finde es beruhigend, immerhin schon mal die Strecke zu kennen. Pannenfreiheit und nicht allzu starken Wind vorausgesetzt, werden wir uns mangels Steigungen, die das Feld auseinanderziehen würden, nämlich

Kapitel 8: Giro? Welcher Giro?

dieses Jahr vermutlich von Anfang bis Ende mitten im Hauptfeld von zirka 1.500 Startern bewegen. Da gucke ich doch lieber darauf, was um mich rum passiert, als danach, wo es noch gleich langgeht. Sehe ich das Ganze zu verbissen?«

Früh am nächsten Morgen finde ich die erste Antwort in der Mailbox. Sie lautet kurz und bündig: »Ja!«, und ich habe den Kaffee schon vor dem Frühstück direkt wieder auf.

Tagsüber habe ich zum Glück zu viel um die Ohren, um mich allzu sehr mit meinem Ärger zu beschäftigen, aber abends haben sich auch die restlichen Kollegen gemeldet und teilen mir fröhlich mit, ich solle das mal nicht alles so eng sehen. Einer schreibt noch, dass er momentan nicht mit uns trainieren könne, falle jetzt auch nicht mehr ins Gewicht, schließlich habe er in den letzten Wochen auch schon nichts getan.

Das gibt meiner angeschlagenen Motivation, mich für diesen Haufen wie bisher zu engagieren, vorerst den Rest. Seit dem Rennen im Vorjahr haben wir doch den Teamgedanken immer über alle anderen Überlegungen gestellt! Ich weiß ja, dass meine Kumpels nicht so viel Zeit wie ich zum Trainieren haben, aber einfach mal in den letzten Wochen vor dem einzigen Rennen des Jahres nichts zu tun, weil man den Hintern nicht hochkriegt, ist ja wirklich nicht besonders mannschaftsdienlich. Und dann noch launig mir zu attestieren, ich sehe das alles zu verbissen, während ich mir den Allerwertesten aufreiße, trainiere wie blöde, Marschtabellen und Trainingspläne erstelle, mich um die Trikots kümmere, Mails rumschicke etc. pp., empfinde ich als ziemlich undankbar und respektlos.

Ich überlege ernsthaft, ob ich mir nicht lieber eine Gruppe suche, die mein Tempo fährt, falls ich im Verlauf des Rennens merken sollte, dass ich ohne Bremsklötze mein Ziel erreichen könnte.

Letztes Jahr hätte ich das alles noch ganz anders gesehen, aber inzwischen sind die Ansprüche – sowohl an mich selbst, als auch an meine Teammates – andere geworden. Dass ich ankommen kann, ohne mich zu blamieren, weiß ich schließlich schon. Da muss man sich doch andere Ziele setzen! Wenn meine Mannschaftskollegen nicht allesamt gute Freunde von mir wären, würde ich mir diese Gedanken wohl gar nicht erst machen. So aber habe ich fast ein schlechtes Gewissen deswegen. Dabei muss ich das doch gar nicht, oder?

Do., 24.09.
Ich werde mich trotzdem am Sonntag noch einmal auf die Runde begeben. Samstag sind vorher noch mal die Baumberge dran, aber die für morgen geplante Einheit lasse ich sausen. Hänge motivationsmäßig ziemlich durch, fresse schon den ganzen Tag wie ein Scheunendrescher und sehe dem Unternehmen »Giro in weniger als 3 Stunden« im Moment eher pessimistisch entgegen. Vielleicht sollte ich einfach mal ins Bett gehen...

Wieder bauen mich die User im Onlinetagebuch ein bisschen auf, und nach ein paar Runden mit den Leetzenrittern und einem weiteren Streckentest über die vollen 110 Kilometer mit drei Bekannten aus Münster sehe ich nur noch hellschwarz.

Schließlich melden sich auch wieder die Oldenburger Tempomaten zu Wort und können berichten, dass sie eine 90-Kilometer-Tour mit 34 Stundenkilometern bestritten haben, was mich schon wieder ein wenig gnädiger stimmt, zumal ich zwischen den Zeilen zu lesen glaube, dass sie sich nicht auf diese Runde begeben hätten, wenn ich sie nicht in den Tagen davor derart gepiesackt hätte.

Jagdszenen im Münsterland
Münster, Warendorf etc., 2. - 3. Oktober 2009

Plötzlich ist der zweite Oktober da: der Tag vor dem Giro. Morgens radele ich noch eine kleine Runde als Vorbelastung, und am späten Nachmittag setze ich mich ins Auto, um mich auf den Weg zur

Kapitel 8: Giro? Welcher Giro?

Ausgabe der Startunterlagen zu machen. Die findet in diesem Jahr nicht im prachtvollen Rahmen des Schlosses statt, sondern im nüchtern-modernen Foyer eines ziemlich versteckten Seiteneingangs der Halle Münsterland. Vor der Tür habe ich mich mit den Oldenburgern verabredet, die sich ein wenig verspäten. Der Platz ist voll von Rennteilnehmern, die ihre gerade abgeholten Starterbeutel durchsuchen, alle scheinen aufgekratzt zu sein und sich auf morgen zu freuen, und ich gebe mir alle Mühe, die Atmosphäre in mich aufzusaugen und mich von der Erregung anstecken zu lassen, aber es will mir nicht gelingen.

Auch als meine Teamkollegen eintreffen, springt der Funke nicht über. Was hatte ich mich im letzten Jahr über einige gewundert, die sich mitten in diesem elektrisierten Gewusel so betont cool gaben! Damals schien mir das spätpubertäres, aufgesetztes Getue zu sein, und jetzt kommen meine Freunde und ich mir genauso vor wie diese seltsamen Typen. Ich nehme mir noch die Zeit, mir ein Giro-Trikot zu kaufen, während die anderen einen Stand mit Gels und Riegeln plündern, aber schon nach einer Viertelstunde stehen wir wieder vor der Tür.

Danach gehen wir in dieselbe Pizzeria wie beim letzten Mal. Udo und Hartmut sind als Bodenpersonal auch wieder dabei, und am Nebentisch entdecke ich die Realausgaben von *Z2!*, *manos* und *tobi82* inmitten einer größeren Gruppe, die schon lautstark über das Rennen diskutiert.

Jetzt komme ich doch endlich ein bisschen in Stimmung, aber leider nur für einen kurzen Moment, denn nachdem wir unsere Bestellung aufgegeben haben, hole ich meine Ausdrucke und Notizen hervor und versuche, meine Mannschaftskollegen zu briefen, aber die interessieren sich nicht besonders für meine Ausführungen. Das versetzt mir einen letzten Dämpfer, dann kommt auch schon bald das Essen, und ich verbringe den Rest des Abends ziemlich schweigsam, was aber weiter niemandem aufzufallen scheint.

Zu Hause trinke ich zwei Bier mehr, als ich mir vorgenommen hatte, in der Hoffnung, dass es mich davon abhält, mich um den Schlaf zu grübeln. Es funktioniert. Wenigstens auf den Alkohol ist Verlass.

Am nächsten Morgen treffen wir uns wieder in Hartmuts Wohnung, und ich verteile die Trikots, die gottlob vor ein paar Tagen noch fertig geworden sind.

Eigentlich scheint alles wie im Vorjahr zu sein – einer besetzt seit Ewigkeiten das Klo, einer schnupft hektisch Nasenspray, einer raucht ein paar Angstzigaretten – und doch fehlt mir das gewisse Etwas, kommt mir alles seltsam zäh und träge vor. Insgeheim wünsche ich mir ein wenig der Nervosität vom letzten Jahr zurück, als ich immer und immer wieder meine Ausrüstung überprüft habe, aber auch da hat sich nach über 6.000 Kilometern auf dem Rad Routine eingestellt.

Schließlich machen wir uns ohne Hektik auf den Weg zum Start vor der Halle Münsterland und besprechen während der Fahrt durch die Stadt, dass wir uns in den vorletzten Startblock stellen und ich als Erster vorne fahre, bis wir eine Gruppe aus einer der vorderen Abteilungen eingeholt haben, deren Tempo uns liegt. Eine andere Wahl haben wir kaum, weil es dabei geblieben ist, dass wir fünf offiziell in drei (!) verschiedenen Blöcken eingeteilt sind, obwohl wir uns alle gleichzeitig mit den gleichen Angaben zur Durchschnittsgeschwindigkeit als Team angemeldet haben.

Auf meine wiederholten Anfragen habe ich, wenn überhaupt, immer dieselbe Antwort bekommen: Sollten wir es wagen, uns unbefugterweise weiter vorne aufzustellen, würden wir disqualifiziert. Wenig tröstlich ist, dass wir mit unserem Problem nicht alleine sind. Die Diskussionen, die ich um mich herum mit einem Ohr belausche, drehen sich fast alle um dieses ärgerliche Thema, und die meisten scheinen zu denken, dass man für 40 Euro Startgeld etwas mehr Entgegenkommen erwarten dürfe. Aber seit der Mail des Rennleiters weiß ich ja, was von dieser Meinung zu halten ist.

Kapitel 8: Giro? Welcher Giro?

Als wir in unserem Startblock stehen, nulle ich aus alter Gewohnheit sofort mal meinen Tacho. Allerdings haben wir noch eine Viertelstunde Zeit bis zum Start, die ich nutze, um mich noch einmal in die Büsche zu schlagen. Die verfügbare Vegetation ist allerdings nicht mehr als kniehoch und bietet keinerlei Sichtschutz, was aber auch nicht weiter schlimm ist, weil ungefähr weitere 50 Sportfreunde das gleiche Bedürfnis verspüren wie ich. Da wird sich wohl demnächst eine Gärtnerei über eine Großbestellung Buchsbaumpflanzen freuen können.

Dass ich so etwas denke, irritiert mich noch mehr. 2008 war ich zu diesem Zeitpunkt bis unter die Schädeldecke voller Adrenalin und wäre im Leben nicht auf die Idee gekommen, so kurz vor dem Startschuss noch mal auszutreten, und heute mache ich mir Gedanken über das Schicksal der städtischen Rabatten.

Als ich in den Startblock zurückkehre, setzt der sich zum ersten Mal langsam in Bewegung. In der Annahme, dass wie in den vergangenen Jahren zwischen den Starts der einzelnen Blöcke jeweils zwei Minuten vergehen, schiebe ich mein Fahrrad, aber dann geht plötzlich alles ganz schnell, ich muss entsetzt feststellen, dass ich der Einzige bin, der noch nicht im Sattel sitzt, meine Teamkollegen fordern lautstark, dass ich mal aus den Puschen kommen möge, und die ersten Konkurrenten ziehen an uns vorbei, während ich noch verzweifelt nach den Pedalen angele.

Das war wohl der Weckruf, den ich gebraucht habe. Schlagartig ist die Anspannung da, und nach einem quälend langen Moment, den ich zum Einklicken brauche, läuft mein Motor auf Hochtouren. Ich trete mächtig rein, und nach einer kurzen Weile ruft Ingo von hinten, ich solle aufpassen, dass ich mich nicht jetzt schon verausgabe. Ich wundere mich etwas darüber, aber als ich etwas zur Besinnung komme, sehe ich, dass wir schon acht Kilometer hinter uns haben. Dabei fällt mir auch auf, dass ich selbstverständlich vergessen habe, den Tacho auf der Startlinie zu nullen. Das macht mich wütend, weil ich jetzt nicht mehr sehen kann, wie wir in der Zeit liegen, denn ich habe mein Ziel, in weniger als drei Stunden anzukommen, noch nicht aufgegeben. Ich habe allerdings nicht viel Zeit mich zu ärgern, weil am Straßenrand schon die ersten Gestürzten verarztet werden und ich höllisch aufpassen muss, damit nicht demnächst ein Tempomat genauso daliegt. Zwei oder drei Mal lässt sich das nur vermittels einer mannhaften Vollbremsung verhindern, wenn sich vor einer Kurve der Verkehr staut, weil wieder irgendein *Klappspaten* meint, die im Schritttempo nehmen zu müssen. Verdammte Anfänger!

Nach zehn Kilometern gebe ich die Führung ab und schnaufe ein bisschen durch. Schon bald holen wir die ersten Fahrer aus dem Startblock vor unserem ein, ich werde eine Spur gelassener und schaffe es sogar, zum ersten Mal etwas zu trinken und ein paar Worte mit meinen Teamkameraden zu wechseln. Das Streckenprofil stellt uns jetzt vor keine größeren Aufgaben mehr, es geht flach und gerade voran, nur gelegentlich hat man mal ein wenig mit dem böigen Wind zu kämpfen, aber da einige Rennfahrer um uns herum sind, können wir uns noch ganz gut verstecken.

In diesem Jahr müssen wir auch nicht darauf achten, wo unsere Familien am Wegesrand stehen, weil die keine Lust hatten, den weiten Weg in eins der Dörfer des Kreises Warendorf auf sich zu nehmen. Ansonsten säumen aber überraschend viele Zuschauer die Dorfstraßen und jubeln, was das Zeug hält. Viele haben Rasseln und Tröten mitgebracht, manche haben regelrechte Anfeuerungs-Choreographien einstudiert, und an einer schnurgeraden, einsamen Landstraße steht urplötzlich ein dampfender Whirlpool, aus dem heraus ein halbes Dutzend sehr ansehnlicher junger Frauen in Bikinis Sektgläser in unsere Richtung schwenken. Um ganz sicher zu gehen, dass ich nicht mittlerweile deliriere, schere ich aus dem Tross aus und hole mir bei den Badenixen im Vorbeifahren eine High Five ab, wobei ich gerade noch einem besonders verwegenen Sportsfreund ausweichen kann, der direkt auf ein Gläschen Schaumwein in aparter Gesellschaft anhält.

Kapitel 8: Giro? Welcher Giro?

Ehe ich mich versehe, ist schon fast die Hälfte des Rennens gelaufen. Kurz vor einer engen Ortsdurchfahrt bin ich wieder mit der Führungsarbeit dran und beschleunige ein bisschen, um uns an die nächste Gruppe heranzufahren. Als wir aus dem Ort herauskommen, lege ich in der letzten Kurve deshalb noch einmal einen Zahn zu, und bald ist der Anschluss hergestellt.

Die neue Gruppe ist so groß, dass wir nicht mehr in einer Reihe fahren müssen, und so rolle ich plaudernd zwischen Ingo und Tom dahin. Allerdings nicht lange, dann fällt uns auf, dass Norbert und Detlev nirgends zu sehen sind. Doch: Irgendwo da hinten, in einem halben Kilometer Entfernung, ganz alleine im Wind, sehen wir sie kämpfen. Offenbar sind sie bei der Verfolgung unserer Gruppe nicht mitgekommen, und wir haben das im Eifer des Gefechts nicht bemerkt. Ich lasse mich zurückfallen, zuerst zu Detlev, weil der noch ein gutes Stück weiter hinten ist, setze mich vor ihn und versuche, ihm Windschatten zu geben, während ich wieder beschleunige.

Nach drei Versuchen gebe ich es auf, weil ich spüre, dass meine Kräfte langsam schwinden und seine auch mit meiner Hilfe nicht reichen werden, um die stetig größer werdende Lücke zuzufahren.

Inzwischen hat sich Tom zu Norbert zurückfallen lassen, allerdings scheinen die beiden nur nebeneinander zu fahren und sich angeregt zu unterhalten. Ich nähere mich quälend langsam und hoffe, dass wir uns zu dritt wieder an die große Gruppe mit Ingo heranarbeiten können, aber kurz bevor ich aufschließe, setzt sich Tom wieder ab. Als ich Norbert überhole und mich anschicke, vor ihm herzufahren, sagt der nur knapp, aber sichtlich ungehalten: »Fahr weiter, ich pack' das nicht!«

Mit Ach und Krach schaffe ich den Anschluss und muss mich erst mal ein paar Minuten erholen. Ingo und Tom freuen sich, mich wiederzusehen, umso mehr, als sie damit nicht mehr gerechnet haben. Ich zwischenzeitlich genauso wenig.

Als ich wieder bei Atem bin, frage ich Tom: »Was war denn mit Nob? Wollte der sich von dir auch nicht helfen lassen?«

»Keine Ahnung. Wir haben uns eigentlich nur gestritten.«

Ich verstehe nicht ganz, wie man sich in einem solchen Moment zanken kann, sage aber nichts.

»Taktisch war das eher nicht so gut«, schiebt Tom noch nach und streift damit den unteren Rand der Wahrheit.

Nach diesem vergeigten Manöver lasse ich alle Hoffnung fahren, den 36er Schnitt noch zu schaffen. Trotzdem will ich – jetzt erst recht! – noch holen, was zu holen ist, und setze mich, sobald es geht, wieder an die Spitze, um womöglich noch ein paar Plätze gutzumachen. Dabei übertreibe ich es fast und kann in einer scharfen Kurve nur knapp eine Kollision mit einem Absperrgitter vermeiden, aber danach geht es fast nur noch geradeaus nach Münster hinein, und ich mühe mich, Gruppe um Gruppe einzuholen, was mir ganz ordentlich gelingt. Erstaunlicherweise fühlen sich meine Beine noch recht gut an, und ich will gerade einen Drei-Mann-Sprintzug initiieren, als Tom mich aufhält: »Mabeiheinahhar!«

»Hä?«

»Beine! Kannich! Fahma!«

Ingo strampelt ziemlich stoisch neben Tom her, und als ich ihn fragend anschaue, nickt er mir nur zu, was ich als Freigabe zum Solosprint deute. Also werfe ich die letzten Kohlen ins Feuer und starte durch.

Als ich auf die Zielgerade einbiege, ist für einen Moment alles egal: Die privaten Nöte, die Strapazen des Trainings, der Ärger im Vorfeld, die schmerzhafte Aufholjagd im Rennen, ja sogar, dass mich noch so ein komischer Gnom überholt, der sich seit fünf Kilometern in meinem Windschatten ausgeruht hat, all das schert mich in diesem Augenblick einen feuchten Kehricht. Stattdessen sind da eine breite, abgesperrte Straße mit etwas buntem Herbstlaub, ein ekstatischer Ansager, der meinen Namen ruft, jubelnde Zuschauer, die mich in dieser einen Sekunde kennen und dann sofort wieder vergessen haben werden, ein paar Sonnenstrahlen und ich, ich, ich!

Kapitel 8: Giro? Welcher Giro?

Runterkommen
Münster, Darup, 3. - 17. Oktober 2009

Ingo, Tom und ich haben genau sieben Minuten Zeit, uns zu sammeln und das Gefühl zu genießen, etwas geschafft zu haben, dann kommt Norbert auf uns zugerollt.

»Ihr Arschgeigen seid ja wohl teamfähig wie Bratwurst!«, brüllt er uns wutentbrannt entgegen, während er schlingernd zum Stehen kommt.

Ich verstehe die Analogie nicht ganz und schon gar nicht, womit wir das verdient haben, verschließe meine Ohren und gehe in Deckung. Ingo hingegen geht in die Offensive und pöbelt ebenso lautstark zurück, bis sich nach kurzer Zeit die Wogen wieder glätten.

Allerdings ist meine kurze euphorische Phase mal wieder unsanft beendet worden. Also nuckele ich still an meiner Trinkflasche herum, während wir auf Detlev warten. Der trifft nach 14 Minuten ein und ist darob so enttäuscht, dass er sich weigert, unsere Glückwünsche anzunehmen. Dabei ist er nach wenigen Monaten Training alleine genauso schnell gefahren wie wir als Team im Vorjahr.

Mein Tacho zeigt dreieinviertel Stunden Fahrtzeit an, weswegen sich meine Laune weiter rapide zu verschlechtern droht, aber Tom sagt, wir hätten ziemlich genau drei Stunden gebraucht. Also heißt es, auf die Ergebnisse zu warten. Inzwischen hat Udo auch zu uns gefunden und warme Kleidung mitgebracht. Nachdem wir uns alle dazu in der Lage fühlen, machen wir uns auf den Weg zu den Pasta- und Bierbuden, um die Wartezeit sinnvoll zu nutzen. Ich kann mich nicht erinnern, wann verkochte Nudeln und schnellgezapftes Pils jemals so lecker gewesen wären.

Kurz nachdem wir die zweite Runde Erfrischungsgetränke intus haben, tut sich was am Bus der Zeitnehmer: Die vorläufigen Ergebnislisten werden ausgehängt. Ich brauche eine Weile, bis ich meine Daten gefunden habe; dann weiß ich nicht, ob ich lachen oder weinen soll. Drei Stunden und 24 Sekunden.

Bin ich jetzt knapp gescheitert, oder habe ich es so gut wie geschafft?

Geschafft, flüstert mein Stufe-1-Gewissen. Gescheitert, sagt mein Stufe-2-Ich etwas lauter.

In der Hoffnung, dass ein drittes Bier der Wahrheitsfindung dient, stelle ich mich noch einmal am Getränkestand an. In der Schlange identifiziert mich mein Nebenmann als »Eddie aus dem Internet« und stellt sich als *knut63* vor. Ich freue mich und bin gleichzeitig ein wenig verlegen, sodass ich mich nach ein bisschen Smalltalk direkt wieder verabschiede, aber ich trage ja auch die Verantwortung für den Flüssigkeits- und Elektrolythaushalt meines Teams in Form von fünf gefüllten Bechern in den Händen.

Am nächsten Abend mühe ich mich ab, etwas Sinnvolles zum Renngeschehen im Trainingstagebuch zum Besten zu geben, bin aber geistig ziemlich leer. Fühlt sich so ein frischgebackener Junkie, wenn er merkt, dass ihm nichts auf der Welt das Gefühl nach dem ersten Schuss wiederbringen kann?

Physisch bin ich dagegen fit – so gesehen wären die 24 Sekunden wohl noch drin gewesen. Ganz durch bin ich also mit dem Thema noch nicht, zumal ich mir sicher bin, dass wir locker sogar noch deutlich unter den ominösen drei Stunden hätten bleiben können, wenn nur alle die Vorbereitung etwas ernster genommen hätten.

Erstaunlich ist, dass ich richtig Lust habe, mich bald wieder aufs Rad zu setzen, nachdem ich in den letzten Tagen vor dem Giro eher wenig Spaß am Trainieren hatte. Ich werde also die Tage mal einen Satz Crossreifen aufziehen und ein paar Pättkes und Waldwege unter die Pneus nehmen – in meinem neuen weißen Giro-Trikot. Hoffentlich wird's so richtig schlammig und schmutzig! Da steht mir jetzt der Sinn nach! Und laufen werde ich auch mal wieder.

Bevor es dazu kommt, steht ein wichtiger Termin an: Rob hat mich zum Stammtisch in der legendären Kneipe »Zur Rennbahn«

Kapitel 8: Giro? Welcher Giro?

eingeladen, wo die Leetzenritter mir die Ehre erweisen, mich in ihre illustren Reihen aufzunehmen. Die Zeremonie nimmt einen eher prosaischen Verlauf. Rob fragt in die Runde, ob alle einverstanden sind, darauf sagt »Ja«, wer kann, aber die meisten nicken nur oder brummen zustimmend, weil sie gerade mächtige Portionen Jägerschnitzel mit Pommes verdrücken. Dann bekomme ich noch ein Teamtrikot überreicht, entrichte meinen Obolus in die Mannschaftskasse und darf mich fortan Leetzenritter nennen. Darauf wird mit Bier und Schwippschwapp angestoßen, und wir gehen zum gemütlichen Teil des Abends über.

Etwas ungemütlicher wird es drei Tage später, als ich mich mit dem Münsteraner Ingo bei kühlem, windigem Herbstwetter in Coesfeld treffe, wo wir an meiner ersten RTF teilnehmen. Das ist eine ziemlich stramme Runde über sämtliche Hügel der Baumberge, die uns einiges abverlangt. Vor allem, weil wir recht spät losfahren und deswegen meistens ziemlich alleine im Wind unterwegs sind. Dazu kommt, dass die Runde offiziell 108, laut Tacho 120 und gefühlt 200 Kilometer lang ist. Wir lassen es zwar mit einem 28er Schnitt einigermaßen ruhig angehen, pausieren auch an jeder Verpflegungsstation, sind aber am Ende nach fast viereinhalb Stunden auf dem Fahrrad ziemlich im Eimer und gottfroh, dass der Törn nicht einen Kilometer länger war.

Zu Hause in der Badewanne finde ich, dass das ein würdiger Abschluss der Rennradsaison war, und beschäftige mich damit, im Rose-Katalog zu blättern und ein paar nützliche Dinge für den Winter auszusuchen. Drei Wochen Trainingspause verordne ich mir, und dann sollen die Feld- und Waldwege des Münsterlands mich mal kennenlernen!

TEIL 3

Kapitel 9

AUF ABWEGEN
Dezember 2009 und Januar 2010

SM in MS
Münster, 1. Dezember 2009

Ich zittere, und gleichzeitig ist mir heiß, ich bin fast nackt und wimmere leise vor mich hin. Das ist aber auch eng da unten! Trotz abenteuerlichster Verrenkungen komme ich nicht rein. Wenn ich mein bestes Stück vielleicht noch ein bisschen mehr nach oben und zur Seite...? Autsch! Nein, so geht es nicht. Aber es muss gehen, andere tun es doch auch! Ich sollte wohl eine andere Stellung probieren. Verdammt, jetzt habe ich mir auch noch den Kopf an der Kloschüssel angehauen! Wenn es auf allen Vieren nicht klappt, wie denn dann? Vielleicht doch im Stehen und mit Gewalt? Was war das für ein Geräusch? Das klang doch wie ein leises Reißen! Und warum geht jetzt das Licht aus? Ah, das war mein rechter Arm, der in einem seltsamen Winkel von mir absteht. Kaum noch Gefühl drin, ich sollte die Fesseln wohl besser loswerden.

Schwitzend und fluchend befreie ich mich aus der Trägerhose, die ich gerade anzuprobieren versuche. Dann muss ich mich erst mal wieder in der Herrentoilette von Robs Büro orientieren. Als ich den Lichtschalter ertastet habe und wieder etwas sehen kann, prüfe ich noch einmal das eingenähte Schild in der Textilie. XL. Nicht zu fassen. Ich war doch schon bei L. Was sind denn das für Liliputanergrößen, in denen die 2010er Leetzenritter-Kollektion geliefert wird?

Nachdem ich wieder meine eigenen Sachen angezogen habe, überreiche ich Rob das malträtierte Musterstück und murmle: »Für mich bitte in XXL. Fällt aber auch klein aus, oder?«

»Ach ja?« Rob lächelt für meinen Geschmack eine Spur zu süffisant. Und ist es wirklich nötig, die Augenbrauen so betont erstaunt hochzuziehen? »Mir passt M, wie immer.«

Nicht leicht, aber Cross
Darup, 5. Dezember 2009

War ich wirklich naiv genug zu glauben, dass es bei einer kurzen Pause bleiben würde und ich nach drei Wochen mir nichts, dir nichts wieder ins Training einsteigen könnte? Und hatte ich ernsthaft gedacht, ich könnte mich nach dem allherbstlichen Rumärgern mit Husten, Schnupfen, Heiserkeit und so manchen *Alltagsärgernissen*, die mir jedwede sportliche Betätigung vergällt haben, in alter Form und Frische aufs Rad setzen? Wie ich spätestens seit der Anprobe weiß, hat vor allem meine äußere Form beträchtlich gelitten, obwohl die Waage noch knapp unter hundert Kilo anzeigt.

Damit stehe ich immerhin besser da als im letzten Jahr, und ich bin auch viel früher wieder in der Lage, dem neuerworbenen Hüftgold den Kampf anzusagen. Gesundheitlich geht es mir jedenfalls um einiges besser. Ich habe zwar immer noch mit ein paar Erkältungssymptomen zu kämpfen, aber die sind zu vernachlässigen. Ich will jetzt endlich meinen guten Vorsatz befolgen und mein Querfeldein-Rennrad auch als solches nutzen.

Vorher muss ich es allerdings noch ein bisschen modifizieren, und dazu brauche ich den zweiten Laufradsatz, den Norbert mir sei-

Dicker Mann auf dünnen Reifen

nerzeit dazugegeben hat. Der taugt zwar nicht viel, ist aber genau das Richtige für die zu erwartenden Schlammschlachten. Also schnell in den Keller, Laufräder holen.

Von wegen schnell: Zwei Stunden später weiß ich, dass im Untergeschoss noch etliche Kartons lagern, die seit unserem Umzug vor zwei Jahren nicht ausgepackt wurden, aber nicht, wo die Räder sind. Wo ich gerade so schön dabei bin, investiere ich eine weitere Stunde Arbeit unter Tage, um im Schweiße meines Angesichts eine Schneise durch die deckenhoch gestapelten Schätze zu schlagen, bis ich auch in die hinteren Regionen vorstoßen kann. Schließlich – draußen dunkelt es bereits – werde ich fündig. Im letzten Winkel versteckt sich eine Ikea-Tasche mit dem Laufradsatz hinter drei Kartons, die voll von nicht mehr benutzten Handtaschen sind.

Moment! Nicht mehr benutzte Handtaschen? Sagte K. nicht seinerzeit von jeder einzelnen, es sei einerlei, was sie koste, sie brauche sie unbedingt und auf der Stelle? Egal. Ich mache ihr deswegen keine Vorwürfe. Nichts liegt mir ferner, als mich über spleenige und kostspielige Hobbys zu mokieren. Jaha, so tolerant bin ich! Da sollen sich gewisse andere mal ein Beispiel dran nehmen! Andererseits könnte es sich bei der nächsten Diskussion noch als nützlich erweisen, die Information im Hinterkopf zu behalten.

Ich schiebe die aufeinandergestapelten Kisten beiseite, greife mir den Radsatz und richte mich triumphierend auf. Kurz darauf sinke ich ächzend und sternchensehend wieder in mich zusammen. Mein Schädel ist mit einem mächtigen Rumms und einem fiesen Knirschen mit der Kellerdecke kollidiert.

Ich schaffe es noch, meine Beute zum Fahrrad ins Gartenhäuschen zu bringen, dann lege ich mich mit einem Eisbeutel auf der Fontanelle aufs Sofa. Morgen ist ja auch noch ein Tag.

Um genau zu sein: Nikolaus und der zweite Adventssonntag. Darauf kann ich allerdings wenig Rücksicht nehmen, denn schließlich scheint die Sonne. Den Feiertag nicht schraubend und fettend

Kapitel 9: Auf Abwegen

zu heiligen und stattdessen mit der Familie Kekse zu essen und Lieder zu singen, wäre ja geradezu blasphemisch.

Also nutze ich den milden Tag, um Lager zu dichten, Räder, Reifen, Ritzel, Sattel und Pedale zu wechseln, Steckschutzbleche anzubauen, Bremsbeläge zu erneuern und die Schaltung einzustellen. Als ich mit allem fertig bin, setze ich mich mal wieder mit Feierabendzigarette und -bierchen hin und betrachte mein Fahrrad. Mit den Schutzblechen, den Stollenreifen, den Bärentatzenpedalen und dem dicken Sattel sieht es doch etwas, nun ja: anders aus als vorher. Am liebsten möchte ich sofort damit in den Wald.

Allein schon, damit uns keiner zusammen sieht.

Mo., 7.12.09

Mittags beim ersten Ausflug in den Wald zum Start der Winter-Saison gleich mal erfahren, wo der Cross-Hammer hängt. Knöcheltiefer Morast, diverse Stürze. War wohl ziemlich clever, beim ersten Mal ohne Clickies zu fahren. So ging alles glimpflich aus, außer für die Klamotten. Haufenweise glitschiges Herbstlaub in Verbindung mit zu stramm aufgepumpten Stollenreifen ergibt spektakuläre Miststreuer-Effekte an jeder Steigung und 1a Powerslides in den Kurven. Bereits nach ca. 5 km und einer halben Stunde (Geiler Schnitt!) total fix u. alle heimwärts gerollt, Fahrrad sauber gemacht, Klamotten in die Wäsche und Ed unter die Dusche getan. Am Ende nicht unzufrieden und froh, keinen Tacho dabei gehabt zu haben. Und vor allem: endlich mal wieder auf dem Rad gesessen zu haben. Ich hoffe mal, ab heute geht's wieder regelmäßiger weiter. Immerhin habe ich mich für *Rund um Köln* angemeldet. Da fängt das Training halt dieses Jahr im Januar an.

Jauchzet, frohlocket!
Darup, Friesland, 22. Dezember 2009 - 3. Januar 2010

Auf, preiset die Tage! Rob hat mich für das Leetzenritter-Blog freigeschaltet, auf dass ich dort auch immer schön meinen Senf dazugeben kann. Er wird ja sehen, was er davon hat. Hehe.

Inzwischen weihnachtet es sehr: Draußen fällt pünktlich der erste Schnee, und in den Herzen wird's warm. In meinem Herzen rumort allerdings noch ein wenig das schlechte Gewissen, weil ich mich zum Rennen Rund um Köln am fünften April angemeldet, K. aber noch nichts davon erzählt habe. Irgendwann demnächst muss ich ihr beichten, dass ich den Ostermontag statt im Kreise der Familie lieber mit Männern in Strumpfhosen verbringen werde. Das wird hart. Ich überlege noch, ob es taktisch klüger ist, das vor oder nach Heiligabend zu erledigen.

Ich entscheide mich für sofort. Anders als ich befürchtet habe, legt sie nur kurz die Stirn in Falten, zuckt mit den Schultern, als ob sie sagen wollte:»Da ist ja eh nichts zu machen«, und weist mich an, den Termin in den Familienkalender einzutragen. Das war's. Alles halb so wild.

So steht einer harmonisch verlebten Stillen und Heiligen Nacht nichts mehr im Wege, und der obligatorischen Stopfmast auch nicht. Das wird fein, wenn die Waage wieder dreistellig anzeigt! Vielleicht liegt ja figurschmeichelnde Radsportkleidung unterm Ohtannebaum.

Wir verbringen die Feiertage wie jedes Jahr bei meiner Mutter. Zum ersten Mal seit Menschengedenken haben wir sogar in Friesland weiße Weihnachten, was selbst mich Weihnachtsmuffel freut. Vor allem für meine kleine Tochter, die mit ihren nicht ganz zwei Jahren das Fest zum ersten Mal bewusst erlebt. Was die Rangen allerdings noch viel mehr interessiert, das sind a) der Riesenhaufen Geschenke, mit denen sie von allen Seiten – vor allem von Omma – überschüttet werden, und b) die unglaublichen Mengen an Süßigkeiten, die überall im Haus meiner Mutter bereitstehen, um verspeist oder in die helle Couchgarnitur einmassiert zu werden. Nach vier Tagen verabschieden wir uns wieder und hinterlassen ein Schlachtfeld. Aber schön war's. Zumindest für uns.

Zwischen den Jahren versuchen wir weiterhin, maximale Kalorienaufnahme mit minimalem Bewegungsaufwand zu verbinden,

Kapitel 9: Auf Abwegen

und sind dabei sehr erfolgreich. Lediglich winterliche Verrichtungen wie Schneeschippen, Holzhacken und Rodelngehen gefährden das Anlegen eines soliden Winterspeckmantels, aber das Problem glaube ich im Griff zu haben.

Am Silvestermorgen zittert der Zeiger der Badezimmerwaage allerdings noch zögerlich bei 99,5 Kilo herum. Das droht meine Neujahrspläne zu durchkreuzen, denn ich wollte mir vornehmen, wieder unter 100 Kilo zu kommen. Was nun?

Die Lösung ist einfach: Abends wiegen. Und als es Mitternacht schlägt, wir mit unseren Freunden nach einer stundenlangen Raclette-Orgie im Garten stehen und den Nachbarn beim Geldverbrennen zusehen, habe ich die zwei Zentner locker auf den Rippen. Nur dumm, dass ich dem Alkohol so freudig zugesprochen habe. Der macht mich mutig, und ich verkünde einen weiteren Vorsatz. Den meistgefassten, den König, – ach, was sage ich? – die Mutter aller Neujahrsvorsätze: »Ich hör' auf zu rauchen!«

Warum hat K. nur ein verächtliches Schnauben dafür übrig?

So., 03.01.2010

Habe erst mal die letzten 2 Tage damit verbracht, das Gartenhaus aufzuräumen. Haken fürs Fahrrad zum Aufhängen und Regale für Radsportgeraffel zum Drauflegen festgeschraubt, dann von K. darauf hingewiesen worden, dass es ungerecht ist, wenn ihre Gartensachen auf dem Boden liegen müssen. Natürlich sofort einsichtig gewesen und ohne Murren fröhlich pfeifend NICHT radgefahren, sondern fleißig weitere Regale montiert. Heute morgen dann auch NICHT radgefahren, sondern erstens Schnee geschippt und zweitens Holz gehackt. Aber dann: Ca. 12 Schichten Sportbekleidung angezogen, bemerkt, dass ich den Brustgurt vergessen habe, fast alles wieder aus- und nach Brustgurtanlegen wieder angezogen, dann an der vogelzeigenden Ehegattin vorbei nach draußen, aufs Rad, und gerade noch vor dem Eintreffen der Männer mit den weißen Kitteln auf der Straße gewesen (bzw. da, wo vorher mal die Straße war). Endlich die ersten Trainingskilometer des Jahres abgeleistet, nämlich 20 Stück bei Eis und Schnee auf nicht geräumten Wegen: Harte Arbeit u. großer Spaß. Zur Belohnung heiße Badewanne.

Winterrunde mit dem Crosser
Dauer: 00:58:54 h
Distanz: 20,56 km
km/h (Mittel): 20,94 km/h
km/h (Maximum): 33,2 km/h
Höhenmeter: 50 hm
Trainingsbereich: Grundlagenausdauer 1
Puls (Mittel): 139 min^{-1}
Puls (Maximum): 161 min^{-1}
Stimmung: sehr gut
Gewicht: 101 kg
Wetter: heiter (-5°, kaum Wind, hoher Schnee)

Kein Sturz. Nirgends
Darup, 3. - 9. Januar 2010

Jetzt liegt schon seit zwei Wochen Schnee, es friert, und ich finde es immer noch wunderbar. Nie hätte ich gedacht, dass es so viel Spaß macht, mit dem Rennrad durch Matsch, Eis und Schnee, über gefrorene Waldwege und verschneite Pättkes zu gondeln. Mehr als ein Mal bin ich kurz davor hinzufallen, aber es gelingt mir immer im letzten Moment, einen Sturz zu vermeiden – zuerst noch mit Ach und Krach und viel Glück, aber meine Fahrtechnik verbessert sich zusehends, und ich werde von Mal zu Mal sicherer.

K. ist dagegen nicht so begeistert, dass ich bei diesen Straßenverhältnissen herumfahre, und mutmaßt gelegentlich, ich sei ja wohl bekloppt, zu heiß gebadet, mit dem Klammerbeutel gepudert, habe nicht mehr alle Nadeln auf der Tanne und verlange scheint's danach, meine Kinder zu Halbwaisen und sie selbst allzu früh zur Witwe machen.

Als wäre später ein passenderer Zeitpunkt; oder will sie den am Ende selbst bestimmen? Ich versuche, sie zu beruhigen, indem ich

Kapitel 9: Auf Abwegen

hoch und heilig verspreche, nicht zu schnell und vor allem in Schuhen ohne Pedalbindung zu fahren. Sie lässt mich gewähren.

Länger als eine Dreiviertelstunde bin ich nur selten unterwegs. Dann hat sich meine Apfelschorle meistens in eine Art Sorbet verwandelt, das sich kaum noch durch die Trinköffnung der Flasche saugen lässt, außerdem bekomme ich davon Magenschmerzen. Abgesehen davon ist Crossen viel intensiver, kraftraubender und aufmerksamkeitsfordernder als das Radeln auf der Straße. Trotz der kurzen Fahrtzeiten ist es dennoch zeitaufwendig, weil ich nach jeder Tour mit lauwarmem Wasser Dreck und Eis vom Fahrrad entfernen und danach die beweglichen Teile wieder ein bisschen ölen muss.

Im Lauf der folgenden Woche wird es immer kälter, und es schneit fast ohne Unterbrechung. Jeden Morgen ist meine erste Amtshandlung der Griff zu Schaufel und Besen, und wenn ich nicht gerade auf dem Rad durchs verschneite Dickicht presche, habe ich schon gelegentlich das Gefühl, genug vom Wintersport zu haben. Was mich allerdings bei Laune hält, ist der tägliche Blick auf die Waage und die Tatsache, dass ich seit der Neujahrsnacht keine einzige Zigarette geraucht habe.

9.1.2010

Boah, hatte ich kalte Füße! Wenigstens hatte ich die beim letzten Kartfahren einbehaltene Sturmhaube auf, die mir gute Dienste leistete, auch wenn's scheiße aussah. Aber wenn man sich bei dem Wetter in den Wald traut, darf die ohnehin schon schwach ausgeprägte Rennradler-Eitelkeit auch mal hintanstehen. Bin mir auch noch nicht so ganz klar darüber, ob es eine gute Idee war, den Waldweg, den ich im Sommer schon immer mal ausprobieren wollte, ausgerechnet jetzt erstmalig zu befahren, denn nach ein paar Kilometern machte der Weg seinem Namen alle Ehre und war – na, was wohl? – weg. Stattdessen gab's nur noch einen Trampelpfad, der zu dieser Jahreszeit vermutlich außer mir nur von anderen Wildschweinen genutzt wird. Unbezahlbarer Moment, als ich auf dem Rennrad schnaufend durchs Unterholz brach und zwei einigermaßen verdutzten, schon etwas älteren Wanderfreunden begegnete.

Dicker Mann auf dünnen Reifen

Musste ein paar Mal öfter absteigen, als mir lieb war, habe auch einige Momente völliger Orientierungslosigkeit erlitten, war am Ende aber zufrieden, wenn auch erschöpft. Fazit: Fahrrad zwei Kilo schwerer als vorher, Bremsenquietschen eliminiert, Bremswirkung leider auch, weil fingerdick Eis auf den Felgen, Trainingskilometer (zu Fuß zurückgelegte in der Statistik nicht berücksichtigt) und Höhenmeter gesammelt.

Dauer: 01:11:00 h
Distanz: 18,99 km
km/h (Mittel): 16,05 km/h
km/h (Maximum): 46,7 km/h
Höhenmeter: 120 hm
Trainingsbereich: Kraftausdauer 1
Puls (Mittel): 143 min^{-1}
Puls (Maximum): 174 min^{-1}
Stimmung: sehr gut
Gewicht: 98 kg
Wetter: sonnig

Bald wird es tagsüber ein paar Grad wärmer, sodass sich Schneematsch bildet, der dann über Nacht wieder festfriert. Das macht die Rad-, Feld- und Waldwege für einige Zeit so gut wie unpassierbar, und wenn ich auf der Straße fahre, sehe ich nachher aus, als hätte ich ein Moorbad genommen.

Um ehrlich zu sein: Ich schaffe es beim besten Willen nicht, mir dieses beschissene Drecksswetter auch nur noch einen einzigen weiteren Tag schönzulügen! Mann, wann hört der Kackwinter denn endlich mal auf? Ist doch mal gut jetzt!

Sollte ich mir vielleicht eine Alternativsportart suchen?

Mi., 13.1.10

Versuche mich mit der Saisonplanung abzulenken. Werde darüber aber offenbar eher noch unleidlicher und fetze mich via Leetzenritter-Blog mit Tobi, seines

Kapitel 9: Auf Abwegen

Zeichens ehrenamtlicher Jugendbetreuer von Schwarz-Weiß Havixbeck und Organisator der Sandsteinmeile.

Fr., 15.1.10
Für morgen angekündigter Besuch aus Düsseldorf sorgt endlich dafür, dass ich mich wieder aufs Rad schwinge. Muss Rodelstrecke ausbaldowern und werde am Longinus fündig: 600 m feinstes Rennreis mit 10% Gefälle im Wald, während hier unten im Tal dem Schnee mit tonnenweise Streusalz (verabreicht zwei Mal täglich – egal, ob der Neuschnee gerade mal ein paar Millimeter tief ist) zu Leibe gerückt wird. Salzknappheit? Rücksichtnahme auf Umwelt, Alufelgen, Schlittenfahrer? Not in my house!

Na, jedenfalls den vertrauten Weg zum Longinus und zurück auf eisfreiem Asphalt zurückgelegt und jeden Meter genossen. Spiele mit dem Gedanken, das Crossen Crossen sein zu lassen und die Straßenschlappen wieder aufzuziehen. Aber wenn ich das jetzt mache, kommt garantiert sofort die nächste Kältewelle inkl. Blizzard. Andererseits: Wenn ich's nicht tue, ist bestimmt ab nächste Woche Sommer. Mr Murphy lässt grüßen.

Jetzt heißt es erst mal beten, dass der Fliesenheini richtig liegt und es heute Nacht noch einmal friert, sonst ist die Rodelbahn morgen futsch!

Longinus und zurück
Dauer: 01:08:00 h
Distanz: 23,43 km
km/h (Mittel): 20,67 km/h
km/h (Maximum): 49,9 km/h
Höhenmeter: 110 hm
Trainingsbereich: Grundlagenausdauer 1
Puls (Mittel): 143 min^{-1}
Puls (Maximum): 170 min^{-1}
Stimmung: gut
Gewicht: 99 kg
Wetter: wolkig

Sa., 16.1.10
Nach dem Mittagessen mit den Düsseldorfern zum Longinus, allerbeste Rodelbedingungen und weitere entfesselte Familienväter vorgefunden, Heidenspaß gehabt, weil die Blagen sich nicht runtergetraut haben (zu steil, wenig Vertrauen in Papas Lenkkünste), und mangels Lift auch was für die Fitness getan. Durfte zur Krönung des Ganzen miterleben, wie unser Freund Carsten dem Wort »Bremsbacken« neue Bedeutung verlieh.

Von den Schrecken des Einzelhandels
Darup, Coesfeld, Münster, 18. - 31. Januar 2010

Ein paar Tage später ist es draußen so ungemütlich, dass ich aufs Radeln verzichte. Stattdessen starre ich trübsinnig ins Schneetreiben hinaus und träume von schwarzem, trockenem Asphalt im Sonnenschein, auf dem die Slicks lautlos dahinrollen, von *Bidons*, aus denen ich trinken kann, ohne erst lange am zugefrorenen Mundstück herumnuckeln zu müssen, von Ausfahrten mit gutgelaunten Kollegen und Zwischenstopps am Eiscafé.

Nach ein paar Stunden habe ich genug vom Starren und beschließe, mich um die Ersatzteile zu kümmern, die ich brauche, um mein Trekkingrad in etwas Vorzeigbares, aber immer noch Alltagstaugliches zu verwandeln. Eigentlich bin ich damit schon fast fertig, nur eine neue Sattelstütze muss noch her. Also raffe ich mich auf und packe mich dick ein. Dabei erwischt mich meine ältere Tochter, und weil sie Lust auf einen Ausflug hat, kommt sie kurzerhand mit nach Coesfeld zum größten Fahrradladen im näheren Umkreis.

Eigentlich war mein Trekker vollkommen in Ordnung. Aber nach der monatelangen Lektüre und dem Betrachten der Fotos im Online-Forum fand ich irgendwann, dass so ein biederes Gefährt nicht mehr zu mir passt. Also musste der Gepäckträger weg, weil ich ohnehin meistens mit dem Rucksack unterwegs bin und weil es ohne sportlicher aussieht. Danach habe ich den hohen, gebogenen

Kapitel 9: Auf Abwegen

Lenker gegen einen geraden ausgewechselt. Das geht zwar mehr auf den Rücken, aber dafür ist der Luftwiderstand geringer. Außerdem sieht es sportlicher aus. Die breiten Reifen, auf denen es sich so gemütlich mit wenig Luftdruck dahingleiten ließ, habe ich gegen schmalere, härtere getauscht, die leichter abrollen und eine Spur, jawohl: sportlicher aussehen. Jetzt muss noch ein schlanker Sattel montiert werden, der ungeheuer sportlich aussähe, wäre da nicht die alte Sattelkerze samt *Kloben*. Eine Patentsattelstütze muss her!

Eine Viertelstunde später stehe ich vor Frau Schulte.

»Hallo, ich bräuchte eine neue Sattelstütze«, informiere ich sie.

»Na, du bist aber mal süß! Wie heißt du denn, mein Engel?«, antwortet Frau Schulte zu meiner Überraschung und macht eine tiefe Verbeugung.

»Ich bin kein Engel, ich bin ein Pirat!«, sagt meine Tochter. »Hast du ein *Cäpt'n-Sharky*-Fahrrad?«

»Aber sicher! Willst du das mal ausprobieren?«

»Au ja!«

Kurz darauf dreht die Kleine selig lächelnd die erste Runde durch den Laden, und Frau Schulte kehrt zu mir zurück. In der Zwischenzeit habe ich die mitgebrachte Sattelkerze aus der Manteltasche gezogen.

»Wie viel wollten Sie denn ausgeben?«, fragt Frau Schulte.

»Äh, was?« Das Beratungsgespräch verläuft anders, als ich es erwartet habe. »Gar nichts, wenn Sie so fragen.«

Frau Schulte sagt nichts und guckt eisig. Ich sage: »Hehe!«, um ihr zu signalisieren, dass ich zu scherzen beliebte, aber das rettet die Situation auch nicht.

»Hallo Papa!« Meine Tochter verfehlt nur knapp einen Verkaufsständer mit Schläuchen und biegt schlingernd in Runde zwei ein.

»Ähärm! Ich brauche eine Patentsattelstütze. Schwarz. Fünfundzwanzig Komma Acht Millimeter Durchmesser. Habe ich zumindest zu Hause gemessen. Zur Sicherheit habe ich die alte Stütze aber auch mitgebracht.« Das zu erwähnen ist wohl nicht unbedingt nötig, weil ich ihr währenddessen mit dem Teil vor dem Gesicht herumwedele.

»Die hat Fümmunzwanzichvier«, meint Frau Schulte und sieht mich gelangweilt an.

»Glaube ich nicht«, wende ich ein. »Sehen Sie mal, hier ist das Maß eingraviert. Ist zwar ein bisschen zerkratzt, aber...«

»Das kann man ja gar nicht lesen. Fümmunzwanzichvier. Haben die immer.« Damit wendet sie sich von mir und meiner Sattelkerze ab, ohne diese auch nur eines Blickes zu würdigen, öffnet eine Schublade und zeigt mir eine silberfarbene Sattelstütze. Ich glaube mit bloßem Auge zu erkennen, dass die dünner ist als mein Musterstück. Von der Farbe mal ganz abgesehen.

»Hallo Papa!«, sagt meine Tochter und streift eine kunstvoll aufgestapelte Pyramide Fahrradcomputer.

»Wie goldig!«, sagt Frau Schulte.

»Ähh, ja«, sage ich, »könnten Sie mir einen Gefallen tun, und die beiden Teile mal in der Werkstatt nachmessen lassen?«

Frau Schulte sieht mich an, als hätte ich sie gebeten, sich die Klamotten vom Leib zu reißen und einen Schuhplattler zu tanzen, seufzt dann aber resigniert, nimmt mir die Sattelkerze ab und macht sich auf den Weg zur Reparaturannahme.

»Hallo Papa!«, ruft meine Tochter, winkt mir zu, verreißt den Lenker und fährt mitten in die Fahrradcomputerpyramide. Hunderte kleiner, bunter Schachteln fliegen kreuz und quer durch den Laden, meine Tochter fällt hin und fängt laut an zu kreischen, derweil ich hinzustürze und gleichzeitig versuche, sie zu trösten und die Radcomputer einzusammeln.

»Das musste ja so kommen«, höre ich hinter mir die empörte Stimme von Frau Schulte. »Sie können das Kind doch auch nicht einfach so hier im Laden herumfahren lassen.«

Statt sie zu fragen, wer denn bitteschön dafür gesorgt hat, dass das Kind einfach so hier im Laden herumfährt, nehme ich Rache,

Kapitel 9: Auf Abwegen

indem ich keine weiteren Schachteln aufsammle, sondern sie meiner Tochter zum Spielen überlasse, die sich schnell wieder beruhigt.

»Und, was sagen die Kollegen?«, frage ich ächzend, während ich mich mühsam wieder aufrichte, obwohl ich die Antwort schon zu kennen glaube. Ich behalte Recht.

»Fümmunzwanzichvier, alle beide«, trällert meine neue Freundin. »Was denn auch sonst? Das macht dann Neunzehnfümmunneunzig.«

Eine knappe Stunde später stehe ich – diesmal alleine – wieder im Laden, um Frau Schulte gehörig die Meinung zu geigen, aber leider hat sie meine kurze Abwesenheit genutzt, um Feierabend zu machen. Stattdessen steht ein junger Mann im Laden, dessen Blick mich kurz streift, der dann aber so tut, als sähe er mich nicht. Das liegt wahrscheinlich daran, dass ich Metallrohre in den Händen halte, aus meinen Ohren kleine Rauchwölkchen aufsteigen und ich so aussehe, als hätte ich Hunger auf Fahrradverkäuferfleisch. Ich versichere mich seiner Aufmerksamkeit, indem ich laut knurre und dann mit Stütze und Kerze vor seinem Gesicht herumfuchtele.

»Die ist zu dünn. Ich hab's Frau Schulte gesagt, aber sie wollte mir ja nicht glauben. Außerdem haben ihre Kollegen in der Werkstatt nachgemessen und behauptet, diese Stütze hat den gleichen Durchmesser wie diese Kerze. Wie kann das sein? Immerhin habe ich zu Hause auch schon mal gemessen, und gerade habe ich versucht, die neue Stütze einzubauen, undundund dann ist sie direkt ins Sattelrohr gerutscht, ohne dass ich die Schraube lösen musste. Das kann doch alles nicht wahr sein! Glauben Sie, ich habe Lust, jedes Mal 25 Kilometer zu fahren, weil Ihr hier nicht mit der Schieblehre umgehen könnt? Außerdem wollte ich 'ne Schwarze haben!«

Der Verkäufer, den sein Namensschildchen als Herrn Ostenkötter ausweist, nimmt sich ein paar Sekunden, um meinen Wortschwall zu verdauen.

Dicker Mann auf dünnen Reifen

»Darf ich mal sehen?«, fragt er dann und nickt in Richtung der alten Sattelkerze. Ich gebe sie ihm.

»Ganz klar«, sagt er. »Fümmunzwanzichvier.«

Ich atme tief ein. Meine Augen verengen sich zu messerscharfen Schlitzen, und ich meine zu spüren, wie kleine Haarbüschel oben an meinen Ohren wachsen.

»O-oder doch nicht?«, stottert Herr Ostenkötter verunsichert.

Ich zwinge mich, meine Hände, deren Knöchel weiß hervortreten, von der Sattelstütze zu lösen, die sie krampfartig umklammern. Dann greife ich in meine Manteltasche. Herr Ostenkötter zuckt zusammen und macht sich bereit, per Hechtsprung hinter dem Tresen in Deckung zu gehen, doch ich hole nur meine Schieblehre hervor, die ich in weiser Voraussicht eingesteckt habe.

Ich lege sie vor ihn hin und sage so ruhig, wie ich nur kann: »Bitte, messen Sie doch mal!«

Er tut es. »Na, so was – fümmunzwanzichacht!« Er scheint erfreut, aber womöglich ist das nur die Erleichterung, noch am Leben zu sein.

»Na endlich!«, schnaufe ich erleichtert. »Die dann bitte ein Mal in schwarz.«

Herr Ostenkötter sieht mir in die Augen, als wolle er mir sagen, ich müsse jetzt ganz, ganz stark sein. Er tut das, weil ich jetzt ganz, ganz stark sein muss. »Die haben wir nicht da. Aber ich bestell' sie und schicke sie Ihnen portofrei. Dauert ein, zwei Tage. Die kostet in schwarz allerdings fünf Euro mehr.«

Ich nestle tränenblind fünf Euro aus meiner Brieftasche, gebe ihm meine Adresse, setze mich ins Auto und fahre, von tiefen Schluchzern geschüttelt, nach Hause.

Zehn Tage später steht mein Trekker immer noch ohne Sattel da. Ich schreibe eine erboste E-Mail, und zwei Tage später bringt der Postbote endlich das Paket mit der tatsächlich passenden Sattelstütze, die ich sogleich montiere. Als ich dabei bin, den Sattel anzuschrauben, ruft K. mich herein, weil ich am Telefon verlangt werde.

Kapitel 9: Auf Abwegen

Ein unglaublich beflissener Kollege von Frau Schulte und Herrn Ostenkötter entschuldigt und bedankt sich, gelobt Besserung und stellt einen Gutschein über den Kaufpreis der Sattelstütze in Aussicht, der auch wirklich am übernächsten Tag im Briefkasten liegt.

Als ich im Tagebuch davon berichte, bezeichnet mich Rob als Schrecken des Einzelhandels. Der soll mir aber erst kurze Zeit später begegnen, und zwar in Form eines kleinen Dramas.

Schrecken des Einzelhandels
Ein Zweiakter nach einer wahren Begebenheit

Dramatis personae:
ED, ein sensibler, vierzigjähriger, leicht übergewichtiger Radsportler, der qua Jeansjacke und jugendlichem Habitus der Biologie ein Schnippchen zu schlagen versucht.
MR. RED, ein vierschrötiger Fahrradsupermarktangestellter undefinierbaren Alters in roter Fahrradsupermarktangestelltenuniform, der noch ganz andere Sachen versucht.

Erster Akt
Januar 2010. Im Münsteraner Fahrradsupermarkt vor dem übermannshohen und mindestens drei Meter breiten Shimano-Service-Center-Regal.

ED *hockt seit geschlagenen zehn Minuten im Kacksitz vor den in Hüfthöhe aufgereihten Cantilever- und V-Brake-Bremsschuhen.*
MR. RED: »Kann ich helfen?«
ED *sich mühsam aufrichtend; hat Rücken und Knie*: »Ja, äh, ich brauch' neue Bremsbeläge für meine Cantileverbremsen.«
MR. RED *ohne hinzusehen ins Regal greifend*: »Hier, bitte.«
ED: »Nee, so welche mit Gewinde.«
MR. RED: »Also V-Brake.«

ED: »Neenee, Cantilever.«
MR. RED *wedelt mit der Blister-Verpackung*: »Für Canti sind die hier richtig.«
ED: »Aber die, die ich jetzt habe, sind mit Gewinde. Und wenn's nass ist, bremsen die nicht.«
MR. RED: »Mit Gewinde ist V-Brake.«
ED: »Nein.«
MR. RED *ungeduldig wedelnd*: »Doh-hoch.«
ED *um Geduld bemüht*: »Nah-hein. Also vielleicht normalerweise schon, aber meine Bremsen sind Cantis. Und die Beläge sind zum Schrauben. Aber...«
MR. RED *unterbricht*: »Kann nicht!«
ED *innerlich eine Zen-Übung vollführend*: »...jetzt, wo Sie es sagen, glaube ich doch, dass es V-Brakes sind.«
MR. RED *schnaubt ärgerlich, rammt den Blister wieder auf den Haken und die geballten Fäuste in die Hüften*: »Was denn jetzt?«
ED *entschuldigend lächelnd*: »V-Brakes. Ganz sicher. Und ich hätte gerne die besten Beläge, die es gibt, für Mistwetter.«
MR. RED *greift sich wahllos zwei Packungen und studiert die Beschriftungen, murmelt abwesend*: »Die sind alle gut.«
ED *versucht, auch einen Blick auf die Verpackungen zu werfen*.
MR. RED *wendet sich ab, um ungestört die Verpackungen zu betrachten, immer noch vor sich hin murmelnd*: »Die sind doch echt alle gut.« *Sich plötzlich mit erleichtertem Gesichtsausdruck umdrehend, triumphierend*: »Hier! Die sind's! Da steht's: Höchste Qualität, besonders geeignet bei Regen.«
ED *zögerlich nach der Packung greifend*: »Na dann...«
MR. RED *hasserfüllt*: »Schönen Tag noch!« *Wendet sich ab.*
ED: »Aber ich brauche dann noch Bremszüge.«
MR. RED *die Augen verdrehend*: »Wieso das denn?«
ED *den Tränen nahe*: »Weil ich Zusatzbremshebel am Oberlenker habe, und die kommen weg.«
MR. RED *zornig*: »Ja und? Dann machense die doch ab! Die

Kapitel 9: Auf Abwegen

Bremszüge könnse dann doch wieder nehmen!«
ED *weinerlich*: »Aber die sind doch von den Bremshebeln unterbrochen. Und außerdem...« *Schluckt. Dann, allen Mut zusammennehmend*: »...WILL ich die gerne mal auswechseln!«
MR. RED *stiert wortlos.*
ED *trotzig ins Regal greifend*: »Was ist hiermit? Tun die's?«
MR. RED *schmallippig, vage an Achim K., den berüchtigten Neuenburger Schulhofschläger erinnernd*: »Genau richtig. Sie kennen sich echt aus!«
MR. RED *ab.*
ED *betrachtet resigniert das Preisschild auf der schicken Dura-Ace-Bremszugpackung, zuckt seufzend mit den Schultern, dann ab.*
Vorhang.

Zweiter Akt
Außen vor dem Münsteraner Fahrradsupermarkt. Eisregen.

ED *schlägt minutenlang die Stirn gegen die Dachkante seines Autos. Hebt schließlich das Gesicht gen Himmel. Der Eisregen vermischt sich mit den nicht versiegen wollenden Tränen*: »Warum, HERR? Warum? Warum hast Du mich nicht Briefmarkensammler werden lassen?«
Ein Blitz fährt hernieder und verfehlt Ed um Haaresbreite. Der Donner klingt wie höhnisches Gelächter. ED *öffnet hastig die Wagentür und ab.*
Vorhang.

»Selbst schuld!«, schallt es mir aus dem Forum entgegen, und ich weiß, die Community hat recht. Nichts kann den Schrauber des Vertrauens ersetzen. Den hat jeder Rennradler spätestens, wenn er Stufe 2 erreicht, meistens früher.

Mir fällt ein paar Tage später ein, dass jetzt, solange die Geländelaufräder noch montiert sind, eine gute Gelegenheit wäre, diejenigen für die Straße endlich mal zentrieren zu lassen. Also fahre ich nach Dülmen zu Meister Buschs alteingesessenem, kleinem Fahrradgeschäft.

Als ich dort ankomme, staune ich: Direkt an der Hauptstraße steht so etwas wie ein in die Jahre gekommener Schuppen, der über und über mit Graffiti verziert ist. Den Eingang find ich nicht sofort, bis ich es an einer unscheinbaren Blechtür versuche. Die lässt sich öffnen, und ich betrete eine von den unverkleideten Dachziegeln bis zum gestampften Lehmboden mit Fahrrädern aller Art vollgepfropfte Scheune, die offenbar als Showroom dient. Etwas elektrisches Licht wäre beim Verkaufen vielleicht hilfreich. Andererseits muss man ja auch nicht jeden neumodischen Schnickschnack mitmachen.

Zur Linken ist eine quietschende Schiebetür. Direkt dahinter hängt ein Fahrrad von der Decke, an dem der Meister gerade schraubt, was ihn nicht daran hindert, mich zu begrüßen und gleichzeitig das Gespräch fortzusetzen, das er gerade mit dem älteren Herrn im Renndress führt, der mit einer Tasse Kaffee auf einem Gasöfchen sitzt. Er ist anscheinend der Besitzer des Rades, das gerade in Behandlung ist. Ich quetsche mich an Meister Buschs Arbeitsplatz vorbei, damit ich die Schiebetür wieder schließen kann, und sehe mich um.

Die Werkstatt ist eigentlich eher ein Flur, an den sich etliche Räume anschließen, von denen jeder einzelne aus allen Nähten zu platzen scheint. An den Wänden hängen vergilbte Werbeplakate, und ich habe den spontanen Wunsch, mich hier mal eine Nacht einschließen zu lassen, nur um mal zu stöbern. Aber auch ohne Übernachtung habe ich genügend Zeit mich umzusehen, denn der Meister hat es nicht übermäßig eilig, sich um mich zu kümmern. Das stört mich nicht im Geringsten.

Als ich schließlich dazu komme, meine Laufräder abzugeben, werde ich gleich in ein Gespräch verwickelt, in dessen Verlauf ich erfahre, dass der Chef selbst Rennrad fährt. Ein sehr wichtiger Punkt bei der Auswahl des Vertrauensschraubers!

Kapitel 9: Auf Abwegen

Kaum zu Hause, muss ich der Online-Gemeinde gleich mal davon berichten. Kurz darauf erhalte ich Antwort von einem, den ich schon länger im Verdacht habe, ein Stufe-3-Kollege zu sein, obwohl er immer recht freundlich zu mir ist. Der warnt mich, auch unter den kleineren Schraubern gebe es einige, die es mit ihrem Berufsethos nicht vereinbaren könnten, sich mit Billigrennern und japanischen Schaltgruppen zu befassen.

Verstehe ich das richtig? Es gibt Leute, die professionell an Fahrrädern schrauben und diesen kindischen Campajünger-*Apartheids*-Mist mitmachen?

Ich habe mich ja bislang aus den im Forum allgegenwärtigen Grabenkämpfen zwischen Campagnolo- und Shimano-Fans herausgehalten, weil mich die Frage einfach nicht interessiert, solange die Technik klaglos ihren Dienst tut. Aber in letzter Zeit geht es mir doch gehörig auf den Geist, dass vor allem die sendungsbewussten Missionare der reinen Italo-Lehre sich ständig als diejenigen gerieren, die die Weisheit mit Löffeln gefressen haben.

Zum Glück sind im Forum aber wohl immer noch diejenigen in der Überzahl, die sich an ihre Fahrräder dranschrauben, was funktioniert, und nicht, was irgendeiner Ideologie entspricht.

Kapitel 10

EDDIE'S ON THE ROAD AGAIN
Januar und Februar 2010

Vom Fressen und von der Moral
Rund um Darup, 21. - 24. Januar 2010

Sonne! Ich fasse es nicht! Eigentlich habe ich ja gar keine Zeit, aber kaum, dass die ersten schüchternen Strahlen auf meinen Schreibtisch fallen, verordne ich mir eine Stunde Pause, lasse alles stehen und liegen und ziehe mir hektisch die Rennmontur an. Dann stürme ich nach draußen, schraube die »richtigen« Pedale ans Fahrrad, ziehe die »richtigen« Schuhe an die Füße und breche auf zur ersten »richtigen« Runde auf dem Rennrad in diesem Jahr.

Die Straßen sind zwar nass und an den Rändern voller Schneematsch, aber ich rede mir ein, die Luft röche nach Frühling und die Vöglein sängen. Es ist herrlich!

Anfangs zumindest, aber meine Motivation leidet beträchtlich, als die ersten Erfrierungserscheinungen an Zehen und Ohren auftreten, weil ich in meiner Euphorie beim Anziehen weder an ein *Kopftuch* noch an Überschuhe gedacht habe. Woran ich ebenfalls nicht gedacht habe, ist, dass es schlau sein könnte, es beim ersten Mal auf der Straße etwas gemächlicher angehen zu lassen. Stattdessen bin ich losgestürmt wie ein junger Hund, den man von der Leine gelassen hat. Das rächt sich an den ersten unumgäng-

Kapitel 10: Eddie's on the Road again

lichen Hügelchen; denn jede Teerblase fühlt sich an wie der Tourmalet, sodass ich am Ende fix und fertig und doppelt enttäuscht bin. Einerseits wegen meiner schlechten Form, andererseits, weil die Zeit nur für so eine klitzekleine Asphaltrunde gereicht hat.

Am nächsten Morgen zeigt die Waage erstmals seit Langem wieder über 100 Kilo an. Nachdem der Schreck einigermaßen verwunden ist, mache ich mich mittags wieder auf den Weg, um 40 flache Kilometer unter die Räder zu nehmen.

Diesmal denke ich an Ohren- und Fußwärmer, was auch bitter nötig ist, denn es ist klirrend kalt, aber trocken. Genau wie mein Hals nach zehn Kilometern. Offensichtlich habe ich über den Winter so viel verlernt, dass ich ohne Proviant losgefahren bin.

Um nicht wieder einen Hungerast zu erleiden, lasse ich es einfach etwas geruhsamer angehen und rolle mit einem 25er Schnitt dahin. Da ich immer noch Schutzbleche und Stollenreifen montiert habe, bin ich damit ganz zufrieden. Es geht mir ja im Moment auch nicht darum, neue Geschwindigkeitsrekorde aufzustellen, sondern meine Ausdauergrundlage für die kommende Saison zu schaffen. Immerhin habe ich meine Teilnahme an drei Rennen angemeldet und die Startgelder bereits gezahlt: Neben Rund um Köln in ein paar Wochen und dem Münsterland-Giro als Pflichttermin im Herbst steht die Velo-Challenge in Hannover im Juni in meinem Rennkalender.

Eigentlich hatte ich mir auch noch vorgenommen, bei einer oder zwei kleineren Veranstaltungen zu starten, wie zum Beispiel der Sandsteinmeile oder dem Rund-um-den-Kirchturm-Rennen in meinem friesischen Heimatdorf, aber die fallen in diesem Jahr beide aus.

Kurz bevor ich zu Hause bin, reißt mich ein jäher Heißhunger aus meinen Überlegungen. Die letzten fünf Kilometer sind härter als der ganze Rest der Tour, aber schließlich schaffe ich es bis zur Terrassentür, hinter der die Familie gerade an der gedeckten

Dicker Mann auf dünnen Reifen

Kaffeetafel Platz genommen hat. K. hat Waffeln gebacken, dazu gibt es Schlagsahne und heiße Kirschen.

Ein weiterer Vorteil am Radsport ist ja der erzieherische Wert für den Nachwuchs. Was die Kleinen lernen, wenn sie jede einzelne Waffel gegen die Übergriffe ihres vollkommen ausgehungerten Vaters verteidigen müssen, wird sie im Leben noch weit bringen, da bin ich mir sicher. Die ersten Anlagen sind schon mal vielversprechend: Meine Töchter schaffen es, mir pro Waffelherz fünf Minuten Fernsehzeit abzufeilschen.

Früher hatte ich mal zwei große Hobbys: Musik und Kochen. Seit der Radsport hinzukam, ist die Musik weit abgeschlagen auf dem dritten Platz in der Prioritätenliste gelandet, ohne dass ich es anfangs bemerkt, geschweige denn sie vermisst hätte. Zum Kochen komme ich glücklicherweise noch oft genug. Heute Abend haben wir Gäste, deswegen stehe ich nach dem Kaffeetrinken und dem Duschen in der Küche und befasse mich mal wieder mit Olivenöl und Garzeiten statt mit Kettenfett und Drehmomenten.

Es soll Hähnchenfilets im Kräuter-Schinkenmantel, in Nussbutter gebratene Champignons, handgewalzte Bandnudeln und Feldsalat mit Pinienkernen geben. Ich beginne zu putzen und zu schnibbeln, während K. mit den Kindern zu den Nachbarn rübergeht. Für gewöhnlich stellt sich in solchen Momenten bald ein Zustand tiefer innerer Ruhe ein, aber der lässt heute auf sich warten. Stattdessen denke ich darüber nach, ob Meister Busch meine Laufräder schon fertig zentriert hat.

Ich versuche mit aller Macht, den Gedanken beiseite zu schieben und mich auf mein Huhn zu konzentrieren, aber er lässt mir keine Ruhe. Als das Fleisch schließlich fertig vorbereitet ist, kann ich mich nicht mehr beherrschen und greife zum Telefon.

Verdammt, die Räder sind abholbereit. Wie lange brauche ich wohl nach Dülmen und zurück?

Vierzig Minuten. Gut ist, dass K. mit den Kindern noch unterwegs ist, als ich wiederkomme. Nicht so gut ist, dass ich beim Wegfahren

Kapitel 10: Eddie's on the Road again

den Wahlschalter am Ofen in die falsche Richtung gedreht und, statt das Gerät auszuschalten, den Grill angemacht habe. An und für sich wäre das ja nicht so schlimm, wenn ich die Schale mit dem Fleisch nicht schon in den Ofen geschoben hätte.

Nachdem ich mich durch die dunkelgrauen Rauchschwaden gekämpft und alle Fenster aufgerissen habe, schalte ich den Herd ab und hole die Schale heraus. Meine liebevoll verpackten Hühnerbrüste erinnern in Form, Konsistenz und Geruch an Grillbriketts.

Kurz darauf kommt K. mit den Kindern rein.

»Hast du etwa hier drin geraucht?«, fragt sie schnuppernd.

»Ich nicht«, rutscht mir heraus.

»Wer denn?«

»Das Huhn.«

Als ehrliche Haut, die ich nun mal bin, erzähle ich ihr schonungslos offen die ganze, bittere Wahrheit bis ins kleinste Detail. Naja, fast die ganze Wahrheit: Die Sache mit den Laufrädern und dem Ausflug nach Dülmen lasse ich aus.

Als unsere Gäste sich verabschieden, sind wir alle hochzufrieden. So ein vegetarisches Abendessen ist ja auch mal ganz lecker, der Wein floss reichlich, und die Gespräche waren gut. Vor allem ging es nicht eine Sekunde um Radsport. Kann man ja auch mal machen.

Um drei Uhr nachts stehle ich mich aus dem Haus und schleiche durch den Garten zum Carport. Wenn K. die Laufräder im Auto findet, bin ich ein toter Mann.

Infiziert
Darup, Merfeld, Coesfeld, 1. - 9. Februar 2010

Nach zwei Tagen, die in mir die Hoffnung weckten, es könne schon Schluss sein mit dem Winter, kehrt der mit Macht zurück. Die

Temperaturen sinken auch tagsüber wieder weit unter den Gefrierpunkt, dazu schneit es ununterbrochen.

Das schlägt nicht nur auf die Laune, sondern auch auf die Gesundheit, vor allem die unserer kleinen Tochter. Dass die Kinder während der kalten Jahreszeiten eigentlich ständig hustend und mit Rotznasen unterwegs sind, kennen wir schon, aber bei der Kleinen scheint sich etwas Ernstes zu entwickeln: Sie hat schon fast zwei Tage lang über 40 Grad Fieber und wird merklich immer schwächer.

Also fahren wir alle nach Coesfeld zum Krankenhaus. Dort müssen wir nicht ganz vier Stunden warten, bis meine Tochter untersucht und eine Lungenentzündung bei ihr festgestellt wird. K. bleibt bei ihr im Krankenhaus, und ich fahre mit der Großen wieder nach Hause.

Nach Abendbrot, Sandmännchen, Zähneputzen und Zubettbringen habe ich beinahe sturmfreie Bude. Die Große schläft ja durch und fragt nie: »Sachma, musst Du jede Nacht vorm Computer sitzen? Was machst Du da überhaupt immer so lange?«

So kommt es, dass ich mich beim Surfen im Internet verliebe. Sie ist auf verwirrende Art schön, geheimnisvoll, und ihr Name klingt gefährlich: *Poison* Cyanit. Muss ich erwähnen, dass es sich um ein Fahrrad handelt?

Was mich vor allem verwirrt, ist die Tatsache, dass ich bisher immer etwas gegen modischen Firlefanz wie die weißen Anbauteile hatte, die in der Szene so unglaublich en vogue sind, das Objekt meiner Begierde aber nur so vor Weißlackiertem strotzt. Auch die modernen Rahmenformen mit nach hinten abfallender *Sloping*-Geometrie mochten mir bis gerade eben nicht so recht gefallen, aber auch das hat sich schlagartig geändert.

Ich mache mich gleich mal daran, eine E-Mail an Poison zu schreiben. Nichts Konkretes, nur so ein paar unverbindliche Fragen zu dem Rad im Allgemeinen, zu einigen Parts und Ausstattungsoptionen, ob es möglich wäre, das Fahrrad als Bausatz zu bestellen

Kapitel 10: Eddie's on the Road again

und selbst zusammenzubauen, welche Reifen und was für ein Lenkerband lieferbar sind, zur Finanzierung und so weiter. Wie gesagt, ganz oberflächliche Fragen.

Weil mich das schlechte Gewissen plagt, telefoniere ich danach noch einmal mit K., die mir eine Liste der Kleidungsstücke und Pflegeprodukte durchgibt, die ich ihr morgen Nachmittag ins Krankenhaus bringen soll. Keine halbe Stunde später komme ich schon dazu, sie zu fragen, wie es der Kleinen geht. Die Ärzte sagen, wir sollen uns keine Sorgen machen, allerdings hat sie jetzt einen Tropf und muss alle zwei Stunden geweckt werden, um zu inhalieren.

Am nächsten Morgen kämpfe ich mich mit der Großen durch einen gewaltigen Schneesturm zum Kindergarten und würde anschließend gerne radeln, aber das ist vollkommen illusorisch.

Analog zu Rolf Rüssmanns unsterblichen Worten: »Wenn wir hier schon nicht gewinnen können, treten wir ihnen wenigstens den Rasen kaputt!«, stapfe ich nach dem völlig nutzlosen Schneeschippen zum Gartenhäuschen, denn: Wenn ich schon nicht radfahren kann, verwüste ich wenigstens meine Werkstatt!

Angesichts des erneuten Wintereinbruchs sehe ich vorerst davon ab, die Schönwetterräder am Renner zu montieren, sondern widme mich meinem Trekker, spendiere ihm neue Bremszüge, stelle alles ein und vertiefe mich so in die Arbeit, dass ich fast vergesse, meine Tochter wieder abzuholen. Ich bin kurz versucht, das mit dem neuerdings coolen Trekkingrad zu tun, entscheide mich dann aber doch für das Auto, weil ich mir nicht ganz sicher bin, dass meine Große Fahrradfahren bei diesem Wetter auch so cool finden würde.

Nach ein paar Tagen können wir unsere Lieben morgens wieder aus dem Krankenhaus abholen. Über Nacht hat es aufgehört zu schneien, jetzt reißt an manchen Stellen die Wolkendecke auf und gibt den Blick auf den blauen Himmel frei. Am nächsten Morgen sind gar keine Wolken mehr am Himmel. Die Luft ist kalt und unglaublich klar. K. bemerkt wohl meine sehnsüchtigen Blicke aus dem Fenster und lässt mich mittags von der Kette, obwohl ich sie nicht darum zu bitten gewagt hatte. Immerhin hatte sie, während die Kleine krank war, den schwereren Part.

Mi., 3.2.2010
Was ist denn heute überhaupt für ein Tag? Edhottag? Kaum zu glauben: Morgens im Finanzamt angerufen, und sofort den freundlichen, kompetenten Herrn Kern drangehabt, Mittags vorzügliche Spaghetti Bolognese gezaubert und verspeist, danach eine fette Rechnung geschrieben und abgeschickt, dann ab aufs Rad. Sonne satt, vom Schnee glitzernde Felder, trotzdem freie Straßen, 5 km Windschatten hinter 'nem Radlader mit 30 km/h. Hääärlich! I'm the King of the Road!

Schließlich noch beim Mittwochsstammtisch alle beim *Negern* abgezockt. Naja, fast alle. Zumindest nicht verloren.

Zur guten Nacht noch *Pferdesalbe* auf die müden Beine und ab ins Lummilummi-Land!

Einzig die Waage versucht morgens, mir den Tag zu versauen. Klappt aber nicht: Habe schließlich letztes Jahr um diese Zeit 105, vorletztes sogar 109 kg gewogen. So what?

Flache Acht
Dauer: 01:54:24 h
Distanz: 47,24 km
km/h (Mittel): 24,78 km/h
km/h (Maximum): 57,6 km/h
Höhenmeter: 200 hm
Trainingsbereich: Grundlagenausdauer 2
Stimmung: sehr gut
Gewicht: 101 kg
Wetter: sonnig

4.2.2010
Die Waage, das Miststück, wollte mich heute wohl erst mal in Sicherheit wiegen. Hätte mir eigentlich denken können, dass aus meinem Plan – lockere

Kapitel 10: Eddie's on the Road again

Regenerationsfahrt auf dem umgebauten Trekker nach Coesfeld zum FiAmt und zurück – nichts wird.
Stattdessen wegen unpassierbarer Wege hin über die Roruper Mark, zurück über Coesfelder Berg. Werde zwischendurch von motorisiertem Verkehrsteilnehmer zur Benutzung des dick vereisten Radwegs aufgefordert: Aufgedunsener Dorftrottel in altersschwachem Escort mit kuhäugiger, blondierter Beifahrerin hält es für sinnvoll, neben mir herzufahren und mich durchs geöffnete Fenster anzupöbeln. Habe zum Glück die besseren Argumente (»Verpiss Dich, Du hohle Hupe!«).
Also keine besonderen Vorkommnisse. Am Ende ziemlich platt zu Hause angekommen.

Nur mal eben nach COE
Rad: Enik
Dauer: 01:40:00 h
Distanz: 29,00 km
km/h (Mittel): 17,40 km/h
Höhenmeter: 180 hm
Trainingsbereich: Kraftausdauer 1
Stimmung: sehr gut
Gewicht: 99 kg
Wetter: wolkig

Die Community beglückwünscht mich zu meinem didaktisch vorbildlichen Umgang mit dem Autofahrer, aber im Nachhinein hätte ich gerne etwas gelassener reagiert.
Der Knallkopf wird ja jetzt vermutlich nicht gerade mit der Kuhäugigen auf dem Sofa sitzen und nach einem ernsthaften Gespräch zu dem Schluss kommen, dass er sich bei der Begegnung mit dem schlagfertigen Rothaarigen nicht korrekt verhalten habe. Genauso unwahrscheinlich ist, dass die beiden Hübschen den Vorsatz fassen, künftig auf ihrem Hoheitsgebiet, der Straße, der fahrradfahrenden Bevölkerung mit mehr Milde zu begegnen. Stattdessen schieben Dick und Doof womöglich bei nächster

Gelegenheit mich oder stellvertretend einen Kollegen in den Graben.

Abends habe ich ein leichtes Kratzen im Hals, und beim Zubettgehen kommt ein leichtes Kribbeln in der Nase dazu.

Di., 9.2.2010

Ommmmmm

Es fehlt mir an nichts, ich bin zufrieden mit dem, was ich habe.
Es fehlt mir an nichts, ich bin zufrieden mit dem, was ich habe.
Es fehlt mir an nichts, ich bin zufrieden mit dem, was ich habe.

Ommmmmmm

Ich habe: 99 Kilo, Hals- und Kopfschmerzen, Husten, Schnupfen, Heiserkeit. Einen Haufen zerknüllter Papiertaschentücher. Eine Anstaltspackung Gelomyrtol. Eine Kanne voll mit widerlichem Salbeitee. Eine prächtige Aussicht aus dem Fenster meines Arbeitszimmers.

Vor allem aber habe ich die Faxen dicke! Himmelarschundzwirn, muss es denn schon wieder schneien? Reichen die 8 Grad minus nicht auch so? Und warum muss jetzt auch noch das Feld vor meinem Fenster gedüngt werden? Jetzt ist es nicht nur kalt, sondern es stinkt auch noch zum Gotterbarmen!

Na, egal, ich kann ja eh nicht raus, und das Einzige, das hier auch nur im Entferntesten mit Radsport zu tun hat, ist die Tatsache, dass mein Nasenspray auf der Dopingliste steht.

Also erst mal tief durchatmen und entspannen!

Ommmmhhpf!
Ommmmhhchmm!
Ommmmhhch! Harch! Hachhrch! Huahaharchhch! HarghhaHATSCHIharch!

röchel

Kapitel 10: Eddie's on the Road again

Aufs Maul von Mutti
Darup, Nienberge, Gievenbeck, 10. - 16. Februar 2010

Auf den Trost durch die Community ist Verlass, und nicht zuletzt deswegen geht es mir ein paar Tage später schon wieder viel besser, vor allem, als ich im Briefkasten ein Päckchen finde. Rainer, mein Verleger, schickt mir ein Trikot. Auf der Brust steht groß Stelvio, unterlegt mit den Farben Italiens. Gefällt mir. Damit hat Rainer sich keinen Gefallen getan, denn ich unterbreche sofort meine Arbeit.

Allerdings nicht, um das neue Jersey gleich mal einzuweihen, denn dazu steckt mir die Erkältung noch zu sehr in den Knochen. Außerdem fallen draußen gerade mal wieder dicke, flauschige Schneeflocken. Statt zu fahren, poste ich im Online-Tagebuch und im Leetzenritter-Blog ein Foto meines neuen Trikots und stelle die Frage, ob womöglich jemand etwas dagegen haben könnte, wenn ich es als (noch) Nicht-Stilfserjochbezwinger trage.

Die Wortmeldungen fallen aus wie erwartet: Am Ende führt FC Machdoch Wattewillst gegen TuS Kommtnichgut mit fünf zu eins. Allerdings hatte ich mit mindestens einer weiteren Antwort gerechnet. Die kommt schließlich auch noch, wenn auch erst um drei Uhr nachts. Wahrscheinlich hat die sorgfältige Formulierung so viel Zeit in Anspruch genommen. User *deine mutter* schreibt: »solange du nicht mal den passo del stelvio gesehen hast, geschweige denn bezwungen hast, gehört dir aufs maul punkt«. Mit der Luftpumpe, vermute ich.

Di., 16.02.2010

Schön, wenn zur Abwechslung mal wieder was klappt wie erhofft: Mit fast überstandener Erkältung auf den Weg Richtung Münster gemacht und zwei Stunden lang GA-Training betrieben. Strahlender Sonnenschein, erste Tour ohne Jacke – also »nur« vier Lagen inkl. Stelvio-Trikot. Anfangs stoisch mit max. 140 bpm, lasse mich auch auf nichts ein, als ich von zwei Kollegen überholt werde. Mutti nicht in Sicht. Nachher dann doch ein bisschen kühl, daher etwas schneller gefahren.

Dicker Mann auf dünnen Reifen

Kombination Balaklawa + Sonnenbrille + Restschnupfen erweist sich als suboptimal: Brille beschlägt unter 25 km/h, und beim Ausziehen sieht die Sturmhaube etwas unappetitlich aus.

Nottuln-Roxel-Nienberge-Gievenbeck und retour
Dauer: 02:02:06 h
Distanz: 50,71 km
km/h (Mittel): 24,92 km/h
km/h (Maximum): 52,5 km/h
Trittfrequenz (Mittel): 100 min^{-1}
Höhenmeter: 150 hm
Trainingsbereich: Grundlagenausdauer 1
Puls (Mittel): 145 min^{-1}
Puls (Maximum): 169 min^{-1}
Stimmung: sehr gut
Gewicht: 100 kg
Wetter: sonnig

Mi., 17.02.2010
Geplant war eine ruhige Regenerationsrunde wg. dicker Beine nach der Pause. Dank Stollenreifen dann doch die ganze Zeit mit 140 bpm unterwegs gewesen. Wird Zeit, das Rad wieder auf Sommer-Setup umzubauen. Ich glaube, am Wochenende nehme ich mir den Hobel mal vor. Neue Kassette (*Ultegra*, Huiuiui!), Kette (*HG 53*, *schäm*), Vorbau, Lenkerband, Bremszüge (festhalten: *Dura Ace*!!) und Lagerfett liegen/stehen bereit und harren der Verwendung. Hoffentlich vertragen die guten japanischen Naben das schäbbige Italofett...

30 km flach
Dauer: 01:19:00 h
Distanz: 32,77 km
km/h (Mittel): 24,89 km/h
km/h (Maximum): 36,9 km/h
Höhenmeter: 80 hm

Kapitel 10: Eddie's on the Road again

Trainingsbereich: Grundlagenausdauer 1
Puls (Mittel): 142 min^{-1}
Puls (Maximum): 166 min^{-1}
Stimmung: sehr gut
Gewicht: 101 kg
Wetter: wolkig

Mann, sehen wir gut aus!
Darup, Münster, 19. Februar 2010

Gute Nachrichten von Rob: Die 2010er Leetzenritter-Kollektion ist eingetroffen, und er lädt in sein Büro zwecks Anprobe und Gruppenfoto.

Folgsam setze ich mich aufs Trekkingrad, denke sogar daran, die Batteriebeleuchtung einzustecken, und mache mich auf den Weg. Der fährt sich, Rückenwind sei Dank, sehr angenehm und flott, und ich treffe pünktlich um halb fünf bei Rob ein. Die Leetzenritter sind fast komplett, der Kaffee stark, die Milch knapp und die Klamotten schick, wenn auch im Bauchbereich etwas eng, aber da befinden sich ja auch noch einige Extrapfunde. Probleme gibt es allein mit den Beinlingen, die alle dieselbe Größe haben – schätzungsweise S –, obwohl die eingenähten Fähnchen alles von XS bis XXL ausweisen. Nachdem ich unter größten Mühen ein Exemplar übergestreift habe, ist der Stoff an seiner Dehnungsgrenze angelangt und nur noch hell- statt dunkelblau.

Trotzdem sind alle hochzufrieden und versammeln sich im Hof hinter der Agentur zum Fototermin.

Als das erledigt ist und Rob sein Geld bekommen hat, befestige ich Vorder- und Rücklicht am Fahrrad, schalte es ein und mache mich bei auffrischendem Wind und einbrechender Dunkelheit wieder auf den Heimweg. Die ersten Kilometer aus dem Stadtgebiet hinaus bleiben ereignisarm, außer dass ich jetzt schon einen kleinen Vorgeschmack auf den Gegenwind bekomme, der mich draußen auf dem platten Land erwartet.

Als ich Roxel erreiche, ist es richtig dunkel. Am Ortsausgang fährt ein Auto hupend so dicht an mir vorbei, dass ich ins Schlingern gerate. Ich habe mich gerade wieder gefangen, als der nächste Huper an mir vorbeirast. Also ab auf den neuen Radweg.

Der ist allerdings nach einem Kilometer schon zu Ende. Kaum fahre ich wieder auf der Straße, werde ich auch schon wieder überholt und angehupt. Irgendwas stimmt da nicht. Ich fahre rechts ran und muss feststellen, dass mein Rücklicht nur noch trübe vor sich hinfunzelt. Ersatzbatterien habe ich nicht mit, also muss ich wohl oder übel so weiterfahren.

Ich versuche allerdings, mich zu beeilen, und trete kräftig in die Pedale. Als ich eine leichte Bodenwelle mit energischem Antritt überwinden will, löst sich erst der Lenker und dann der rechte Bremshebel. Da hat wohl bei der Montage jemand die alte Schrauberregel »Nach fest kommt ab!« beherzigt, aber das ebenso wichtige »Vor fest kommt lose!« außer Acht gelassen. Elender Stümper!

Mein Scheinwerfer, der direkt am Lenker befestigt ist, beleuchtet nun entweder das Vorderrad oder den Himmel, an dem tiefhängende, schwarze Wolkenfetzen dahinjagen. Der Wind wird jetzt immer stärker und die Gegend hügeliger. Beim nächsten Anstieg findet das Schaltwerk das größte Ritzel nicht wieder, sodass ich keinen kleinsten Gang mehr habe und ständig ins Leere trete.

Als ich am Fuß des Anstiegs in Schapdetten ankomme, stürmt es von vorne. Der kleinste Gang ist vollständig ausgefallen, und ich kann an dem losen Lenker nicht ziehen, also versuche ich, so gut es geht im Stehen hinaufzufahren. Es geht nur mittelgut, und ich tröste mich mit dem Gedanken, dass es schlimmer kommen könnte; es könnte regnen.

Auf halber Höhe beginnt es zu regnen. Zuerst ein leises Nieseln, das bald in einen kräftigen Sprühregen übergeht, der vom ent-

Kapitel 10: Eddie's on the Road again

gegenkommenden Sturm durch sämtliche Poren der Kleidung gedrückt wird. Langsam fühle ich mich wie seinerzeit E.T. und will nur noch nach Hause telefonieren, aber das kann ich mir schenken, weil K. mit den Kindern unterwegs ist.

Ich habe fast drei Viertel der Steigung geschafft, da beginnt mein Gesicht zu schmerzen, als wäre ein wildgewordener Akupunkteur auf mich losgegangen. Ich brauche eine kleine Weile, bis mir klar wird, dass ich es mit Eisregen zu tun habe.

Ich komme mit letzter Kraft oben am Ortsschild an. Jetzt geht es bergab bis in die Dorfmitte. Dort halte ich zum Verschnaufen an, stelle mich in einem Bushäuschen unter und studiere den Fahrplan. Wenn hier der nächste Bus innerhalb von zehn Minuten hielte, würde ich ernsthaft überlegen einzusteigen, aber der kommt erst in einer knappen Stunde.

Bis dahin wäre ich lange erfroren, also schwinge ich mich in den Sattel und mache mich wieder auf den Weg. Durch den starken Wind bin ich schon seit einer Weile von vorne durchnässt, aber jetzt beginnt auch vom Hals und Nacken aus eiskaltes Wasser an mir herabzukriechen, und auch die Handschuhe zeigen sich mit der Witterung überfordert.

Ich schaffe es tatsächlich bis nach Darup, und gegen Ende komme ich mir in meiner grimmigen Entschlossenheit, es diesem Mistvieh von Sturmtief mal so richtig zu zeigen, ein bisschen vor wie Käptn Ahab.

Kapitel 11

VIVA COLONIA!
Januar bis April 2010

Einsatz in vier Wänden
Darup, Münster, 21. - 24. Januar 2010

Ich hatte mir vorgenommen, mit 2.000 Trainingskilometern in den Beinen an den Start in Köln zu gehen. Jetzt sind nur noch sechs Wochen Zeit, ich habe gerade mal 400 Kilometer zusammen, und draußen schneit es schon wieder! Aber selbst, wenn ich ab sofort trainieren könnte, so viel ich will, müsste ich ungefähr 270 Kilometer pro Woche fahren. Eher mehr, weil in der letzten Woche vor dem Rennen nicht mehr viel stattfindet. Herrje, wie soll denn das gehen?

Ich könnte die Wände hochgehen. Immer öfter erwische ich mich dabei, dass ich meine Unzufriedenheit an K. und den Kindern auslasse, dabei leiden die genauso unter diesem endlosen Winter.

Hin und wieder gelingt es mir zwar, eine normale Grundlagenausdauer-Runde zu fahren, aber zu selten, weil jedes Mal, wenn es das Wetter zuließe, etwas anderes dazwischenkommt. Ich versuche alles, um trotzdem meine Trainingseinheiten zu sammeln.

Am Abend des zweiten Geburtstags unserer Jüngeren liegt K. schon im Bett, als ich das Schlafzimmer betrete.

»Schläfst Du schon?«, frage ich sie, während ich mein Hemd aufknöpfe.

Kapitel 11: Viva Colonia!

»Würde ich gerne«, murmelt sie ins Kissen, »aber gerade ist einer reingekommen, der das Licht angemacht hat und auf mich einredet.«
»Ach komm, es ist doch noch früh. Und wir sind den ganzen Tag nicht dazu gekommen, mal miteinander zu reden.«
»Wir können morgen reden. Ich fand's total anstrengend heute im Zoo.«
»Genau genommen waren es nur viereinviertel Kilometer Spaziergang.«
»Viereinviertel Kilometer?«
»Ich habe den Rundgang im Internet-Routenplaner eingetragen. Ich muss doch wissen, wie weit ich gelaufen bin.«
K. schweigt und stellt sich schlafend, aber darauf falle ich nicht herein: »Willst Du wissen, warum?«
»Unbedingt«, seufzt K.
»Für mein Trainingstagebuch«, informiere ich sie und schlüpfe unter die Decke, »damit ich mir das als ReKom-Einheit eintragen kann. Gut, ne?«
»Ganz großartig.«
Ich rutsche ein bisschen näher und kuschele mich an sie heran.
»Was hast Du da Hartes?«, will sie wissen.
»Den Brustgurt von meinem Pulsmesser.«
»Spinnst du? Mach den ab!«
»Geht nicht.«
»Wieso nicht?«
»Na, wie wär's denn vielleicht mit einer kleinen, gemeinsamen Trainingseinheit vor dem Einschlafen?«
»Ganz sicher nicht. Finger weg!«
»Na gut«, schmolle ich, »aber morgen muss ich beim Aufwachen meinen Ruhepuls messen.«
»Na, dann gute Nacht!«, wünscht K., rückt von mir ab und schläft kurz darauf ein.
Am nächsten Tag nieselt es draußen ununterbrochen, und nach dem Mittagessen gebe ich die Hoffnung auf, dass sich daran noch

etwas ändern könnte. Also beschließe ich nach dem Mittagessen, den sündhaft teuren Stepper heraufzuholen, den K. sich vor Olims Zeiten mal gekauft hat und den ich bei meiner Keller-Expedition kürzlich wiederentdeckt habe. Ich baue ihn im Arbeitszimmer an der Stelle auf, wo sonst mein Schreibtischstuhl steht, lasse auf dem Computer eine DVD laufen und hoffe, dass mich keiner beobachtet, als ich mit dem Ersatztraining beginne.

Nach einer Dreiviertelstunde höre ich auf. Mir tun die Knie und die Oberschenkel weh, ich bin nassgeschwitzt und zwei Mal wäre ich fast vom Gerät gestürzt, weil ich Probleme hatte, die Bewegung zu koordinieren. Im *QVC* sieht das immer viel einfacher aus! Kein Wunder, dass K. das Ding in den Keller verbannt hat. Und der Film war auch langweilig. Aber immerhin besser als Nichtstun, und wenn es nur für das Gewissen ist.

Nur noch ein paar Tage, dann ist März. Das klingt nach Rösslein einspannen, sprich: nach Frühling. Dann klappt's bestimmt auch mit dem Training.

Außerdem gibt es gute Nachrichten von Poison, wo Herr Halft sich sehr um mich bemüht und mir ein gutes Stück entgegenkommt, um mein Traumrad und mich zusammenzubringen. Bevor es allerdings so weit ist, hält der Februar noch einen Schicksalsschlag für mich bereit: Borussia Dortmund verliert gegen diese andere Mannschaft da, deren Name mir gerade nicht einfällt.

Mi., 24.02.2010

GA-Runde über Münster, um Rob die bei der Kleiderausgabe versehentlich mitgenommenen Beinlinge zurückzubringen: Also gleiche Strecke wie Fr., aber diesmal mit etwas mehr Strom in den Beinen. Immer noch nicht wirklich schnell, aber auch immer noch mit dem Winter-Setup. Man kommt ja zu nix! Am Wochenende wird umgerüstet.

Abendlicher Mailverkehr ergibt, dass neues Fahrrad in der Mache ist, was seitdem die Arbeitsleistung zugunsten von Abwägungen über Lenkerband- u. Reifenfarben hemmt.

Kapitel 11: Viva Colonia!

Dauer: 02:05:54 h
Distanz: 54,95 km
km/h (Mittel): 26,19 km/h
km/h (Maximum): 46,9 km/h
Höhenmeter: 150 hm
Trainingsbereich: Grundlagenausdauer 2
Puls (Mittel): 146 min^{-1}
Puls (Maximum): 160 min^{-1}
Stimmung: sehr gut
Gewicht: 99,5 kg
Wetter: wechselhaft

Sa., 27.02.2010
Strahlender Sonnenschein und tirilierende Vöglein am Morgen können fußballergebnisbedingte Niedergeschlagenheit nicht mildern. Taumle nach dem Frühstück gramgebeugt und seufzend durch den Billerbecker Aldi. Werde immer wieder von heftigen Weinkrämpfen geschüttelt, vierjährige Tochter muss Bezahlen übernehmen. Passend zur Laune kommt Nieselregen auf, setze mich trotzdem aufs Rad. Wetter bessert sich, Stimmung auch. Schließlich wieder eitel Sonnenschein. NullNullVier wird ja doch wieder nicht Meister, und wir holen den U-U-Efa-Cup, bzw. seinen Nachfolger!
Morgen Fahrradumbau auf Sommer-Setup.

Referenzrunde auf dem Crosser
Dauer: 02:24:18 h
Distanz: 60,73 km
km/h (Mittel): 25,25 km/h
km/h (Maximum): 43,3 km/h
Höhenmeter: 170 hm
Trainingsbereich: Grundlagenausdauer 1
Puls (Mittel): 137 min^{-1}
Puls (Maximum): 153 min^{-1}
Stimmung: sehr gut

Dicker Mann auf dünnen Reifen

Gewicht: 99 kg
Wetter: wolkig

Horch, von fern ein leiser Speichenton!
Merfelder Bruch, Köln, Mayen, Taunus, März 2010

Der März macht einfach nicht, was er soll: Statt steigender Temperaturen bringt er erst mal einen Kälteeinbruch mit, und statt der ersten kräftigeren Sonnenstrahlen gibt es neues Schneegestöber. In der Familie liegen die Nerven genauso blank wie in der virtuellen und realen Radsportlergemeinde.

Mein angepeiltes Trainingspensum für Köln muss ich von Tag zu Tag mehr zusammenstreichen. Von 2.000 Kilometern träume ich inzwischen nicht mal mehr, ich wäre schon froh, wenn ich noch 1.000 Kilometer und vielleicht 4.000 Höhenmeter zusammenbekäme.

Erst ab der zweiten Woche des Monats ist überhaupt daran zu denken, das in die Tat umzusetzen. Zwar liegt noch etwas Schnee, gelegentlich fallen auch noch ein paar Flocken, aber jetzt wird es tagsüber endlich dauerhaft etwas wärmer, sodass das nervtötende Weiß nach und nach aus der Landschaft verschwindet.

Gute Nachrichten auch aus der Eifel: Bald kann ich mein neues Fahrrad bei Poison abholen. Herr Halft informiert mich, dass der Rahmen beim Lackieren ist, wo er mein Wunschdesign bekommt, und im Lauf der nächsten Woche werden alle restlichen Einzelteile vorrätig sein, die ich brauche, um das Rad selbst aufzubauen.

Do., 11.03.2010
Gerade hat's noch mal ein bisschen geschneit. So weit, so nervtötend, aber: Das war's! Echt! Ab sofort ist Frühling. Winter, Schnee, Minusgrade, unkontrolliertes Rumschlittern und Aufdiefressefallen habe ich heute Mittag verboten. Kann also nix mehr passieren.

Kapitel 11: Viva Colonia!

Habe nach mehrtägigem Stimmverlust wg. Rachenkatarrh mich sogleich auf eine zweistündige Kontroll-GA-Runde in den Merfelder Bruch begeben und, siehe da: ein paar Sonnenstrahlen abbekommen. Das hat auch meiner treuen 2danger-Mähre gutgetan, die so langsam ahnt, dass ihre Tage als einziges Pferd im Stall gezählt sind.

Das neue Lenkerband und die töften Pedale aus *De-Ouh*s Bestand (Gruß nach Bremen!) hat sie, glaube ich, als erstes Gnadenbrot verstanden. Ach, als sie da so ganz in schwarz in der Pinkelpause vor mir stand, wurde ich auch ganz wehmütig.

Schnüff.

Aber egal: Abgeschüttelt (Muahahah! Voll doppeldeutig! Brüller, oder?) und weiter. Ich muss sagen: Trotz der Unregelmäßigkeit des Trainings hat dasselbe doch Wirkung. Bis jetzt fühlte sich jede Ausfahrt in diesem Jahr besser an als die davor. Aus dem Stadium des mühsamen Selbstquälens bin ich jedenfalls raus. So kann's weitergehen.

GA1 flach, lang und weilig
Dauer: 02:07:05 h
Distanz: 56,71 km
km/h (Mittel): 26,77 km/h
km/h (Maximum): 52,3 km/h
Höhenmeter: 160 hm
Trainingsbereich: Grundlagenausdauer 1
Stimmung: sehr gut
Gewicht: 101 kg
Wetter: heiter

Fr., 19.03.2010
So, jetzt wird's ernst mit dem neuen Gefährt: Mittwoch habe ich mich auf den Weg gemacht, den Bausatz abzuholen. Auf dem Weg in die Eifel noch Zwischenstation bei Forumsfreund *Fleischsalatpirat* gemacht, Kaffee getrunken, geplaudert, haufenweise schöne Fahrräder und historische Komponenten bestaunt, Peugeot-Renner für *Bikaholic* eingeladen.

Dicker Mann auf dünnen Reifen

Dann weiter nach Mayen zu Poison, wo mir die Ehre zuteil wurde, den Betrieb ein bisschen stören zu dürfen, indem ich mit meiner Kamera in den heiligen Hallen herumstolperte. Sehr geile Sache: nette Menschen, abgefahrene Lackierungen, technische Highlights.

Als ich fertig war mit Knipsen und Imwegherumstehen, war dann schließlich Bescherung und ich bekam einen großen Karton. Inhalt: Ein Mal Farrat als Bausatz mit Allet! Am liebsten hätte ich den gleich ausgepackt und losgelegt!

Danach ging's weiter in den Taunus zu *Bikaholic*. Peugeot abgeliefert, Kaffee getrunken, schöne Fahrräder angeguckt, gefachsimpelt und das Wichtigste: den zweiten Forumsfreund des Tages »in echt« kennengelernt.

Am späten Nachmittag gings zurück nach Hause, und als ich nach 600 Tageskilometern ankam, war es dunkel und ich zu müde für irgendwas, außer: mal schnell den Karton auspacken.

Seitdem habe ich meine Zeit schraubend und fotografierend verbracht. Die Werkstattberichte starten morgen.

Ach, und radeln tu ich zwischendurch auch. Ischa Frühling.

Anlässlich der offiziellen Saisoneröffnung endlich mal wieder in (guter!) Gesellschaft unterwegs gewesen: mit *chrispee* in Nottuln getroffen, zusammen nach Münster, dort diejenigen Leetzenritter, die Zeit hatten und gesundheitlich in der Lage waren, sowie *rogtay* getroffen und eine gelungene kleine, nur wenig verregnete Runde in Richtung Baumberge unternommen. Davor und danach natürlich geschraubt.

Leetzenritter Kick-Off
Dauer: 02:32:42 h
Distanz: 67,96 km
km/h (Mittel): 26,70 km/h
km/h (Maximum): 51,7 km/h
Trainingsbereich: Grundlagenausdauer 2
Stimmung: sehr gut
Gewicht: 98,5 kg
Wetter: wechselhaft

Kapitel 11: Viva Colonia!

Bensberg, mon Amour!
Köln, 1. - 5. April 2010

Klarer Fall von zu viel vorgenommen: Schrauben, Training, öffentliche Protokolle darüber, Arbeit, Familie und Restleben inklusive allem, was dem Erhalt der Lebensfunktionen dient, lassen sich nur schlecht vereinbaren, obwohl ich beispielsweise Fernsehen ganz gestrichen habe. Trotzdem hat es vor Rund um Köln nur knapp zu den angestrebten 1.000 Kilometern gereicht.

Im Vergleich zu Tom und Detlev, die auch in Köln an den Start gehen, stehe ich aber noch ganz gut da: Die beiden haben vielleicht drei Mal vor dem Rennen auf dem Rad gesessen. Andererseits waren sie im Winter öfter beim *Spinning*, was ich noch nie probiert habe. Wir werden sehen, wofür das alles reicht.

Vorher ist allerdings noch Ostern, und das verbringe ich mit meiner Familie bei meiner Mutter. Karsamstag fahren wir nach Friesland, und ich mache mich sofort unbeliebt, weil ich nicht genug esse und trinke. Aber ich habe so wenig trainiert, da will ich wenigstens bei der Ernährung so viel richtigmachen wie möglich, und dazu gehört eben, dass ich heute nicht viel esse und kaum Alkohol trinke. Das muss am Karsamstag doch auch mal erlaubt sein. Die Frauen verdrehen die Augen.

Abends zahlen sich die gesunde Ernährung und das Nichtrauchen voll aus: Beim Zubettgehen habe ich mal wieder Halskratzen und bin etwas verschnupft.

Der Ostersonntag begrüßt mich dann mit ungekannt heftigen Halsschmerzen, sodass ab fünf Uhr an Weiterschlafen nicht zu denken ist und sich der Morgenkaffee schluckt, als sei er mit Salpetersäure aufgebrüht worden. Beim Eiersuchen setzt sich dann auch die Nase zu, dumpf pochender Schmerz in der Stirn kündet von wegen Überfüllung geschlossenen Nebenhöhlen.

Mittags verabschieden wir uns von meiner Mutter und fahren zurück ins Münsterland. Meine Beschwerden lassen nur langsam nach, obwohl ich der Seuche beherzt mit Ibuprofen und Nasendusche zu Leibe rücke. Als nachmittags die Oldenburger Tempomaten bei mir eintreffen, traue ich mir immerhin einen kurzen Einroller über 20 Kilometer zu, aber als im Anstieg zum Draum auch noch ein stechender Schmerz hinter der rechten Kniescheibe dazukommt, habe ich nur wenig Hoffnung, in Köln mitfahren zu können.

Am Montagmorgen sind immerhin die diversen Schmerzen weg, also flugs noch mal zwei Liter Salzwasser durch die Nüstern gespült, eine Ibu eingeworfen und auf nach Kölle! Um Viertel vor zehn haben wir dann auch schon einen Parkplatz gefunden und machen uns im Laufschritt auf den Weg zur anderthalb Kilometer entfernten und angeblich nur bis zehn Uhr geöffneten Startnummernausgabe. Vor der Tür renne ich Ingo, den Leetzenritter, fast über den Haufen, leider reicht die Zeit nur dazu, zirka drei Worte zu wechseln. Zwei davon sind »erster Startblock«. Grrr.

Kaum, dass die Formalitäten erledigt und meine Mitstreiter und ich uns und die Räder rennfertig gemacht haben, ist es auch schon Zeit, sich zum Start zu begeben. Angesichts des ungewohnten Sonnenscheins (und weil ich nicht schwarze Beinlinge zum Leetzenritter-Dress mit weißem Longsleeve drunter kombinieren mochte – langsam packt mich auch die Rennradler-Eitelkeit!) mit kurzer Hose gestartet, bin ich dann auch froh, dass bald der Startschuss fällt. Beim Losfahren erzähle ich noch meinen Mitfahrern, dass ich plane, mich im Pulk zu verstecken, die Anstiege halbwegs unbeschadet zu überstehen und mich irgendwie ins Ziel zu retten, aber dann läuft es besser als gedacht.

Auf den ersten 20 Kilometern lasse ich es noch vorsichtig angehen, aber als meine Begleiter plötzlich nicht mehr zu sehen sind und ich merke, dass trotz eingeschränkter Nasenatmung »was geht«, lege ich einen Zahn zu und freue mich auf Sand und Bensberg fast schon. Und das Schlimmste an Sand ist dann auch, dass sich direkt vor mir zwei dicke Motorräder der Bundespolizei ins Feld drängen

Kapitel 11: Viva Colonia!

– ohne Rücksicht auf Verluste bzw. mein Tempo oder meinen Sauerstoffbedarf. Stattdessen gibt's in den letzten Kurven BMW-Abgas zu atmen. Aber die Bombenstimmung neben der Strecke macht das locker wett. In Bensberg wird das noch getoppt, da kommt richtiges Alpe d'Huez-Feeling auf. So beflügelt, komme ich zwar keuchend, aber flott genug da rauf, um noch ein paar Kollegen zu überholen und oben erstaunt festzustellen, dass ich mein 25er-Ritzel noch gar nicht benutzt habe.

Die folgenden Abfahrten bieten Gelegenheit, die Atemwege vom Sekretstau zu befreien (breite Straßen) und erfreut zur Kenntnis zu nehmen, dass mein neues Rad tatsächlich so etwas wie Federungskomfort bietet (Schlaglöcher, so groß wie Turnhallen). Das Teil begeistert mich sowieso von Kilometer zu Kilometer mehr.

Schließlich finde ich mich in einer ziemlich flotten 30er-Gruppe wieder, in der ich auch ein bisschen Windarbeit verrichten darf. Als ich mich danach wieder hinten einreihen möchte, wird vorne plötzlich das Tempo verschärft, die Gruppe zieht sich auseinander, hinten fallen welche raus, und ich sehe auch bald, weshalb: Die Sprintwertung an der Schmitzebud kommt näher. Also tief durchatmen, irgendwo dazwischenklemmen, und siehe da: Der Kollege vor mir hat Ambitionen und ein breites Kreuz. Bis zirka hundert Meter vor der Linie bleibe ich dahinter, dann schere ich aus, trete rein, gewinne, sehe Sternchen. So einfach ist das.

Die Quittung kommt postwendend: Auf den letzten Kilometern geht nicht mehr viel. Kurz vor der Brücke spende ich der Allgemeinheit die letzten paar Körner im Wind, um dann hinten im Pulk gen Ziel zu rollen. Kurz vor der Linie macht es mir dann auch nicht mehr viel aus, von einer ausgesprochen weiblichen Rennteilnehmerin überholt zu werden. Das ist auch insofern nur gerecht, als ich vorher, einige Kilometer hinter ihr fahrend, ihren anbetungswürdig *runden Tritt* studieren durfte.

Von hinten wie von vorne also eine großartige Veranstaltung, bei der ich nächstes Jahr unbedingt dabei sein will! Und dann ohne minutenlangen Hustenanfall im Ziel. Und auf der Ergebnisliste weiter vorne. RuK'n'Roll, Alder!

Ostermontag, 5.4.2010
Rund um Köln Challenge 60
05.04.2010
Dauer: 02:01:45 h
Platz 743
Distanz: 70,90 km
km/h (Mittel): 34,94 km/h
Höhenmeter: 500 hm
Trainingsbereich: Wettkampf
Stimmung: sehr gut
Gewicht: 99 kg
Wetter: sonnig

Kapitel 12

ZIELSPRINT
April bis Juni 2010

Plaudern statt Posen
Oldenburg, Ammerland, 10. - 16. April 2010

Das erste Saisonrennen ist gelaufen, da erwacht endlich auch die oldenburgische Radsportgemeinde aus dem langen Winterschlaf: Fahrrad Beilken lädt zur Saisoneröffnungs-Runde. Da trifft es sich gut, dass ich ohnehin gerade im Norden zu tun habe. Tom und Hendric haben auch Zeit und Lust, und so radeln wir drei gemeinsam nach Ofenerdiek zu dem in Oldenburg weltberühmten Fahrradgeschäft. Juniorchef Matthias, ein freundlicher Schlacks, der im letzten Jahr die 100-Kilometer-Strecke bei den Hamburger Cyclassics mit einem 40er Schnitt absolvierte, hat im vergangenen Sommer während meines Oldenburg-Aufenthalts an einigen unserer Trainingsrunden teilgenommen, bis ich ihm von hinten in die Karre gefahren bin und wir im Straßengraben landeten. Als echter Vollblutrennradler auf dem besten Wege zu Stufe 3 hat er auf meine besorgte Frage, ob er sich verletzt habe, etwas unwirsch geantwortet: »Ist doch jetzt egal! Was ist mit meinem Rad?« Wie ich inzwischen gelernt habe, eine völlig normale Reaktion.

Er hat mir den Vorfall mittlerweile offenbar verziehen, denn er begrüßt mich genauso freundlich wie die anderen ungefähr 50

Unerschrockenen, die dem Sonnenschein auf den Leim gegangen sind und sich bei arktischen Temperaturen auf die Fietsen geschwungen haben. Bevor wir uns auf den vorbereiteten 80-Kilometer-Rundkurs durchs Ammerland begeben, stehen wir noch eine Weile vor dem Laden herum, unterhalten uns und begutachten den Stevens-Stand. Da gesellt sich zu meiner Freude *Dr. Zoidberg* zu uns, den ich ja bisher trotz aller Versuche, das zu ändern, nur virtuell kannte.

Dann werden wir auf die Reise geschickt. Es geht in einem weiten Bogen durch das schöne Ammerland, und obwohl ich lange in der Gegend gelebt habe, darf ich erfahren, dass es durchaus noch Wege und Orte gibt, die mir vollkommen unbekannt sind. Dazu gehören auch Wemkendorf und sein Dorfkrug, wo wir nach etwas mehr als der Hälfe der Strecke Rast machen. Nach Weizenbier (Hendric) und Kaffee (Tom, Ulf) begeben wir uns dann auf die Heimreise.

Unsere umsichtigen Guides sorgen für ein zügiges Tempo, bei dem keine Langeweile aufkommt, aber auch niemand abgehängt wird und genügend Gelegenheit bleibt, sich zu unterhalten, was wir ausgiebig nutzen. Gegen Ende würden *Dr. Zoidberg*, ich und ein paar andere schon noch gerne eine Sprintwertung unter uns ausmachen, verzichten aber altersweise darauf, zumal sich das Ortsschild in Ofenerdiek etwa zehn Meter vor einem dichtbefahrenen Kreisverkehr befindet. Das habe ich an dieser Stelle auch schon unvernünftiger erlebt.

Als wir wieder vor dem Laden eintreffen, gibt es lecker Kaffee und Brötchen vom Fleischer Meerpohl, Goodiebags und eine Tombola. Am Ende verbuche ich auf der Habenseite einen Conti-Schlauch, zwei neue Trinkflaschen, drei Mettbrötchen und vier Höhenmeter bei fünf Grad Außentemperatur.

Am nächsten Tag fahre ich wieder nach Hause, wo ein bisschen dicke Luft herrscht, weil ich eigenmächtig beschlossen hatte, das Wochenende alleine in Oldenburg zu verbringen, während K. mit den Kindern ohne Auto in Darup festsaß. Da ist es nur gerecht, dass

Kapitel 12: Zielsprint

die Familie einen gemeinsamen Sonntagsausflug einfordert. Nur dumm, dass auf der Rückfahrt mitten in der Pampa das Schaltgestänge bricht und wir mit zwei hungrigen, müden Kindern im Fond am Rande der Bundesstraße havarieren. Während ich noch überlege, wen ich jetzt anrufen und um Hilfe bitten kann, entdeckt K. ein einsam gelegenes Haus am Waldrand. Kaum zu glauben: Es ist eine Autowerkstatt. Das nenne ich mal Glück im Unglück!

Fr., 16.04.2010
Einheit 1: Auto aus Werkstatt abholen. Schlecht, dass die zwischen Metelen und Schöppingen liegt, ca. 25 km nördlich, da, wo der kräftige Wind herkommt. Gut, dass die Sonne scheint. Schlecht, dass ich mich in der Schöppinger Pampa verfahre, weil die Adresse (wie hierzulande nicht unüblich) keine Straße, sondern ein Gebiet von der ungefähren Größe des Saarlands ist, und so aus 25 km unfreiwillig 30 mache. Gut, dass das Auto wieder fährt wie 'ne Eins und Meister Wielens dafür nur einen Bruchteil dessen haben will, was der Vertragshändler verlangt hätte. Bezahle, lade Fahrrad ins Auto, steuere nächste Tanke an, erwerbe zwei Snickers und Cherry Coke. Letztere versehentlich. Hatte vermutet, das Zeugs wäre Ende der 80er in der Versenkung verschwunden. Egal, verzehre unterwegs Süßkram und treffe pünktlich in Münster ein zu:
Einheit 2: Lockere Ausfahrt mit den Leetzenrittern Ingo, Thomas und Rob Richtung Westsüdwest. Zur Abwechslung wirklich mal ein ruhiger Törn mit selten über 30 km/h. Unterliege trotzdem gegen Ende im Ortsschildsprint Ingo. Hoffentlich lag's an 30 km mehr in den Beinen oder wahlweise am vergessenen kleinsten Ritzel. Rob raunt unentwegt mit ersterbender Stimme, dass er birkenpollenallergiebedingt dem Tode näher als dem Leben sei, bis es alle glauben. So kann er am Schlussanstieg unangefochten davonziehen, weil wir anderen drei, die wir das baldige Ableben unseres ehrenwerten Vorsitzenden befürchten, wegen unseres Klagegeschreis nichts hörend und vor lauter Sorge tränenblind die hinterlistige Attacke zu spät bemerken. Naja, wer so selten fährt, dem sei's gegönnt.
Am Ende stehen 80 Kilometer auf dem Tacho, knapp 28 km/h im Schnitt. Und das sonnige Wochenende hat erst begonnen!

Ramsberg
Dauer: 01:07:24 h
Distanz: 28,20 km
km/h (Mittel): 25,10 km/h
Höhenmeter: 160 hm
Trainingsbereich: Grundlagenausdauer 1
Stimmung: sehr gut
Gewicht: 99 kg
Wetter: sonnig

LR-Tour Münster Westsüdwest
Dauer: 01:51:07 h
Distanz: 50,94 km
km/h (Mittel): 27,51 km/h
Höhenmeter: 100 hm
Trainingsbereich: Grundlagenausdauer 1
Stimmung: sehr gut
Gewicht: 99 kg
Wetter: sonnig

Frühling lässt sein blaues Band usw.
Roxel, Havix- und Billerbeck, Coesfeld, 17. - 22. April 2010

Nach dem langen Winter war ich in den letzten Tagen immer noch ein bisschen misstrauisch, ob nicht doch noch eine Kältewelle über uns hereinbrechen würde, aber dieser sonnige Samstag zerstreut meine Zweifel endgültig: Er ist's! Die Jahreszeit, für die der Radsport erfunden wurde! Oder umgekehrt.

Das wurde aber auch Zeit! Nachdem es in Köln ja schon recht ordentlich gelaufen ist, bin ich ganz optimistisch, was das nächste Rennen in Hannover angeht, aber Training tut not. Der Kurs für den Münsterland-Giro ist seit Ostern ausgeschildert, und ich nehme mir

Kapitel 12: Zielsprint

fürs erste Kennenlernen (und weil mir die zwei Touren von gestern doch etwas in den Knochen stecken) die 90er Runde vor. Nach 5 Kilometern zum Einrollen schwenke ich in Nottuln auf die Strecke ein. Nachdem mich zur Begrüßung das Kopfsteinpflaster wachgerüttelt hat, geht es weiter nach Roxel und von dort, das münstersche Stadtgebiet meidend, direkt nordwärts. Bis hierhin sind mir auf der Strecke schon so viele Rennradler begegnet, dass ich Angst habe, der Lenker könne sich verziehen, wenn das mit der Grüßerei so weitergeht.

Auf der freien Strecke hinter Roxel fahre ich ein erstes Tempointervall und beschleunige auf über 35 Stundenkilometer, da biegen weitere Giro-Tester kurz vor mir auf die Strecke ein: eine Vierergruppe, gefolgt von einem einsamen Radler im Profi-Mannschaftsdress. Ich überhole sie alle und trete weiter mächtig in die Pedale. Nach zwei Kilometern Gebolze würde ich dann gerne wieder langsamer fahren, aber der Kollege im Profi-Outfit hat sich hinter mich gehängt, also gebe ich weiter Gas statt mir eine Blöße. Nach insgesamt fünf Kilometern lutscht der Kollege immer noch an meinem Hinterrad, und mir reicht es. Ich fahre zwecks Pinkelpause (und nur deswegen!) rechts ran.

Kurz vor Havixbeck hole ich den Flüchtigen wieder ein, hänge mich diesmal an sein Hinterrad und bin hochzufrieden, dass ich das geschafft habe, da geht der aus dem Sattel und lässt mich mit zwei, drei beherzten Tritten an dem winzigen Anstieg im Ort locker 50 Meter hinter sich. Ich brauche einen geschlagenen Kilometer, bis ich wieder dran bin, dann lasse ich mich von ihm zum Baumberg hochziehen.

Kurz bevor wir oben ankommen, bin ich wieder einigermaßen bei Kräften und kann vorbeiziehen. Inzwischen haben wir uns darauf geeinigt, dass wir uns abwechseln. Oben auf dem Hügel bin ich für knapp vier Kilometer mit dem Windschattenspenden dran, danach übernimmt wieder der Kollege und beschleunigt am Ortseingang Billerbeck auf bis zu 50 Sachen.

Als wir das Ortsschild passiert haben, verlangsamt er und zieht nach links, dreht sich zu mir, gibt mir die Hand, bedankt und verabschiedet sich. Dann biegt er links ab. Das waren die einzigen Worte, die zwischen uns gewechselt wurden.

Danach fahre ich weiter über die Wellen von Ost- und Westhellen nach Coesfeld, wo ich in der engen kopfsteingepflasterten Ortsdurchfahrt ein halsbrecherisches Ausweichmanöver zwischen den gut besetzten Tischen eines Straßencafés hindurch vollführe, weil mir ein LKW mit mutmaßlich verunnüchtertem und obendrein stark sehbehindertem Fahrer zu nahe kommt. Ich muss mir einige unflätige Beschimpfungen anhören, aber die meisten Tassen, die mir hinterhergeschleudert werden, verfehlen mich weit. Schlechte Werfer, diese Coesfelder Müßiggänger!

Nun türmt sich der – zumindest von mir – gefürchtete Coesfelder Berg vor mir auf. Im Anstieg spüre ich deutlich die bisher nicht eben defensiv gefahrenen 55 Kilometer, kann aber immerhin zirka 15 Stundenkilometer halten und bin ganz zufrieden damit, bis mich kurz vor oben mit ungefähr der doppelten Geschwindigkeit ein papageienbunt gewandeter Rennradler von zirka einem Meter 80 und höchstens 75 Kilo überholt. Der magersüchtige Zwerg biegt aber sofort im Anschluss wieder feige rechts ab, wahrscheinlich um in seiner Bulimie-Selbsthilfegruppe von meiner Demütigung zu berichten.

Ich mache mir Gedanken über die bevorstehenden Anstiege und beschließe, während ich mich zum Windrad in Hanrorup hochquäle, die Tour auf 70 Kilometer zu verkürzen. Den Daruper Berg hatte ich ja gestern schon, und seitdem wird der wohl kaum flacher geworden sein. Also lasse ich es die letzten zehn Kilometer locker angehen und rolle entspannt durch die sonnenbeschienene sattgrüne Landschaft nach Hause.

Dienstag, 20. April. Früher Abend. Ortsmitte Ladbergen.
ROB: »Stopp! Runter vom Fahrrad!«

Kapitel 12: Zielsprint

ULF: »Was issn?«
ROB *nähert sich drohend*: »Was hab' ich gesagt, als wir losgefahren sind? Nicht mehr als dreißig, hab' ich gesagt! Nehmt Rücksicht auf den Neuen, hab' ich gesagt!«
ULF: »Aber Christian kommt doch gut mit.«
ROB: »Ja, abahachharch! Harchrchrh!« *Verdreht röchelnd die Augen und zeigt auf einen nahen Baum. Keuchend*: »Birke!«
Die Reisegruppe, bestehend aus CHRISTIAN, HENNING, ROBERT *und* ULF, *bewegt sich ein paar Meter weiter.*
ROB: »Zur Strafe fährst du jetzt den Rest der Strecke vorne. Und am Heidekrug wird gesprintet. Alleine!«
HENNING: »Und wenn ich auch sprinten will?«
ROB: »Ach, mach doch watte willst!«
HENNING: »Ich mach erstmal 'n Fotto. Alle schön nah zusammen und bitte recht freundlich!«
ULF *schmollend*: »Pöh! Ich will weiter, mir ist ka...«
ROB: »Herkommen! Nicht labern, lächeln!«
ALLE *lächelnd*: »Ja, Scheff.«
Klick.

Der Tag der reitenden Leichen
Darup und umzu, 26. April - 24. Mai 2010

So gestaltet sich das Frühjahrstraining mal alleine, mal in Gesellschaft der Leetzenritter sehr angenehm und meistens harmonisch, aber nach ein paar Wochen empfinde ich eine Art diffuser Unzufriedenheit. Fehlen mir am Ende meine Oldenburger, mit denen ich im letzten Jahr um diese Zeit fast täglich gefahren bin? Dann lese ich in irgendeiner Zeitschrift etwas von »Training variieren« und »neue Reize setzen«. Auf dem Klo sitzend scheint das auch noch eine ziemlich gute Idee zu sein, die ich gerne sofort in die Tat umsetzen würde, aber erstens ist es schon etwas zu spät am Tag dazu, und außerdem feiert der Nachbar Geburtstag. Auf ein oder zwei Pils möchte ich da noch vorbeischauen.

Eins von den dreißig Bierchen gestern war wohl schlecht, oder liegt es an der Flasche Nero d'Avola, die mir als Betthupferl diente? Die begleitende Schachtel Zigaretten kann ja wohl kaum Schuld sein, dass ich bei der ersten Kurbelumdrehung am folgenden Mittag schon weiß, dass ich besser eine GA- und Entgiftungsrunde vorgezogen hätte. Trotzdem begebe ich mich wider besseres Wissen in maßloser Selbstüberschätzung auf eine knackige Hügelrunde.

Als Start mute ich mir direkt die elfprozentige Billerbecker Straße zu, und der Rest der Runde besteht ausschließlich aus Hügeln desselben Kalibers. Keine Flachstücke, nur steile Anstiege und Abfahrten. Spätestens bei der dritten Auffahrt zum Longinus ist in mir die Gewissheit gereift, dass ich etwas mehr Flüssigproviant hätte mitnehmen oder den Unsinn gleich ganz hätte bleibenlassen sollen. So gerät der Törn zu einer elendigen Quälerei, zumal mich kurze Zeit später auch noch nagender Hunger plagt.

Umso schöner ist der Anblick und Duft frisch gebackener Brötchen bei meiner Ankunft nach drei Stunden, und nach dem Essen das Baden und Wundenpflegen. Das ist nötig, weil ich zu allem Überfluss gegen Ende noch gestürzt bin und mir das linke Knie und den Ellbogen aufgeschürft habe. Was jedoch schwerer wiegt, sind die seelischen Wunden: An meinem wunderschönen neuen Poison ist der linke Schaltbremshebel zerschrammt, und ich habe einen Lenkerstopfen verloren. Der Verlust trifft mich hart, weil ich nur silberne als Ersatz vorrätig habe, und das stört die edle Erscheinung meines Schatzzzes in meinen Augen empfindlich. Ganz eindeutig ein Stufe-2-Symptom.

Das Gefühl, dass irgendwas fehlt, ist leider immer noch da. Als ich vor dem Einschlafen die Gedanken schweifen lasse, frage ich mich, wie wohl der Trainingsstand der Kollegen in Oldenburg ist, ob wir es wohl schaffen, bis zum Rennen in Hannover wieder so etwas wie

Kapitel 12: Zielsprint

Teamgeist zu entwickeln und ob ich vielleicht mal auf eine gemeinsame Trainingseinheit hinfahren sollte. Aber nach dem groben Undank, den ich zuletzt für meine Bemühungen geerntet habe, will ich mir nicht die Blöße geben, wieder als Kontrollfreak und Ehrgeizling dazustehen. Mit diesen Gedanken schlafe ich ein, und als ich aufwache, habe ich eine Idee.

Von: Ulf Henning
Gesendet: Montag, 26. April 2010 18:34
An: Detlev; Hartmut; Hendric; Ingo; Norbert; Peter; Thomas; Ralf
Betreff: Pfingstbewegung

Moin Moite,
soeben musste ich feststellen, dass schon in vier Wochen Pfingsten ist. Wie wär's mit ein paar Trainingseinheiten verschiedener Schwierigkeitsgrade mit allem Pipapo im besten Radsportrevier, wo gibt: den Baumbergen? Komfortable Unterkunft, gesellige Grillabende und reichhaltiger Bierkonsum inklusive. So z.B.:

Sa., 22.5.:
Anreise der Sportler und ihrer Familien, abends gemütliches Beisammensein bei Bratwurst und Bier

So., 23.5. (Pfingstsonntag):
13.00 Uhr Mittagessen (Pasta galore)
15.00 Uhr Muckelige Pättkestour, ca. 2 h
währenddessen und danach Damenprogramm und Kinderbelustigung, Prosecco, Apfelschorle, Grillfleisch, Würstchen, Bier etc.

Mo., 24.5. (Pfingstmontag):
9.00 Uhr Frühstück

11.00 Uhr Radeln, ca. 4-5 h Baumberge und umzu, Motto: Keine Gnade für die Wade, Zwischenstopp am Longinusturm
Nachmittags Regeneration, Grillfleisch, Würstchen und Bier
Abends Abreise

Naturalienbeiträge in Form von mitgebrachtem Grillfleisch, Bier, Wein etc. willkommen. Baldige Rückmeldungen auch. Es hat sich gezeigt, dass es dem Geradehängen unseres Haussegens zuträglich ist, wenn wir so was nicht allzu kurzfristig planen. Was haltet Ihr davon?

Vorfreudige Grüße, Ulfi

Das Pfingstwochenende wird ein voller Erfolg. Wider Erwarten sagen alle außer Hendric zu, und wir verbringen ein paar frühsommerliche Tage bei bestem Wetter und gelöster Stimmung, fahren und schrauben, spielen mit den Kindern, fachsimpeln bis spät abends im Garten über Radsport, Kindererziehung, Baufinanzierung und was Menschen um die vierzig sonst noch so umtreibt, essen gut und trinken viel. Als wir am Montagmorgen auf die Räder steigen, fühlen wir uns allerdings ein kleines bisschen unfit, aber das gibt sich. Nur gegen Ende der Tour krampft der eine oder andere Muskel. Aber wir sind ja nicht zum Spaß hier.
    Als der letzte Wagen mit OL-Kennzeichen vom Hof gerollt ist, habe ich ein gutes Gefühl. Jetzt kann ich es ja verraten: Ich habe die Jungs vermisst.

24 Hour Party People
Münster, 21. Juni 2010

So ein Trainingsplan ist ja eine feine Sache, aber allzu sklavisch sollte man ihn auch nicht befolgen. Auch nicht, wenn ein anstrengen-

Kapitel 12: Zielsprint

des Radrennen unmittelbar bevorsteht. Findet zumindest Rob und ruft uns Leetzenritter zur zahlreichen Teilnahme an den 24 Stunden von Münster auf.

Das funktioniert im Prinzip ganz genau wie andere 24-Stunden-Rennen auch. Abgesehen davon, dass die Teilnehmer auf antiken Fahrrädern ohne Gangschaltung starten, die Rennstrecke die Münsteraner Promenade ist, man also ständig vor roten Ampeln steht, kaum Zuschauer an der Strecke sind, die Boxengasse aus völlig chaotisch aufgestellten Zelten und Pavillons besteht, im Fahrerlager gegrillt und Bier getrunken wird, keine Zeitnahme erfolgt, die Runden nicht gezählt werden und es also auch keine Gewinner, nein: nur Gewinner gibt, weil das Ganze zugunsten eines guten Zwecks, nämlich der Hospizbewegung stattfindet. Aber sonst ist alles exakt wie in Le Mans.

Da ist es nur zu verständlich, dass auf des Käptens Frage, wer mit von der Party sei, erst mal die meisten Leetzenritter, auch ich, laut »Hier!« schreien und wie wild mit den Fingern schnipsen. Rob quittiert wohlwollend: »Das wird ein Spässle!«

Am Tag und Ort des Geschehens erfährt meine Vorfreude einen kleinen Dämpfer: Ich habe meinen weinfest- und rockfestivalerprobten Riesenpavillon mitgebracht und brauche Hilfe, das 80-Kilo-Monstrum auf die Wiese am Servatiiplatz zu schleppen, aber da wartet als einziger Leetzenritter einsam und allein Ingo auf mich. Wir machen uns eilig an den Aufbau, weil die Zeit drängt: Um fünf, also in einer Stunde, fällt der Startschuss. Und uns fehlt noch so einiges, was zum Gelingen wichtig wäre. Grillgut und -kohle zum Beispiel, oder auch Bier. Und ein Fahrrad wäre auch ganz hilfreich.

Wir sind erleichtert, als Thiemo sich zu uns gesellt. Der hatte angeboten, seine familiären Verbindungen spielen zu lassen und uns ein betagtes Gefährt zu organisieren.

»Tach Jungs! Wo habter denn die Leeze?«, begrüßt er uns, und wir machen ein Gesicht, das im Wörterbuch den Eintrag »Panik, nackte« illustrieren könnte. Nach einem kurzen, aber intensiven

Disput und einem Telefonat mit Thiemos Onkel Frank, bei dem das Rad steht, das wir benutzen könnten, sprintet Ingo los, um es abzuholen. Es sind noch 20 Minuten bis zum Start.

Nach zehn Minuten ist Ingo schon wieder zurück und schafft Übermenschliches: Es gelingt ihm in der Kürze der Zeit, einem anderen Team eine längere Sattelstütze abzuschwatzen, diese gegen den am Leetzenritter-Wettkampfrad verbauten Stummel auszutauschen, die Reifen aufzupumpen und den Lenker in der Höhe zu justieren.

In der Zwischenzeit baue ich weiter unser *Velohome* auf, mache mir Sorgen, weil kein Bier da ist, und werfe einen Blick auf unsere Rennmaschine. Es handelt sich um ein taubenblaues 26-Zoll-Tourenrad der Marke Standard, Baujahr zirka 1960, etwas klapprig, aber vorerst fahrbereit. Sonderausstattung: eine Seitenläuferglocke, die über den linken Lenkerhebel betätigt wird und dann ein anhaltendes, ohrenbetäubendes und nervenzerfetzendes Dauerklingeln absondert. Heutzutage ist so etwas verboten, vermutlich weil das abrupte Getöse, das diese Konstruktion zu entfesseln in der Lage ist, zu viele Menschen dem Herztod zugeführt hat.

Pünktlich um zwölf nach fünf ruft Stefan, einer der Veranstalter der skurrilen Veranstaltung, per Lautsprecheransage zum Le-Mans-Start. Im Radsportbereich sieht der offenbar so aus, dass die Rennteilnehmer erst die Luft aus den Vorderreifen ablassen, sich dann mit einer Pumpe bewaffnet in zehn Metern Entfernung aufstellen und auf »Los!« zu ihren Fahrrädern spurten, schnellstmöglich den Reifen wieder befüllen und sich auf den Weg machen.

Ingo gelingt das ganz vorzüglich, und ich kann beruhigt den Grill aufbauen, die Pavillonbeleuchtung anbringen, den Teppich ausrollen und mein Bett machen. Man will es ja ein bisschen nett haben. Bier will man allerdings auch haben. Und noch ein paar Mitstreiter wären auch ganz gut, zumal Thiemo sich schon wieder vom Acker gemacht hat, weil er arbeiten muss, Ingo demnächst von seiner Frau zum Tanzkurs abgeholt wird, und ich keine Lust habe, die

Kapitel 12: Zielsprint

ganze Nacht alleine um die Promenade zu gondeln, und das ohne Bier.

»Wundern Sie sich nicht über den Helikopter, der hier gleich herunterkommen wird«, schallt es in diesem Moment über das Gelände, »das sind die Rolling Stones, die zu einem exklusiven Auftritt zu Ihrer Unterhaltung eintreffen. Sie spielen nur hier und nur heute ein Hansi-Hinterseer-Best-of und werden dabei vom Fanfarenzug Appelhülsen begleitet. Begeben Sie sich also bitte bald zur Promenadenunterführung, wo das Konzert stattfinden wird. Für Ihr leibliches Wohl ist gesorgt, denn um Punkt 19 Uhr wird die Unterführung mit 2.000 Litern Erbsensuppe geflutet. Denken Sie also daran, Teller und Löffel mitzunehmen.«

Vielleicht sollte ich mal Stefan fragen, ob er mir was abgibt von dem, was er so nimmt. Scheint guter Stoff zu sein. Andererseits könnte es sein, dass das Zeug mir nicht dabei hilft, die 24 Stunden alleine zu bestreiten.

Aber das muss ich gar nicht. Zwar übergibt Ingo bald an mich, um tanzen zu gehen, aber nachdem ich mich einige Minuten am Telefon bei Rob ausgeheult habe, geht es mir schon besser. Der kann übrigens auch erst später, weil er »eine wichtige Verabredung zum Essen« hat. Auf Deutsch: Seine Frau hat es ihm verboten. Ich kenne das.

Meine ersten Runden auf dem Alteisen bereiten mir überraschend viel Spaß, allerdings mache ich mich auf dem Hindenburgplatz vor dem Schloss etwas unbeliebt. Dort wird gerade der Flohmarkt abgebaut, und ich muss mittendurch. Da heißt es, höllisch aufzupassen und niemanden über den Haufen zu fahren. Weil ich es allerdings gewohnt bin, mit links zu bremsen, kurve ich zu schnell und zu laut durch die Massen, und statt langsamer zu fahren, klingele ich die Leute aus dem Weg.

Zum Glück behält die pessimistische Wettervorhersage unrecht, und es regnet nicht. Nach zwei Stunden ist Ingo wieder da und hat Bier mitgebracht, später kommen noch Thomas (der Leetzenritter, nicht der Oldenburger), Hoogie, Thiemo und schließlich auch Rob, und die Veranstaltung ist gerettet, weil inzwischen auch der einzige Grill auf dem gesamten Gelände läuft. Den hätte ich um ein Haar gar nicht mitgenommen, weil ich mir sicher war, dass jedes Team oder wahrscheinlich sogar jeder Teilnehmer einen dabeihaben würde.

Nach einer kurzen Nacht geht es am nächsten Morgen allen überraschend gut, nur dem Rad nicht. Das verliert ein Anbauteil nach dem anderen, die Reifen machen reihenweise schlapp, aber am Ende schaffen wir es über die volle Distanz. Allerdings ist der Erfolg teuer erkauft: Einen Satz Flickzeug, vier Schläuche, kiloweise Würstchen und Toastbrot, diverse Liter Bier, drei Säcke Grillkohlen, Blut, Schweiß und Tränen haben wir investiert. Das Fahrrad steht ohne Schutzbleche und Gepäckträger da. Aber die Klingel tut's noch.

Habe ich schon erwähnt, dass ich der Großmeister der akribischen Rennvorbereitung bin? In nicht mal einer Woche ist das Rennen in Hannover.

No Sleep 'til Nienstedt
Hannover, 27. Juni 2010

Hannover ist gar nicht so schlimm, wie immer alle sagen. Schlimm ist, über die A2 dorthin fahren zu müssen, denn das scheint die Topadresse für übermotorisierte Pubertierende jedes Alters zu sein. Aber das nur am Rande.

Wenn man erst mal zu den Glücklichen gehört, die es lebendig ans Maschseeufer geschafft haben, präsentiert sich die Landeshauptstadt von ihrer besten Seite, vor allem, wenn das Wetter so prächtig ist wie am Nachmittag vor der Velo-Challenge. Die stellt sich als lohnenswerte Bereicherung des Jedermann-Rennkalenders heraus, leidet allerdings noch unter ein paar organisatorischen

Kapitel 12: Zielsprint

Kinderkrankheiten und der Moderation durch die »jung gebliebenen« – sprich: infantilen – Schreihälse vom Sponsor Hitradio Antenne Niedersachsen. Der über 14-jährige Bewohner besagten Bundeslandes nennt diese Sendeanstalt auch schon mal durchaus treffend Shitradio Antenne. Abgesehen von der Lärmbelästigung finde ich ein tolles Ambiente im Start- und Zielbereich samt Messe und Verpflegungsständen vor: Es gibt vor dem Rennen Thaifood, Bier und Bratwurst für wenig Geld, nach dem Zieleinlauf Bionade, Wasser, Melonen und Bananen für umme.

Das Treffen mit den Oldenburgern Tom, Ingo, Norbert und Hendric am Samstagnachmittag klappt wunderbar, was wir erst mal mit ein paar Weizenbieren feiern. Dann schlendern wir noch ein bisschen über das Messegelände, auf dem auch das Zelt steht, in dem die Startnummern ausgegeben werden. Im Gegensatz zu der Hektik, die in Köln herrschte und der fast schon feierlichen Stimmung im Münsteraner Schloss läuft hier alles fröhlich, aber gelassen ab. Das mag auch an der Hitze liegen, denn obwohl es auf den Abend zugeht, haben wir immer noch an die 30 Grad.

Weil an meinen Reifen in letzter Zeit gelegentlich Fäden an der Seite austreten, mache ich noch kurz Halt am Zelt von Continental, während die Jungs schon mal zum Getränkestand eilen. Der unglaublich kompetente und redselige Conti-Mitarbeiter verspricht mir, sofort nach dem Rennen die Reifen auszutauschen. Auf diese gute Nachricht muss natürlich mit einigen Weizenbieren angestoßen werden.

Dann begeben wir uns zur Wohnung eines Freundes und halten auf dem Weg Ausschau nach einer »richtigen« Pizzeria. Wir finden einen Nobelitaliener neben dem anderen, aber schließlich werden wir in einer Seitenstraße fündig. Wir machen uns rasch landfein, und auf geht's in die Pizzeria »Stromboli«, wo es einen Biergarten nebst Riesenfernseher, gigantische Portionen Bruschetta à 3 Euro sowie leckere Spaghetti Frutti di Mare gibt. Tiramisu ist leider aus, aber Weizenbier ist gottlob noch vorrätig. Ramazotti auch. Und

Averna. Wozu lebe ich eigentlich unter der Woche wie ein Mönch? Na gut: ein Mönch, der oft zur Beichte muss.

Jedenfalls beschert Ghana mir die volle Punktzahl im WM-Tippspiel, und ich gehe wider Erwarten mit einem Zechbeitrag von weniger als 25 Euro aus dem Gelage hervor. So geht *Carboloading*!

Der Sonntagmorgen ist natürlich vom Allerfeinsten: kurzer, ohnmachtsähnlicher Schlaf, beendet durch die entweichende Luft des aufblasbaren Gästebetts »in Veloursoptik!« (leise) und der Teamkollegen (laut und übelriechend). Also irre ich schon um halb sieben auf der Suche nach Brötchen ein bisschen durch Hannover. An einer Tanke werde ich schließlich fündig.

Nach dem Frühstück rollen wir durch die halbe Stadt zum Start und stellen uns alle in einen hinteren Startblock. Wir haben uns als Team angemeldet, aber auch bei dieser Veranstaltung war die Rennleitung offenbar damit überfordert, eine Mannschaft auch einem Startblock zuzuordnen. Anders als meine Teamkollegen hätte ich aus dem ersten Startblock losfahren dürfen, während den anderen Tempomaten das bei Androhung der Disqualifikation verboten wurde. Um den Schwachsinn perfekt zu machen, bekomme ich die Startzeit des ersten Blocks. Das heißt, von meiner Zeit in der Ergebnisliste nach dem Zieleinlauf muss ich die Zeitdifferenz zwischen den Starts der beiden Blöcke abziehen, um meine echte Rennzeit zu ermitteln. Verstanden? Ich auch nicht.

Das Rennen selbst ist dann aber eine Wucht. Gegend und Wetter sind wunderschön, es gibt Verpflegungsstellen an allen Ecken und Enden, und die Atmosphäre scheint mir unverkrampfter zu sein, als ich es vom Giro kenne. Das könnte aber auch an mir liegen und an meiner Freude darüber, dass ich mal wieder ein Rennen mit meinen Freunden fahre. Unsere Taktik trägt bestimmt auch dazu bei: Jeder fährt so schnell er kann, und keiner macht den anderen an. Piep, piep, piep.

Nach der ersten Deisterquerung sind nur noch Hendric und ich relativ weit vorne. Wir haben das Glück, dass wir in der Abfahrt

Kapitel 12: Zielsprint

eine schnelle, große Gruppe erwischt haben. Weniger Glück habe ich, als Hendrics Hintermann in einer 90-Grad-Kurve der Hinterreifen platzt. Dessen Hintermann bin ich. Im Gegensatz zu dem Pechvogel stürze ich zwar nicht, muss aber anhalten, und da ist die Gruppe weg.

In der Folge strample ich mich ab, um den Anschluss wiederzufinden, was sich alleine aber als Ding der Unmöglichkeit erweist. Also lasse ich ein bisschen die Beine hängen, bis eine weitere flotte Gruppe mich überholt. Da hänge ich mich dran.

Es dauert nicht lange, dann sehe ich irgendwo da vorne Hendrics Trikot. Ausgerechnet jetzt scheint meinen Mitfahrern der Dampf auszugehen, also setze ich mich an die Spitze. Vier weitere Fahrer folgen mir, und wir können weiter Boden auf Hendrics Trikot gutmachen.

Ach, mühsam ernährt sich das Eichhörnchen! Im Anstieg zum Nienberger Pass haben wir meinen Teamkollegen immer noch nicht eingeholt, und ich glaube, jetzt könnte ich alleine schneller sein, also setze ich mich ab. Als ich hechelnd kurz vor dem höchsten Punkt um die Kurve biege, sehe ich das Trikot unvermittelt direkt vor mir. Es steckt allerdings jemand drin, den ich noch nie gesehen habe. Jetzt rächt sich bitter, dass ich seinerzeit zwar auch ein Teamtrikot für Hendric hatte machen lassen, das nun aber leider verschollen ist.

Mein Ärger ist nur von kurzer Dauer, weil mich in der Abfahrt folgende Begegnung erheitert: Ich fahre an einen Konkurrenten heran und stelle dabei fest, dass der unentwegt halblaut vor sich hinschimpft. Beim Überholen schaue ich neugierig nach rechts, und der Sportsfreund schaut zurück. Hände und Gesicht sind vollständig braun verschmiert, vor allem um den Mund herum. Er versucht, der Verschmutzung vermittels eines in Auflösung befindlichen Papiertaschentuchs Herr zu werden und erläutert: »War echt 'ne Scheißidee, Schokolade mitzunehmen.« Wohl wahr, bei 30 Grad im Schatten (und weit und breit kein Schatten).

Dicker Mann auf dünnen Reifen

Im Ziel begrüßt mich der echte Hendric, der schon seit fünf Minuten wartet. Wir machen uns gleich daran, unseren Flüssigkeitshaushalt auszugleichen. Ich habe vor dem Rennen schon mehrere Liter Apfelschorle vernichtet, während der Hitzeschlacht noch mal anderthalb, aber ich habe das Gefühl, ich könnte ununterbrochen trinken, ohne dass mein Durst nachließe.

Nach und nach trudeln auch die anderen ein, und als alle im Ziel sind, fahren meine Kumpels zurück zur Wohnung, während ich mir noch meine neuen Reifen abhole.

Die fahre ich gleich mal gründlich ein, indem ich an einer Kreuzung falsch abbiege, mich infolgedessen granatenmäßig verfahre und 20 unfreiwillige innerstädtische Zusatzkilometer ableiste. Ich könnte wirklich und wahrhaftig heulen. Immerhin habe ich seit dem Frühstück nichts Reelles mehr gegessen, bin von einer Sonnenmilch-Schmutz-Salzkruste überzogen und habe weder Geld noch Telefon bei mir. Außerdem habe ich Angst, das WM-Spiel gegen England zu verpassen. Ein Weizenbier täte mir wahrlich gut.

Schließlich finde ich aber doch zurück, und das pünktlich zum Anpfiff. Trotzdem stelle ich mich erst unter die Dusche. Während ich der milchigbraunen Brühe beim Abfließen zusehe, scheint eine Last abzufallen, von der ich gar nicht wusste, dass ich sie trage. Durch die Tür höre ich meine Freunde das Spiel kommentieren. Ich sehe zu, dass ich mich abtrockne und anziehe, damit ich bei ihnen sein kann. Als ich schließlich zwischen Ingo und Tom auf dem Sofa sitze, fühle ich mich so wohl und entspannt wie lange nicht mehr.

Dann drischt Lampard den Ball unter die Latte.

Statt eines Nachworts

DANKE! DANKE! DANKE!

Wenn einer eine Reise tut, sagt der Dichter, so kann er was erzählen. Wenn einer zwei Reisen tut, erst recht, sage ich, und könnte nun direkt noch mal so ausführlich von einem zweiten, ebenso strapaziösen wie wendungsreichen Trip berichten, nämlich von der Entstehung dieses Buchs. Aber ich will Ihnen und mir das ersparen. Es gibt schließlich schon genug selbstbeweihräuchernde Berichte leidender Schriftsteller, und ich habe das Gefühl, mich für ein Buch genug selbst beweihräuchert zu haben.

Daher möchte ich an dieser Stelle diejenigen ins grelle Rampenlicht zerren, ohne deren Zutun dieses Werk der staunenden Weltöffentlichkeit wohl auf ewig verwehrt geblieben wäre.

Mein allergrößter Dank gilt meiner Frau Karin und meinen beiden Töchtern Marlene und Lili, die in den sich endlos hinziehenden letzten Monaten meistens auf mich verzichten und den rauen Alltag allein erdulden mussten, weil ich entweder mit dem Fahrrad oder dem Schreiben beschäftigt war und in den kurzen Momenten, in denen ich mich der Familie widmen konnte, allzu oft griesgrämig und ungeduldig war. Dafür bitte ich um Entschuldigung und gelobe, mich um Besserung zu bemühen. Wenn Lustigsein doch nicht so eine ernste Sache wäre!

Unendlich dankbar bin ich meiner Mutter Ute für ihre ideelle und finanzielle Unterstützung, fürs Gastgeben, Beherbergen und Kinderhüten, fürs geduldige Zuhören und hilfreiche Ratgeben, summa summarum: fürs immer Dasein.

Ein herzlicher Gruß geht nach Oldenburg an meine Freunde Ingo Rohlfs, Norbert Heinen und Thomas Regensdorff, ohne deren ersten Giro-Start ich nie auf die Idee gekommen wäre, mich selbst auf ein Rennrad zu setzen. Und das wäre wiederum nicht passiert, wenn Norbert mir nicht sein altes Rad vermacht hätte.
    Danke also, Ihr Radspacken, für die Inspiration und den Windschatten auf unzähligen Trainingsrunden im Norden! Das rufe ich auch Detlev Siefken und Hendric Maasch zu, den beiden anderen Angehörigen der Zweiradleistungsgruppe Tempomat Oldenburg. Freundschaft!

Auf keinen Fall vergessen darf ich, den Münsteraner Leetzenrittern zu danken, die mich von Anfang an haben mitfahren lassen, von denen ich viel über den Radsport und das Münsterland gelernt habe und die mich in ihre Reihen aufgenommen haben. Unseren *Primus inter pares* Robert Landa möchte ich stellvertretend hervorheben, da er einer der Ersten war, die im Online-Forum Kontakt zu mir aufgenommen haben, und bald auch im wahren Leben ein echter Freund geworden ist.

Ein wahrer Freund ist auch Hartmut Hinrichs, der mich Mittwochabend für Mittwochabend bei sich willkommen heißt und bewirtet, und der mir schon öfter mal aus dem Schlamassel geholfen hat. Ich danke Dir sehr! Du weißt, wofür.

Danke! Danke! Danke!

Ich bezweifle, dass ich dem Radsport treu geblieben wäre, wenn sich nicht so unfassbar viele User an meinem Trainingstagebuch im Internet beteiligt hätten. Es sind in der Reihenfolge der Anzahl ihrer Kommentare *rarehair, EagleFlight, Ridin Dirty, Z2!, Mr.Gee, Dr. Zoidberg, schokoono, Phante, ohneworte, kono.x, zaunk, x-celerate, ingow, ekuZa, Murphy, bergabkönig, soyac, Danny, mtx, racegirl, Shalimah, Carbon-ara, x-ray999, Devilspuke, toki93, alterfuchs, hamburger_jung, celeste, salamander_faxenschwamm, littlesporty, Radlos, geronimo, rodrob, Kwak, T1000, Sriajuda, nomoregears, BIKAHOLIC, Lars W., wurstendbinder, Rennrocky, Onni, restloch, jonnywalker, inkill, Agesty, Rheinostfriese, LosMarx, tudor, Grumpfdalm, HAIHAPPEN, holladiewaldfee, tomorrow100, knut63, templar, Sobczynski, McMicro, bnface8, Boheme, 406heijn, Gruni, arno[1], pongi, spax, october2004, SuddenDad* und *Superwetti* sowie viele, viele andere User, die sich jeweils ein Mal zu Wort gemeldet haben. Auch Euch sei Dank, besonders meinen Online-Freunden und denjenigen, die ich persönlich kennenlernen durfte.

Besonderen Dank möchte ich meinem Verleger und Lektor Rainer Sprehe sagen. Wenn Du mich nicht gefragt hättest, wäre ich wohl noch ewig selbstzweifelnd mit dem Gedanken herumgelaufen, ich müsste eigentlich mal ein Buch schreiben, hätte mich aber wohl nie getraut, das wirklich jemandem anzubieten. Und Deine Engelsgeduld sei an dieser Stelle auch noch einmal gepriesen!

Zu guter Letzt danke ich noch der Firma Poison (*www.poisonbikes.de*), deren famoses Fahrrad ich mit täglich wachsender Begeisterung fahre, und hier besonders Fabian Halft.

GLOSSAR

Erläuterungen zu den kursiv gesetzten Wörtern in der Reihenfolge, wie sie im Text vorkommen.

Statt eines Vorworts: Ein Warnhinweis

Online-Foren

sind ein bisschen wie Hunde. Oder Drogen. Wenn man sich erst mal darauf eingelassen hat, hat man ständig damit zu tun und kommt nur schwer davon los, dafür helfen sie beim Entspannen und gegen Langeweile, gaukeln einem aber auch vor, unheimlich beliebt zu sein, während man sich immer mehr nur mit Gleichgesinnten austauscht und von der wahren Welt abwendet. Manchmal gehen sich auch zwei *User* an die Wäsche und/oder Gurgel. Im Online-Forum allerdings nur virtuell, deswegen wahrscheinlich besser als Drogen und Hunde. Weiterer Vorteil: Viel, viel billiger und weniger tödlich.

Chat

(Englisch: Plaudern) Form der Online-Kommunikation, die direkt aus der Rechtschreibhölle kommt. Wird von vielen Jugendlichen so lange exzessiv genutzt, bis Orthografie und Manieren auf Steinzeitniveau sind, dann verlassen sie ihre Jugendzimmer und bevölkern die Nachmittagstalkshows. Eng verwandt mit der SMS.

Beliebte Chat-Begriffe sind:

lol
Lautes Lachen (laughing out loud).
rofl
Kringele mich auf dem Boden vor Lachen (rolling on floor laughing).
hdgdl
Hab' dich ganz doll lieb!
Bei Letzterem sehe ich immer Diddlmäuse vor meinem geistigen Auge. Wie kommt das?

Smiley
(Englisch: Lächli) Ursprünglich ein runder, gelber Fleck, der einfach nur grinste, aber inzwischen gibt es ihn in verschiedenen Farben und bei der Ausübung aller (wirklich aller!) Tätigkeiten des täglichen Lebens. Beliebt als Anhang an SMS- oder Chatnachrichten, falls Worte nicht genügen: *hdgdl* alleine wirkt beispielsweise recht nüchtern, verglichen mit demselben Text, der um ein kopulierendes Smiley-Pärchen ergänzt wurde.

Blog
(Englisch: Tzlog) Kurz für Web-Log, also Netz-Logbuch, was aber eigentlich eine falsche Bezeichnung ist, weil ein echtes (i.e. seemännisches) Logbuch nicht freiwillig, sondern obligatorisch und täglich geführt wird. Das sollte man vielleicht bei Blogs auch so handhaben, dann gäbe es nicht so wahnsinnig viele und so viele wahnsinnig überflüssige. Korrekt wäre die Bezeichnung Bdiary, aber die ist zugegebenermaßen etwas sperrig. Es heißt übrigens *das* Blog. Sagt aber fast niemand. Das neudeutsche Tuwort dazu lautet bloggen. Inzwischen kann man sich zum Mittelpunkt jeder Party machen, wenn man behauptet, nicht zu bloggen.

Nick
(kurz für Nickname, Englisch: Spitzname) Jeder *User* eines *Online-Forums* oder *Chats* hat einen. Manchmal kann man aus dem Nick Rückschlüsse auf den Menschen dahinter gewinnen: Ein User namens Ruediger82 ist wahrscheinlich 1982 geboren,

Glossar

während kevin18 entweder sehr alt oder sehr kurzsichtig ist. Viele Nicks haben ganz eigene Geschichten, wie zum Beispiel:

EdHot
Ziemlich beknackte Geschichte, aber das ist ja mein Buch. Also: Beim Flipper F14-Tomcat konnte man anno 1985 nur drei Buchstaben wählen, wenn man einen Highscore eintrug. Passend zur Haarfarbe fiel meine Wahl auf Red. Später waren dann bei Videospielen mehr Buchstaben möglich, außerdem waren die Red Hot Chili Peppers gerade populär, also wurde RedHot draus. Irgendwann habe ich mich einfach mal vertippt und es dabei belassen.

gepostet
Partizip Perfekt zu posten: Internetsprech für »eine Nachricht hinterlassen«.

Rechtschreibreform
siehe *Unfug, grober*

Shimano
Japanischer Hersteller von Fahrradkomponenten aller Qualitätsstufen. Bietet außerdem Sportfischereibedarf an und wird deswegen gelegentlich als »dieser fernöstliche Angelrutenhersteller« diffamiert, vor allem von den Anhängern der folgenden Marke:

Campagnolo
Italienischer Hersteller von Fahrradkomponenten aller Qualitätsstufen. Etwas teurer, bedarf deswegen ständiger Rechtfertigung und Missionsarbeit durch seine Fans. Zumindest scheinen die meisten das zu glauben. Typisch italienisch: Schick, aber etwas ruppig und laut. Wer Campagnolo am Rad hat, braucht keine Klingel mehr.

Troll
Verschlagenes kleines Wesen von geringer sozialer und emotionaler Intelligenz. Haust in Erdlöchern, aus denen er, wenn ihm langweilig ist, hervorkommt und die Menschen ärgert. Weil er so einsam ist, geschieht das leider sehr oft. Vorkommen: Nordnorwegen und Internet. Niemals füttern!

Mod
Früher: Picklige Jugendliche mit Krawatten, Parkas und Motorrollern.
Heute: Unsichtbarer Großer Bruder beiderlei Geschlechts, der ein *Online-Forum* moderieren soll, sich aber mit unschöner Regelmäßigkeit als Zensor aufspielt.

Thread
(Englisch: Faden) Online-Diskussion zu einem bestimmten Thema. Soweit die Theorie. In der Praxis wurde noch kein Thread entdeckt, der sich nach mehr als zehn Beiträgen noch mit dem ursprünglichen Thema befasste. Scherzkekse und User mit th-Schwäche sagen Fred dazu.

Borussia Dortmund
Großartiger Fußballverein mit großartigen Fans und großartigem Stadion; sechsfacher Deutscher Meister, Champions-League- und Weltpokalsieger. Zweifelhafte Nachbarschaft (Zweitligameister 1982 und 1991).

Einführungsveranstaltung
Akademisches Aufnahmeritual, bei dem der Lehrende den neuen Studenten erzählt, was er ihnen gerne für tolle Sachen beibringen würde, wenn er nicht gezwungen wäre, sie in kürzester Zeit zum Bachelor-Abschluss durchzupeitschen. Wird von vielen Teilnehmern genutzt, um eine Vorauswahl für die abendliche Erstsemesterparty zu treffen. Freunde des gepflegten Herrenwitzes wissen zu berichten, dass die eigentliche Einführungsveranstaltung erst im Anschluss daran im Wohnheim stattfindet.

Autofahrer
sind oft auch Radler und umgekehrt. Das ist aber erstaunlicherweise kaum einem Radler oder Autofahrer bewusst. Menschheitsrätsel.

Humor
ist vom lieben Gott ungleich verteilt worden. Wer trotzdem lacht, hat welchen.

kursiv
Wenn Sie nicht wissen, was kursiv bedeutet, wie sind Sie dann auf die Idee

Glossar

gekommen, das Wort hier nachzuschlagen? Also ehrlich: Vergackeiern kann ich mich selbst!

Kapitel 1: Einrollen

Gegenwind

Hat man öfter als *Rückenwind*. Das liegt daran, dass sich zum sog. Wahren Wind der Fahrtwind gesellt. Aus der vektoriellen Addition der beiden ergibt sich der Scheinbare Wind, der immer weiter von vorne kommt und stärker wird, je schneller man fährt. Beispiel: Bei 30 km/h Seitenwind und 30 km/h Geschwindigkeit muss man sich auf dem Rad mit 42,4 km/h starkem Wind von schräg vorne – 45 Grad zur Fahrtrichtung – herumschlagen. Beschleunigt man nun auf 40 km/h, steigt die Geschwindigkeit des Winds auf 50 km/h, und er kommt aus einem Winkel von nur noch 36,9 Grad.

Ronny's Pop-Show

Musikfernsehen aus der Prä-MTViva-Zeit. Lief in den 80ern monatlich im ZDF und zeichnete sich dadurch aus, dass die Sendung von einem Schimpansen im Jeansanzug moderiert wurde, der mit der Stimme von Otto Waalkes sprach und auch die gleichen Witze machte.

Jedermannrennen

Muss nicht erklärt werden, könnte man meinen, aber weit gefehlt: Einige, die gemeinsam mit ihren Kumpels zum ersten Mal an einer solchen Veranstaltung teilnehmen, halten das für eine Art Fahrradausflug mit Zeitnahme, während viele der alten Hasen finden, das Schlimmste an Jedermannrennen seien die ganzen Jedermänner, die für sie (z.B. vermittels der Luftpumpe) auszumerzende Verkehrshindernisse darstellen.

Höhenmeter

Was dem Angler die Größe seines letzten Fangs ist, sind dem Radler die erklommenen Höhenmeter. Wenn man von dieser Zahl zirka 30 Prozent abzieht, nähert man sich der Wahrheit. Vorsicht: Das ist nur ein Richtwert, der je nach Temperament und Geltungsbedürfnis stark variieren kann.

Dicker Mann auf dünnen Reifen

Kruse Baimken

Traditionsreiche Gaststätte mit Biergarten am Aasee in Münster. Der Name bedeutet »Krauses Bäumchen« und bezeichnet eine knorrige Eiche, die einstmals den Ortsmittelpunkt markierte. Es darf aber bezweifelt werden, dass das am heutigen Standort des Lokals war.

Crossroads

Film aus den 80ern, in dem Karate Kid gegen Satan, verkörpert von Saitenhexer Steve Vai, um die Wette und sein Seelenheil Gitarre spielt. Basiert auf der Legende um Bluesmusiker Robert Johnson, dem nachgesagt wurde, er sei an einer Kreuzung dem Leibhaftigen begegnet, habe ihm seine Seele verkauft und dafür unglaubliche Fähigkeiten an der Klampfe bekommen.

Ortsschildsprint

Die Krönung jeder Trainingsrunde und Hauptthema beim Bier danach unter Hobbyradlern. Wenn Sie mit dem Auto hinter einer Gruppe von Rennradfahrern unterwegs sind und 200 Meter oder weniger davor steht ein Ortsschild, überholen Sie nicht! Ein Rudel junger Hunde ist nichts dagegen.

Trainingskilometer

siehe *Höhenmeter*

Körperenthaarung

Großes Thema unter Radsportlern. Die Foren sind voll mit Fachsimpeleien perfektionistisch veranlagter Rennradler über die Anwendung von Enthaarungscreme in der Poritze und andere Detailinformationen, ohne die man als neutraler Leser auch gut klarkäme. Was die meisten tun, ist, sich die Beine zu rasieren. Ausprobieren tut es fast jeder mal, und die meisten bleiben dabei. Das soll nicht etwa der Windschnittigkeit dienen, sondern der Wundversorgung und -heilung nach Stürzen. In Wahrheit dient die Rasur aber wohl als Zeichen der Hingabe an den Sport.

Moin

sagt man in Friesland, Oldenburg etc. zur Begrüßung, und zwar zu jeder Tages- und

Glossar

Nachtzeit. Hat mit »Morgen« nichts zu tun, sondern ist die Kurzform des plattdeutschen »Moien Dag«, und das heißt nichts anderes als »Guten (oder schönen) Tag!« »Moin Moin« sagt man in Hamburg. Schwätzer.

Rose
Recht ordentlich sortierter Fahrradladen mit Online-Versandhandel in Bocholt. Verteilt jährlich einen Katalog, der so dick wie die Bibel ist, bei den meisten Radsportlern aber höheren Stellenwert genießt. Hervorragende Klolektüre mit großem Gefahrenpotenzial für den Kontostand.

Hors catégorie
siehe *Bergwertung*

Bergwertung
Sonderwertung bei Rad-Etappenrennen für Anstiege verschiedener Schwierigkeitsstufen von »Noch ganz gut machbar« (Quatrième catégorie, frz.: Vierte Kategorie) bis »Habt Ihr sie noch alle?« (*Hors catégorie*, frz.: Außerhalb jeder Kategorie und Vernunft). Man kann nur froh sein, dass in Tibet keine Radrennen stattfinden.

Edelhelfer
Radsportler, dessen Aufgabe es ist, den Teamkapitän besser aussehen zu lassen, obwohl er selbst vielleicht auch Siegchancen hätte. Dazu bräuchte er dann allerdings einen oder mehrere Edelhelfer. Ein Teufelskreis!

Ernährungsplan
Deko-Element am Kühlschrank des Hobbysportlers.

Trainingsplan
Excel-Dokument auf dem Computer des Hobbysportlers. Wird generiert, dann ignoriert und schließlich rückwirkend aktualisiert.

Cleats
Pedalplatten, die unter die Schuhsohlen geschraubt werden, damit der Fuß fest mit

dem *Klickpedal* verbunden werden kann. Es sind verschiedene Fabrikate erhältlich, die alle auf Bindungssysteme aus dem Skisport zurückgehen.

Klickpedale
Gegenstücke zu den *Cleats*. Sorgen bei der Benutzung durch Anfänger für erheiternde Szenen, wenn der Nachwuchsradsportler beim Anhalten entweder gar nicht oder auf der falschen Seite die Bindung löst.

Kapitel 2: Warmwerden

Pättkestour, muckelige
Pättkes nennt man die asphaltierten Wirtschaftswege, die das Münsterland in einem engmaschigen Netz durchziehen und zu einem Eldorado für Radfahrer machen. Leider auch für solche, die ausschließlich muckelig, also betont gemütlich unterwegs sind. Aus irgendeinem Grund fahren die immer nebeneinander und haben ernstzunehmende Wahrnehmungsstörungen, vor allem was Fahrradklingeln und Warnrufe von Rennradlern betrifft.

Kalorien
(gemeint sind meistens Kilokalorien) eignen sich hervorragend zum Zählen.

Übersetzung
Könnte manch Außenstehender gebrauchen, wenn zwei Radsportler sich unterhalten. Meistens ist damit aber das Verhältnis der Umdrehungszahlen von Tretkurbel und Hinterrad gemeint. Eine Übersetzung von 1:4 bedeutet, dass sich bei jeder Kurbelumdrehung das Hinterrad vier Mal dreht.

Leetzenritter
(häufiger: Leezenritter) bedeutet in Münsters alter Händler- und Gaunersprache Masematte nichts anderes als Radfahrer.
Hier ein kleiner Auszug aus dem Masematte-Vokabular:
Beis – Haus
Murmelbeis – Kirche

Glossar

Pani – Wasser

Transpanimurmelbeis – Überwasserkirche

Die Schreibweise »Leetze« ist gegenüber »Leeze« kaum verbreitet, weswegen wir vom Team Leetzenritter uns gelegentlich anhören müssen: »Soso, Leetzenritter biste! Watt macht ihr denn so? Also, getz außer Schreibfehler?«

Oldenburg

Größtenteils harmlos.

Badewanne

nahezu unverzichtbarer Bestandteil der Wohnungsausstattung des Radsportlers. Der Rest der Bude mag aussehen wie eine Werkstatt nach einem Bombeneinschlag, aber eine Badewanne muss sein. Dient zur Beinrasur und Abrundung der *ReKom*-Einheiten, außerdem als Rückzugspunkt zur ungestörten Lektüre von Fachzeitschriften und Katalogen. In unmittelbarer Nähe befinden sich meist die Kosmetika, die der Rennradler so braucht: Rasierzeug, *Pferdesalbe* und Gesäßcreme.

ReKom

Trainingsbereich. Setzt sich zusammen aus Regeneration und Kompensation. Wird gerne im Trainingsplan eingetragen, weil es sich besser macht als »Mit dem Hund raus, wenn ich Bock habe. Mal sehen. Sonst auf dem Sofa abhängen.«

Wiegetritt

ist nicht etwa der frustrierte Tritt, den der Radsportler seiner Waage nach missliebigen Wiegeergebnissen verpasst, sondern das, was Jan Ullrich nie nötig hatte: am Berg aus dem Sattel zu gehen und mit einem großen Gang im Stehen zu fahren. Wagemutige sollen sich schon gelegentlich an der Sonderform des freihändigen Wiegetritts versucht haben, aber bisher ist noch nie einer zurückgekehrt, um davon zu berichten.

Havixbecker Sandsteinmeile

geht so: Start ist auf dem malerischen Havixbecker Marktplatz, direkt vor dem Dorfbrunnen. Zunächst geht es erst mal eine Weile moderat bergauf, bevor man

Dicker Mann auf dünnen Reifen

links um eine scharfe Kurve kommt, der sofort eine sehr kurze, aber leider auch steile Rampe folgt. Dann hat man ein paar Meter zum Nach-Luft-Schnappen und Hochschalten, bevor es bergab geht. Nach viel zu kurzer Zeit hat man sich dann beherzt in die nächste Spitzkehre zu werfen, um nach 900 Metern und zehn Höhenmetern wieder auf dem Marktplatz anzukommen. Eine solche Runde nennt der Havixbecker eine Sandsteinmeile. Die Jedermann-Renndistanz beträgt zirka 20 Kilometer, das entspricht 22 Sandsteinmeilen.

Habe ich die vielen kurzen Kopfsteinpflasterabschnitte erwähnt? Und den Fahrbahnabsatz mitten in der zweiten Kurve?

Bierstand
Zentraler Treffpunkt des *Jedermannrennens*. Statistiken belegen: Die Duschen auf dem Gelände nehmen 5% der Teilnehmer in Anspruch, die kostenlose Pasta-Ausgabe 40%, die Bierbude 99,8%.

Röcheln, asthmatisches
hört man bei Profirennen fast nie, dabei leiden drei Viertel der Rennfahrer höchstoffiziell an Asthma. Böse Zungen flüstern, die Krankheit würde gelegentlich von wohlwollenden Medizinern attestiert, um dem Athleten die Einnahme *leistungssteigernder Wundermittel* zu ermöglichen, aber da ist nichts dran.

Keirin
Aus Japan stammende Kombination aus Rad- und Kampfsport. Ein Rennen geht über ca. 2.000 Meter, wobei unsanfte Berührungen zwischen den Konkurrenten gern gesehen werden.

Blagen
Eigentlich ein Ausdruck für besonders nervende oder ungezogene Kinder, ist es im Ruhrgebiet vollkommen normal, alle Kinder so zu nennen, was womöglich etwas über die Kinder des Ruhrgebiets aussagt.

Transponder
Wichtiges Utensil zur Zeitnahme im Rennen. Wird am Rad oder seinem Fahrer befes-

Glossar

tigt, der damit beim Überqueren der Start- und Ziellinie erfasst wird. Außer bei der Hannoveraner Velo-Challenge: Da hat man zwar auch einen Transponder, aber wenn man im ersten Startblock eingeteilt ist, bekommt man dessen Einheitsstartzeit verpasst. Basta! Das soll dazu dienen, dass ein paar Heizdüsen da vorne sich mal für einen Tag wie Profis fühlen können, bei denen üblicherweise alle dieselbe Startzeit bekommen.

Schürfwunde
ist dem Rennradler, was dem Jäger das Geweih an der Wand ist: erstens Trophäe und zweitens Anlass, ermüdend lange Erklärungen mit zweifelhaftem Wahrheitsgehalt von sich zu geben, sobald jemand unvorsichtig genug ist, seinen Blick darauf zu richten.

Leopoldshöhe
Sehr kurzer, sehr steiler Anstieg in den Baumbergen, dessen grober Asphalt getränkt ist von Blut, Schweiß und Tränen der glücklich leidenden Radsportler, die sich hinaufgequält oder es zumindest versucht haben.

Leopold von Sacher-Masoch
Schutzpatron und leuchtendes Vorbild aller Radsportler. Mutmaßlicher Namensgeber der *Leopoldshöhe*.

Longinusturm
Ziemlich hässlicher Turm mit ziemlich beeindruckender Aussicht. Der Treffpunkt schlechthin für Rennrad- und Motorradfahrer in den Baumbergen. Beherbergt ein Café, das für seine spektakulären Tortenkreationen berühmt und für den unglaublich langsamen, weil ebenso chronisch wie dramatisch unterbesetzten »Service« berüchtigt ist. Immerhin gibt es in der Karte Fotos von den Torten. Für Selbstverpfleger einen Ausflug wert.

Infekt
ist das, was der Normalverbraucher eine Erkältung nennt. Der Radsportler nennt jedes Jucken in der Nase so.

Körner

nennen Rennradler ihre Ausdauerreserven. Das liegt an den ganzen Müsliriegeln, die sie unentwegt essen.

Anomalie, tektonische

Begegnet einem Rennradfahrer ziemlich oft. Streckenabschnitte, die gestern noch eben waren oder gar ein Gefälle aufwiesen, haben sich über Nacht in kaum zu bewältigende Anstiege verwandelt. Tritt häufig gegen Ende einer Runde auf, und bis man mal einen Landvermesser organisiert hat, ist das Phänomen jedes Mal wieder verschwunden.

»Kürzer!«; »Defekt!«

sind Kommandos, die man sich im Fall des Falles bei der Gruppenfahrt zuruft. »Kürzer!« heißt übersetzt »Langsamer!«, ist aber nicht ganz so ehrenrührig. Wird seltsamerweise häufig vom Fahrtwind verweht, was daran liegen könnte, dass derjenige, der zum Rufen gezwungen ist, das nur kleinlaut oder mit letzter Kraft tut. »Defekt!« brüllt sich da schon ungehemmter. Übersetzung: »Hat jemand einen Ersatzschlauch mit?«

Systemlaufrad

Erfindung der Fahrradindustrie zur Profitmaximierung. Naben, Speichen und Felgen passen zueinander und zu keinem anderen Laufradsatz, sind außerdem als Ersatz teurer als Standardteile. Man spricht auch vom Gillette-Prinzip.

Vorteil: Sind manchmal leichter und selten sogar schöner als konventionelle Laufräder.

Kettenpeitsche

Umgangssprachliche Bezeichnung für ein Werkzeug, das dazu dient, die Ritzel zu fixieren, während man deren Befestigungsschraube löst, um sie auszutauschen. Die korrekte und etwas sperrige Bezeichnung ist Zahnkranzgegenhalter, was erklärt, warum dieses Wort niemand benutzt. Wie in allen Gewerken ist es aber unheimlich wichtig, den Fachausdruck zu kennen, um gelegentlich klugscheißen zu können und bei anderen Klugscheißern nicht als totaler Trottel dazustehen.

Glossar

Nordic Walking
Unfreiwillige Erfindung von Josephine »Soffie« Schablonski aus Gelsenkirchen-Buer, die eines Tages »nach Aldi« ging, um dort die tägliche Ration Kräuterbitter »Mümmelmann« zu erstehen. Vor der Kasse fiel ihr ein Paar Skistöcke auf, die sie zwar nicht brauchte, aber trotzdem kaufte, weil sie gerade im Angebot waren. Zufällig trug sie zu diesem Anlass den abgelegten, pink-violettfarbenen Jogginganzug ihres ziemlich aus dem Leim gegangenen Ehegatten Siegfried S. und wurde auf dem Rückweg von mehreren anderen Hausfrauen gesehen.
Kurz darauf begannen überall in Deutschland übergewichtige Hausfrauen damit, in grellbunten Ballonseideanzügen (sog. »Vollbunken«) und mit Skistöcken bewaffnet spazierenzugehen in der irrigen Annahme, dabei handele es sich um eine Sportart.

Kapitel 3: Hungerast auf halber Strecke

Horst Hrubesch
Ein Autorenkollege von mir (Horst Hrubesch, Dieter Schicker: *Dorschangeln vom Boot und an den Küsten*, Berlin 1980), der nebenher in den 80ern ein bisschen Fußball gespielt hat. Köpfte den HSV zum Gewinn des Europapokals der Landesmeister und zu diversen Deutschen Meisterschaften sowie die Nationalmannschaft zum Europa- und Vizeweltmeistertitel. In jüngster Zeit Erfolgstrainer der DFB-Jugendmannschaften. Berühmt für seine Eloquenz (»Manni Bananenflanke, ich Kopf: Tor!«), berüchtigt als »Kopfballungeheuer«. Neuerdings Vorsitzender der Interessengemeinschaft Edelbluthaflinger.

Tatort
Synonym für »Sonntagabend«. Bitte nicht anrufen.

Les Deux Alpes
Retorten-Wintersportort in Frankreich. Während der Tour-de-France-Etappe dorthin erlitt Jan Ullrich 1998 bei grauenerregendem Wetter einen *Hungerast* der übelsten Sorte und büßte so viel Zeit auf Marco Pantani ein, dass es ihm im weiteren Verlauf der Rundfahrt nicht gelingen sollte, diesen noch einzuholen. Die verschwommenen

Dicker Mann auf dünnen Reifen

Fernsehbilder von Ulles Leiden, gefilmt durch eine regennasse Linse, hat wohl jeder Radsportler noch vor Augen, wenn es ihm ähnlich geht.

Hungerast
Zustand körperlicher und direkt darauf folgender seelischer Entkräftung nach mangelhafter Ernährung. Tritt äußerst plötzlich ein und wird auch gerne treffend »der Mann mit dem Hammer« genannt.

SM
Unfassbar schönes Sportcoupé von Citroën. Baujahre 1970 bis 1975. Resultat des Versuchs, einen Motor der zuvor übernommenen Marke Maserati in einen französischen Raumgleiter zu implantieren. Enorm innovativ (Luftfederung, Niveauregulierung, Kurvenlicht etc.) und enorm anfällig.

resedagrün
Farbe aus dem Citroën-Programm der 70er Jahre. So eine Art blaumetallic. Benannt nach einer Blume, deren natürlicher Lebensraum das Kreuzworträtsel ist.

Mundpropaganda
Es heißt Mundpropaganda! Und NICHT Mund-zu-Mund-Propaganda! Wie sollte das denn auch funktionieren? Probieren Sie es mal aus!

lutschen
tut der Rennradler, wenn er im Windschatten seines Vordermanns fährt, ohne selbst Führungsarbeit zu leisten. Wird nicht gern gesehen. Wenn man allerdings einen Radsportler, den man für stärker hält, darum bittet, hinter ihm fahren zu dürfen, wird der sich eher geschmeichelt fühlen und einen gerne über viele Kilometer hinter sich her ziehen.

Downer
nennen manche eine Trainingseinheit, die als Übergang zwischen einer Phase intensiver Belastung und einer Regenerationsphase dient. Wenn man also z.B. nach einer wüsten Party noch ein Neutralisationsbier trinkt, bevor man ins Bett geht.

Glossar

Vorbelastung
Letzte Trainingseinheit am Vortag eines Wettkampfs nach einigen Tagen der Regeneration. Vergleichbar mit dem sog. »Vorglühen«, bevor man am Samstagabend auf eine wüste Party geht.

Gewissen, schlechtes
plagt den Radsportler eigentlich immer: Wenn er trainiert, weil er nicht zu Hause bei der Familie ist, und zu Hause, weil er nicht genug trainiert. Bei Wettkämpfen hat der Radler dann ein schlechtes Gewissen der Familie gegenüber wegen des horrenden Startgelds und weil er den Sonntag mit den Kumpels auf dem Rad verbringt, sowie den Kumpels gegenüber, weil er nicht genug trainiert hat.

Kapitel 4: Der Giro, Alter!

EZF
Kurz für Einzelzeitfahren. Taktisch ganz einfach: Man fährt einfach so schnell man kann an der sog.»Kotzgrenze« und versucht, sich erst hinter der Ziellinie zu übergeben. Zweitbeste Lösung: Übergeben irgendwo auf der Strecke. Drittbeste Lösung: Übergeben auf der Zielgeraden.

Poofen
(Masematte: Schlafen) Wenn der Münsteraner sich ein bisschen abgeheiert fühlt, legt er sich jovel in die Firche und pooft. Wenn er allerdings ratz machulle ist, kommt er in die Machullenpoofe und wird auf dem Machullenkamp zur letzten Ruhe gebettet.

Zielfoto
Für manchen Jedermann einer der Hauptgründe, am Rennen teilzunehmen. Wann hat man schon mal Gelegenheit, von Profis abgelichtet zu werden, während man vor der Kulisse des Zielbereichs posiert, als habe man soeben Paris–Roubaix mit einer halben Stunde Vorsprung gewonnen?
Inzwischen können mehrere Firmen mit Dutzenden von Fotografen nur davon leben, Teilnehmer an Jedermannrennen zu knipsen und die Bilder nachher an die Sportler zu verkaufen.

Wundermittel, leistungssteigernde
gibt es wie Sand am Meer. Abgesehen von den aus Funk und Fernsehen bekannten und verbotenen Präparaten, kursieren in der Szene Unmengen von – meistens harmlosen – Tipps, wie der eigenen Leistungsfähigkeit auf die Sprünge zu helfen sei, von A wie Abführmittel bis Z wie Zykluskontrolle. Zu Letzterer gibt es allerdings noch keine gesicherten Erkenntnisse bezüglich positiver Auswirkungen auf männliche Rennradler.

Besenwagen
Kleinbus, der hinter dem Feld eines Radrennens herfährt und diejenigen einsammelt, die liegengeblieben oder zu langsam sind. Weil, wie jeder weiß, alle Rennradfahrer praktizierende Masochisten sind, hat der Besenwagen niemals abgedunkelte Scheiben, damit die Eingesammelten bei jeder quälend langsamen Ortsdurchfahrt vom Publikum bestaunt werden und so ihre Erniedrigung voll auskosten können.

Rückenwind
hat nur, wer zu langsam ist. (Habe ich das geschrieben? Stufe 3, ich komme!)

Kapitel 5: An den Haaren aus dem Sumpf

Testberichte
liest jeder Rennradler, auch wenn er behauptet, es nicht zu tun. Lustigerweise mit besonderem Interesse, wenn etwas getestet wurde, das er bereits besitzt. Fällt der Test positiv aus, hat er es ja schon immer gewusst, falls nicht, schreibt er einen Leserbrief. Oder einen Kommentar im Forum, dass die Herren Redakteure ohnehin immer nur die Produkte der Werbekunden über den grünen Klee loben.

Das Grauen! Das Grauen! *(im englischen Originaltext: The Horror! The Horror!)*
Zitat aus dem Film »Apocalypse Now« bzw. dem zugrundeliegenden Roman »Herz der Finsternis« von Joseph Conrad. Nichts für schwache Nerven!

Komantschenhäuptling
Und noch 'n Zitat: Die Formulierung »Aufgedonnert wie ein Komantschen-

Glossar

häuptling« habe ich sozusagen kopiert vom großartigen Frank Schulz aus seinem großartigen Buch »Kolks blonde Bräute« (Frankfurt/M. 2004, ISBN 3-86150-526-6), das Teil eins der großartigen »Hagener Trilogie« ist. Lesen!

Kapitel 6: Wieder Fahrt aufnehmen

Kohlfahrt

Da, wo ich herkomme, gehört es zum guten Ton, ein Mal im Jahr eine Kohlfahrt zu unternehmen. Dazu trifft man sich mit Freunden, zieht mit einem Bollerwagen voller Alkoholika übers platte Land, trinkt ununterbrochen Bier und zusätzlich an jeder Wegmarke einen »Kurzen«. Der konservative Kohlfahrer akzeptiert hier nur Weizenkorn, aber es gibt auch avantgardistische Vertreter, die alles schlucken, solange es mehr als dreißig Prozent Alkohol enthält.

Allen Teilnehmern ist gemein, dass sie ein geeignetes Trinkgefäß mit sich führen. Das kann, je nach Temperament, ein handelsübliches Schnapsglas, dessen Luxusversion mit Henkel und Umhängeband, ein Eierbecher, ein Maßkrug oder ein Trinkrucksack sein. Ebenfalls abhängig von der Trinkfreude ist die Auswahl der Wegmarken, an denen der Tross haltmacht, zum Beispiel an Masten, Kurven, Bäumen, weggeworfenen Coladosen oder besonders hübschen Grashalmen. Je mehr zugeführt wird, umso öfter lädt naturgemäß ein Gebüsch zum Verweilen ein, hinter dem überschüssige Flüssigkeit abgeschlagen werden kann. Diejenigen, die derweil warten müssen, vertreiben sich meistens die Zeit mit einer kleinen Zwischenrunde alkoholischer Getränke. Die aus dem Gebüsch Zurückkehrenden nehmen in aller Regel, weil man ja ohnehin gerade steht, an dieser teil. Es handelt sich nicht gerade um eine Veranstaltung für Genusstrinker.

So legt man mit stetig sinkender Durchschnittsgeschwindigkeit eine vorher abgesteckte Strecke zurück. Die muss so bemessen sein, dass man am Ziel ankommt, kurz bevor der Teufelskreis aus Im-Gebüsch-Verschwinden und Noch-einen-Lütten-Nehmen die Fortbewegung vollständig zum Erliegen bringt. Das Ziel ist zumeist eine Gaststätte, seltener ein Privathaushalt, wo man einkehrt, um große Mengen Grünkohl samt Beilagen und begleitenden Getränken zu verzehren.

Meine Freunde und ich haben es für eine gute Idee gehalten, so etwas mal nicht im Oldenburgischen zu veranstalten, sondern in Münster, mitten in der Stadt.

Dicker Mann auf dünnen Reifen

Vorbau

Geschmackssache. Manche Radsportler sind mit einem zierlichen 80er glücklich, andere kommen bei Maßen um die 120 erst so richtig in Schwung. Merke: Ein ausladender Vorbau ist eine feine Sache, solange er keine Rückenschmerzen verursacht.

Spacer

(Englisch: Platzer) Ring aus Metall oder *Carbon*, der die Höhe des Vorbaus bestimmt, also des Anbauteils, das am Gabelschaft festgeklemmt und an dem der Lenker befestigt wird. Was dachten Sie denn?

Carbon

Kurzbezeichnung für »Kohlenstofffaserverstärker Kunststoff«, was aber kaum jemandem unfallfrei über die Lippen geht, schon gar nicht Zeitgenossen mit feuchter Aussprache. Außerdem Zauberwort im modernen Fahrradbau und -verkauf. Vom Rahmen über die Felgen bis hin zu einzelnen Schrauben kann der betuchte und gewichtsfixierte Radsportler inzwischen jedes Bauteil am Fahrrad in der Carbonvariante erwerben.

LRS

Abkürzung für Laufradsatz. Warum im Fahrrad-Fachjargon das Fahrrad Rad und das Rad Laufrad heißt, weiß keiner.

Schlauchreifen

zeichnen sich durch einen im Mantel eingenähten Schlauch aus und müssen in einem aufwendigen, mehrere Tage dauernden Verfahren direkt auf die Felge geklebt werden. Außerdem sitzen sie sehr eng, sodass das Aufziehen zu einem wahren Kraftakt werden kann. Ferner weisen sie einen etwas höheren Rollwiderstand auf. Benutzer von Schlauchreifen sind daher immer ziemlich geschlaucht.

Socken

Der Radsport ist vermutlich einer der letzten Bereiche des modernen Lebens, in denen das Tragen weißer Socken und kurzer Hosen nicht mit sofortiger gesellschaftlicher Ächtung geahndet wird. Im Gegenteil. Im Buch der reinen Lehre des

Glossar

Rennradelns steht: Du sollst weiße Socken tragen. Dass Lance Armstrong bei manchen, insbesondere den traditionsbewussten französischen Radsportfreunden recht unbeliebt ist, liegt an seiner Weigerung, selbst bei der Tour de France etwas anderes als schwarze Socken anzuziehen.

Wertungstrikot
Gibt es bei verschiedenen Radsportveranstaltungen in allen Regenbogenfarben. Bei Weltmeisterschaften ist das wörtlich zu nehmen, da das Trikot von einem vielfarbigen Streifen geschmückt wird. Besonders schöne Exemplare: Weißes Trikot mit roten Punkten (Führender der *Bergwertung*, Tour de France), Blaues Trikot mit goldenen Fischen (Punktewertung, Vuelta à España 2004-2006), Schwarzes Trikot (Letzter, Giro d'Italia). Letzteres wurde leider nur von 1946 bis 1951 vergeben und dann wieder abgeschafft, weil der Kampf um dieses Trikot zu äußerst bizarren Rennsituationen geführt hatte.

Stadtschlampe
Derbe und irreführende Bezeichnung für ein älteres Fahrrad, das der Rennradler benutzt, wenn er doch mal irgendwohin fahren muss, wo er es nicht in jeder Sekunde im Auge behalten kann, z.B. zur Uni oder zum Einkaufen.
Irreführend, weil das Wort den Eindruck erweckt, es würde den Besitzer nicht so hart treffen, wenn das Rad grob behandelt, beschädigt oder gestohlen würde. In Wahrheit könnte man ihm ebensogut das Herz rausreißen.

Kraftausdauer
steht im Trainingsplan, wenn nicht mehr als zwei Stunden Zeit zur Verfügung stehen. Im Vergleich zum Grundlagenausdauertraining also reduzierter Umfang, aber erhöhte Intensität. Laienhaft ausgedrückt: Schneller und/oder steiler.

Kapitel 7: Auf Achse

Alles Bekloppte
Synonym für »Rennradler«, häufig verwendet von Lebensabschnittsgefährtinnen, Spaziergängern und *Autofahrern*.

Dicker Mann auf dünnen Reifen

Aktivitäten, familiäre
kommen gerüchteweise in Radsportlerhaushalten immer zu kurz. Ich kann das nicht beurteilen, dazu bin ich zu selten zu Hause.

Jungedi
ruft der Oldenburger und (Ost-)Friese erstaunt, wo der Holsteiner »Ohauerha!« und der Schwabe »Heilig's Blechle!« sagen.

Schlips, roter
trägt mancher Rennradler zum Zeichen, dass er gerade eine *Kraftausdauer*einheit hinter sich bringt oder soeben gebracht hat. Wird gelegentlich auch als Zunge bezeichnet.

Kerbtiersnacks
also verschluckte Insekten, machen dem Sportler das Radeln quasi zum Schlaraffenland, wenn sie ihm statt gebratener Täubchen während der Fahrt in den vor Anstrengung aufgerissenen Mund fliegen. Das Chitin, aus dem der Insektenpanzer besteht, hat als 8-wertiger Zucker keinerlei Nährwert, macht also nicht dick, sättigt aber. (Vielen Dank an meinen Freund *schokoono* für die Information!)

Kapitel 8: Giro? Welcher Giro?

Fliesenheini
Es war einmal ein junger Mann in der schönen Schweiz, den nannten alle den Fliesenheini (oder so ähnlich). Der hatte schon so einiges versucht im Leben, zum Beispiel eine Schneiderlehre, aber sein Gesellenstück, ein Sakko, war so schlecht geraten, dass er in Bausch und Bogen durch die Prüfung rasselte. Dann wollte er Friseur werden, aber alles was er zustandebrachte, war eine ziemlich ungepflegte Matte. Nicht mal rasieren konnte er sich, der arme Wicht. Sein größter Erfolg war, als er bei der »Wilhelm Tell«-Aufführung in der Berufsschule mal den Apfel spielen durfte. Da war der Fliesenheini sehr traurig.
Aber dann erschien ihm eine gute Fee und sprach: »Ich gebe Dir zwei Tipps. Erstens: Geh nach Deutschland. Zweitens: Wenn Du dort bist, rudere wie wild mit den

Glossar

Armen und rufe immer wieder: ›Blumenkohlwolken! Blumenkohlwolken!‹ Alles weitere ergibt sich dann von selbst.«

Der Fliesenheini tat wie ihm geheißen, und als er gerade die Grenze überschritten hatte und mit den Armen ruderte und »Blumenkohlwolken!« schrie, begegnete ihm auch schon der Chef eines großen deutschen Fernsehsenders und rief: »Muahaha! Blumenkohlwolken! Hol die Schüppe, ist das genial! Kommen Sie mit, junger Mann, ich mache Sie zum Chefmeteorologen meines Senders! Sie haben alle Qualifikationen, sogar ein schlechtsitzendes Sakko! Wenn Sie wollen, können Sie nebenbei auch noch ein bisschen überteuerten Joghurt verkaufen.«

Tja, so war das. Und jetzt haben wir den Typen am Hals und müssen immer bei Regen radfahren, weil wir blöd genug sind, so einem zu glauben, wenn er sagt, dass die Sonne scheint.

Windstopper
Missverständliche Bezeichnung für Sporttextilien, die keineswegs in der Lage sind, den Wind zu stoppen. Das wäre ja auch zu schön gewesen!

Oberrohr
Teil des Fahrradrahmens, der überall, außer im Rennradsport, schlicht »Stange« heißt. Gut für die Stabilität des Fahrrads, schlecht für Anfängerinnen, die vorher ein Hollandrad gefahren haben und sich noch nicht daran gewöhnt haben, wie sie auf- und absteigen müssen. Somit potenzieller Quell der Heiterkeit bei den Umstehenden.

zappaesk
Will sagen: Im Stile Frank Zappas. Zur Verdeutlichung mag auf dem Album »Waka/Jawaka« der Titel »Big Swifty« als Anspieltipp dienen, der zwei Mal vom 7/8- zum 3/4-Takt wechselt, dann vom 5/8- zum 6/8-Takt und im Refrain zum 4/4-Takt.

Lohmann
Die Gaststätte Lohmann ist für Münster, was die Schmitzebud für Köln ist: der Radsport-Treff schlechthin. Seit Jahrzehnten findet sich hier allsonntäglich alles ein, was in und um Münster im Radsport erfolgreich war, ist, sein möchte oder um ein Haar mal geworden wäre.

Dicker Mann auf dünnen Reifen

Schapdetten-Challenge

Von den eisernen Leetzenrittern Karina und Chriss (*www.ironduo.de*) erdachte Möglichkeit, die Trainingsrunden in den Baumbergen etwas aufzumoppeln: Wer Lust hat, stoppt die Zeit, die er für die mäßig ansteigende Strecke vom *Blitzkasten* vorm Stift Tilbeck bis zum Ortsschild Schapdetten benötigt, und trägt sie im o.g. Blog der beiden ein. Daraus ergibt sich eine Rangliste, die momentan von User *muskelkater* angeführt wird, der die 1,4 Kilometer und 40 Höhenmeter in 2:11:59 Minuten bewältigt hat. Das entspricht einem Schnitt von fast 40 km/h und ist seit über einem Jahr ungeschlagen. Zum Vergleich: Ich habe bei meinem bislang einzigen Versuch etwas über drei Minuten benötigt und bin damit auf dem vorletzten Platz.

Blitzkasten

Startpunkt der *Schapdetten-Challenge*, stationäres Autofahrer-Ärgernis und steter Ansporn für manche Radsportler, das Ding auszulösen, was fast immer daran scheitert, dass ein Radler alleine nicht breit genug ist.

Der inzwischen abgebaute Starenkasten am Fuß des Daruper Bergs wurde in den Abendstunden des 23. Mai 2000 stummer Zeuge eines Husarenstreichs, als es zwei Radlern doch gelang, ein Foto auf Staatskosten von sich schießen zu lassen, indem sie nebeneinander mit 71 Sachen bei erlaubten 50 km/h unterwegs waren. Das Bild erschien in der Tagespresse und wird seitdem im Internet herumgereicht, meistens mit bewundernden Kommentaren. Gut zu erkennen sind auf dem Foto der kontrollierende Blick des einen Sportlers, ob es auch blitzt, sowie das feiste Grinsen des anderen.

Klappspaten

Einziges Arbeitsgerät des Soldaten in der Grundausbildung und Synonym für *Vollpfosten*.

Kapitel 9: Auf Abwegen

Alltagsärgernis

Ein Pleonasmus wie »weißer Schimmel«, »La-Ola-Welle« oder »schwerer Anstieg«.

Glossar

Rund um Köln
Traditionsreiches deutsches Radrennen in Leverkusens Nachbargemeinde. Einzige Gelegenheit, bei der der Kölner sich freiwillig in den Landkreis Bergheim begibt, und das auch nur, weil die Straßen abgesperrt sind und nicht zu befürchten ist, Autos mit »BM« im Kennzeichen zu begegnen. Die Bewohner der Frohsinnsmetropole behaupten gerne, das stehe für »Bereifte Mörder«.

Bidon
Südfranzösische Gemeinde mit 141 Einwohnern und ebenso vielen Hünengräbern. Außerdem gehobene, weil französische Bezeichnung für eine Trinkflasche.

Kloben
Altertümliches Bauteil zur Befestigung des Sattels an der Sattelkerze. Klobig.

Cäpt'n Sharky
Prinzessin Lilifee für Jungs. Nicht ganz so strunzdumm und kitschig, aber trotzdem erfolgreich.

Apartheid
Ebenfalls strunzdumm.

Kapitel 10: Eddie's on the Road again

Kopftuch
Kleidungsstück mit zahlreichen Anwendungsbereichen. Bietet Landwirtinnen Schutz vor Verschmutzung des Haupthaars, muslimischen Frauen Gelegenheit, Anfeindungen aus der eigenen Religionsgemeinschaft gegen solche aus anderen Sekten einzutauschen, und dem Radsportler die Möglichkeit, noch mehr Geld für einen weiteren Ausrüstungsgegenstand aus Hightech-Weltraummaterial auszugeben.

Poison
Fahrradhersteller und -versender aus Mayen in der schönen Eifel, der seine spektakulär lackierten Räder nach gefährlichen chemischen Substanzen benennt. Ein Rad

Dicker Mann auf dünnen Reifen

von Poison fahren z.B. Simona Janke, Deutsche Meisterin im Punktefahren und Vizemeisterin im *EZF* 2008, und Wladimir Gottfried, UCI-Weltmeister im Zeitfahren. Und ich.

Sloping
Von »Slope« (Englisch: Steigung, Gefälle). Aus dem Mountainbikesport übernommene Rahmengeometrie mit mehr oder weniger stark nach hinten abfallendem Oberrohr. Spart Gewicht am Rahmen (was durch die erforderliche längere Sattelstütze wieder relativiert wird) und sieht rasant aus. Gegner lästern allerdings, Modelle mit Slopinggeometrie sähen eher wie Damenfahrräder oder überzüchtete Schäferhunde aus.

Negern
Voller Name: Master und Neger. Kartenspiel, das sich aufgrund seines simplen Regelwerks hervorragend für Anfänger und Angetrunkene eignet. Macht Spaß, ist auch taktisch kurzweilig, aber seltsamerweise weitgehend unbekannt. Bis auf den Namen politisch voll korrekt!

Pferdesalbe
heißt so, weil sie für die Pflege gereizter Sehnen bei Sportpferden erfunden wurde. Enthält Arnika, Rosmarin, Kampfer und Menthol. Riecht gut, kühlt zuerst und wärmt dann. Wundermittel gegen müde Beine.

Ultegra, HG 53, Dura Ace
Verschiedene Qualitätsstufen des Herstellers Shimano: HG 53 bezeichnet die Ketten der preiswerten, aber durchaus tauglichen Tiagra-Gruppe, die sich vor allem an Einsteiger-Rennrädern findet. Deren Benutzer streben alsbald unter dem Einfluss von Werbung, suggestiven *Testberichten* und Verwendern kostspieligeren Materials nach Höherem, nämlich »105« oder »Ultegra«, der meistverkauften Schaltgruppe überhaupt. Kaum ist dieser Schritt getan, plagen den Radsportler feuchte Träume, in denen die edle »Dura Ace« die Hauptrolle spielt, die jedoch aus pekuniären Gründen oft unerfüllt bleiben.

Glossar

Kapitel 11: Viva Colonia!

QVC
TV-Teleshoppingkanal, der gelegentlich Anlass gibt, mit einem Comedysender verwechselt zu werden.

Spinning (alternativ: Indoorcycling)
Intensive Schlechtwetter- und Wintertrainingsmethode für Rennradler, denen es gefällt, für teures Geld mit Gleichgesinnten auf Trimmrädern vor sich hinzuschwitzen, während sie mit brüllend lautem Kirmestechno beschallt und von einem übermotivierten Fitnesstrainer angeschrien werden. Englischsprachige Gegner dieser Betätigung sagen gerne: »Spinning is for hairdressers!«

Tritt, runder
Da die Füße des Radsportlers fest mit den Pedalen verbunden sind, sollte es ihm möglich sein, durch abwechselndes Drücken und Ziehen die Kurbel in einer steten, gleichmäßig schnellen Bewegung zu drehen. So weit die Theorie, aber leider ist das ein hehres Ziel, das kaum ein Radler je erreicht.
Im Zusammenhang meines Berichts vom Rennen Rund um Köln kann der »runde Tritt« aber wohl auch eher metaphorisch verstanden werden.

Kapitel 12: Zielsprint

Velohome
Analogie zum Motorhome im Autorennsport: Zelt, in dem Alkohol und Boxenluder vernascht werden. Als untadelige Sportsleute, die wir Radsportler sind, verschmähen wir allerdings die Letzteren, obwohl sie bei uns Schlange stehen.

Carboloading
Ernährungskonzept, das vorsieht, einige Tage vor einem Wettkampf keine und unmittelbar davor jede Menge Kohlenhydrate zu sich zu nehmen. Zweifler geben zu bedenken, dass es sich um einen rein psychologischen Effekt handeln könnte und man sich nur deswegen plötzlich bärenstark fühle, weil man sich zuvor systematisch

entkräftet habe. Ist aber eigentlich egal: Wessen Fleisch schwächer war als gewünscht, dem hat ein williger Geist schon über manchen Hügel geholfen.

Statt eines Nachworts: Danke! Danke! Danke!

Primus inter pares
(Lateinisch: Erster unter Gleichen) »Mitglied einer Gruppe, das dieselben Rechte hat wie alle anderen auch, aber trotzdem eine erhöhte Ehrenstellung genießt. Diese Stellung hat (...) repräsentativen Charakter und ist mit keinerlei Privilegien verbunden.« (Wikipedia)